体育新闻深度报道

（第二版）

再版编著小组

主　编　　王惠生　　李金宝

副主编　　陈甜甜　　王　真

编　者　　陈镜如　　褚国香

　　　　　查　禹　　邹　欣

中南大学出版社
www.csupress.com.cn
·长沙·

序 言

　　2008 北京第 29 届奥运会正向我们款款走来。作为体育新闻学人，应当用什么来欢迎她呢？记得 2007 年 10 月中国体育科学学会第八届科学大会在北京召开，体育新闻传播分会首次获准设立报告分会场，我曾嘱咐分会秘书长成都体育学院郝勤教授在会上向全国体院新闻专业教师提出新要求，再接再厉，加强研究，以更丰硕的成果欢迎北京奥运会，向她献礼！

　　现今，时间又过去了半年多，分会不断收到各校报来的令人振奋的科研消息。特别是 2008 年 5 月初，分会委员南京体育学院王惠生教授报告说，由他和上海体育学院新闻系郭讲用主任共同主编，沈阳、北京和武汉等 5 家体院合作编写的专业课教材《体育新闻深度报道》，即将由中南大学出版社出版，编写小组诚邀我为新书作序。"绿色、科技、人文"，这本是奥林匹克的追求，为了"北京 2008"，我自当欣然命笔，勉力为之。

　　关于体育新闻深度报道，我首先想指出的是，这是一个较新的研究方向，学界目前还没有这方面的专著，我分会 2007 年组织编写的《体育新闻传播新视野》论文集中，也只有很少几篇有与此相关的内容。所以如此，是因为我国传统文化相当轻视体育运动，人们总是习惯把体育运动文化看得狭隘而简单。体育新闻报道，还能有多少深度可言？其实，体育运动文化，具有最人本最人性的特质，随着人类文明的迅速发展，其触角已伸向现代社会生活的方方面面。它是一门综合学科，是一种既是锻炼又是娱乐，既是运动又是教育，既能观赏又能参与的特殊的文化现象。换言之，体育运动作为一种文化存在，它不但可以满足人的生理健康需求，而且可以满足人的精神审美需求，是全社会文化应该继承、发展的一个重要方面。这个方面、这种现象，是绚丽、多姿、纷纭、复

1

杂的。因此，关于体育文化、体育运动的文字记载，包括体育新闻报道在内，势必有粗细之分、深浅之别，需要我们大力追求、不懈研究。

《体育新闻深度报道》共四章，前三章分别阐述写作要素、报道类别、新闻图片，第四章是报道案例赏析。我总体上认为，这是一本应用性很强、理论框架明晰、阐述特别注重案例印证的专业课教材：第一章，主要将体育新闻报道写作的深度要素梳理归纳为选题、视角、理性剖析、人文情怀和专项知识的掌握等五种，堪称简约精当，具有一定的创新意义；第二章，关于体育新闻深度报道的类别，既从内容上划分为竞技赛事和关涉社会文明两大类，又从形式上探讨了文本架构和稿件编排，而且每一大类别内，又都有同样清楚的一层层的划分，全面多元，逻辑严密；第三章，是知识性、趣味性、创新性最为突出的一章，不但所选图片令人赏心悦目，让人深受启迪，而且关于读图时代的特色及图片与文字说明的关系，也都有深入简出、切中肯綮的见解；第四章，对15篇案例赏析，一一浏览，稍加体味，就可见编者既是煞费苦心，又是别具匠心的，因为选文在时间、地域、主题、专项种类、代表人物等各方面都作出了尽可能完美的追求。

总之，《体育新闻深度报道》急奥运传播和新闻教学之所需，做实在实用之事，是集体力量智慧的结晶，是校际合作的成功范例，是一本值得肯定的新教材。我郑重地向全社会、向新闻和新闻教学界推荐。

陈 伟

2008 年 5 月写于成都

(作者为中国新闻科学学会体育新闻传播分会会长)

再版序言

在中国体育新闻事业的发展过程中，体育新闻深度报道在深化体育新闻作品的传播意识、培养体育受众审美情趣、展示媒介与体育产业化发展效果等方面的作用有目共睹。从新闻业务发展的角度看，中国的新闻深度报道勃兴于20世纪80年代中后期。当时，采用全息式、立体化的报道手法，突破因袭多年的平面化、简单化、两极化的新闻思维习惯，形成了中国新闻深度报道的第一次高峰。伴随着这次新闻业务改革，《足球报》《体坛周报》等中国体育媒体借助新闻深度报道，成为中国体育传媒市场的一道亮丽风景。在中国体育竞赛表演业市场化改革不断推进、群众体育推广普及不断深化、体育产业发展不断深入的浪潮中，中国体育新闻深度报道如一股清流，一直陪伴着中国体育受众。体育与媒介的共生关系，让我们可以从媒体和体育两个维度去考察中国体育新闻深度报道的发展。

体育赛事直播是体育受众获取体育信息的重要手段，但与人们的身心健康有着双重联系的体育新闻，一直是大众优先接收的信息之一。新媒体强劲的发展把受众抛向了信息的深海，让缺少方向感的受众迷失其中，在这种新的媒介环境中，受众需要深度。新媒体时代，受众的新闻深度阅读出现结构性减少、仪式化阅读呈现式微的趋势，这已经严重影响了新闻深度报道的生产与消费。新媒体崛起带来信息的碎片化，信息碎片化又加深受众的碎片化，两者彼此交织，受众信息消费就出现"浅尝辄止、信息茧房、群体极化、网络巴尔干化"等现象，去碎片化成为新媒体的时代责任和要求。如今，体育受众大多通过网络和手机方式浏览体育新闻，并且采取快速浏览甚至只看标题的阅读方式，这导致新媒体发布体育新闻、评论体育事件只注重广泛性而忽视深刻性，缺乏内容的深度挖掘。新时期的体育受众不再满足于单纯的信息获取，深度报道作为传统的新闻形式，因其社会性和深刻性，具有鲜明的舆论导向和思想引领作用，体育受众需要通过体育新闻深度报道了解体育新闻更深层次的内涵、发展过程和本质。

在人类社会的发展过程中，体育运动与社会的关系越来越密切。一方面体育运动作为一种社会行为、社会活动介入社会生活；另一方面体育作为社会的"缩影"和"焦点"，浓缩和反映了社会变迁、社会关系、社会心理等状态，能动地对社会变革起到促进作用。体育需要深度，体育新闻需要深度报道来突出其精神品味。现代社会的体育内容包罗万象，竞技体育、群众体育、学校体育，国内外赛事、社区健身活动、民众健康等都与体育紧密相关。体育新闻传播中的深度报道，不仅为受众解读体育赛事、比赛数据，也涉及体育与社会中其他相关内容间的联系。中国社会现在正处于转型的重要阶段，各种社会问题、矛盾和冲突无时无刻不在侵扰着人们。体育的发展需要深度新闻报道来诠释其本质，体育社会发展的新变化需要体育新闻报道来揭示其规律。

新闻深度报道历来奉命于危难之间，承担"雾失楼台"状况下的"拨云见日"之重任。如果说兴盛于20世纪80年代具有思想启蒙功能的新闻深度报道是改革开放后的国家政治、经济、社会、文化转型的反映，那么在如今的数字媒体时代日趋激烈的传媒竞争导致受众浅层阅读成为一种常态的情况下，费时费力的新闻深度报道则是媒体责任的体现。媒体需要深度引领受众的媒介消费。体育项目和赛事的日益增多，社会进步带来的群众体育活动的丰富，国家政策推动下的体育产业的发展，体育新闻报道暗合了国家体育事业和体育产业的发展，是应时代而生，应社会发展而为。当下是大变革、大转型的时代，旧的规律已经被打破，新的规则需要建立，利益调整经常发生，利益群体不断分化，利益诉求日益多元，新情况、新问题不断滋生，受众需要媒体解疑释惑，只有充分挖掘信息、了解真相、守望社会，才能不断满足受众的知情权。

深度是一种表达、一种态度，更是一种责任。从报道形式和内容来看，凡是需要运用深度报道方式进行操作的新闻题材，在内容上必定具有广泛影响力。可进行内涵挖掘和外延拓展，在报道形式上包容性非常大。在报道过程中，开掘报道内涵就是挖掘包括新闻背景、事实渊源等在内的新闻背后的新闻；拓展报道外延就是要对新闻事件进行解释、分析、判断、预测等，对事件的来龙去脉、结果趋势作出理论上的思辨。新闻深度报道告诉公众应该知道甚至必须知道的内容，阐释公众需要明白但还没有明白的道理，推动社会发展，推进社会文明。无论深度报道形式如何，捍卫公民的权利，消释公众的疑惑，推进社会的发展，做对公众、对社会有益的报道都是新闻深度报道最重要的使命。能够获得受众心理认同和共鸣的深度报道，最大的衡量标准是对社会有益。现阶段中国新闻深度报道的发展，不能被眼下正在泛滥的娱乐化风潮所影响，也不能仅拘泥于细枝末节的争论，更不能以煽情、刺激的语言去吸引受众的视线，而要把深度报道放进明确的历史坐标中，真正做到既有"广度"又有"深度"，通过"厚度"实现"力度"。希望体育新闻深度报道能够成为中国新闻深度报道的优秀案例，为中国新闻深度报道发展探索规律，树立榜样。

"以今日之事态，核对昨日之背景，从而说明明日之意义。"在媒体传播环境发生深刻变革、体育受众媒介消费习惯出现重要调整、体育社会功能发生重大变化的情况下，凝聚了南京体育学院体育传媒系老中青三代心血的《体育新闻深度报道》(第二版)，作为一本体育新闻专业的核心教材，结合具体的体育新闻报道案例分析，力求通过"广度"追求体育新闻深度报道所特有的"深度"，通过"厚度"达到其他报道形式所不能及的"力度"，对立志于从事体育新闻传播的莘莘学子提供一定帮助！

在南京体育学院体育传媒系王惠生教授、李金宝教授主编的《体育新闻深度报道》再版之际，以此为序。

中国体育科学学会新闻与传播分会秘书长

郭 晴

2020 年 3 月

目　录

第一章
体育新闻深度报道写作要素

自 20 世纪 90 年代起，我国社会结构便发生了巨大的变化，其中一个重要方面就是大众传媒迅速发展，并逐渐深入我们的日常生活。特别是电视，作为一种渗透性的媒介，越来越明显地影响人们生活的每一寸空间。于是，现代社会的日常生活大量符号化，被图像和信息包围。而网络的出现，更是改变了传统的生活习惯和阅读方式。正因为这样，媒体之间的市场竞争越来越激烈。众所周知，相较广播电视媒体和网络媒体，纸质平面媒体的体育新闻报道与其他内容的新闻报道一样，无法在时效性上占据主动性，社会影响与功效自然就会衰减降低。那么，在新媒体迅速发展的今天，随着信息传输技术的不断更新，纸质平面媒体要如何才能发挥自身的优势，在诸多媒体竞争中有所进取和斩获呢？

我们认为，进一步注重强化体育新闻的深度报道，应是纸质平面媒体正确而重要的战略选择。本章拟参考普通新闻学深度报道相关理论和体育文化相关知识，通过对大量优秀的有深度的体育新闻报道的剖析与评价，全面探讨其产生深度的种种写作要素。

第一节 | 什么是体育新闻深度报道

一、一个别具特色的新闻深度报道分支

(一) 何谓深度报道？

据美国新闻史研究，作为新闻深度报道的重要形式——调查性报道和解释性新闻，分别兴起于 20 世纪初和 20 世纪 30 年代，一个是被罗斯福总统讥为"掏粪者"的记者们的"掏粪运动"的成就，一个是西方世界 1929 年经济危机的产物。其时，美国正处于社会阶层与结构急剧变化的关键转型时期。因此，美

国哈钦斯委员会在其著名的报告《一个自由而负责的新闻界》中，针对深度报道下的定义是："所谓深度报道就是围绕社会发展的现实问题，把新闻事件呈现在一种可以表现真正意义的脉络中。"与此相对应，美国哥伦比亚大学新闻学院也提出了包含三个层面的新闻报道概念：第一层面，是对主体新闻事实的直接性报道；第二层面，是发掘涉及主体新闻背后的原因及实质的调查性报道；第三层面，是在调查性报道基础上作出的解释性和分析性报道。[①] 很显然，所谓第二、第三层面，正是我们通常所说的深度报道。

关于深度报道，中国学者、南京大学的杜骏飞和胡翼青在《深度报道原理》一书中将其定义为"以深刻和全面为传播旨趣的新闻报道"。[②] 而中国传媒大学陈作平教授则指出："深度报道没有固定的格式，也不应过多地受篇幅长短的限制，只要能从深层反映新闻事实真相，通讯、特写、评论、专稿、调查报告等都可以写成深度报道。"[③]

(二)何谓体育新闻深度报道？

借鉴上述对深度报道的系列理念定义，可知：体育新闻深度报道是普通新闻深度报道的一个别具特色的分支，既有普通新闻深度报道的一般性特征，又有自身的特质。所谓体育新闻深度报道，就是以理性化和人性化的态度直面体育运动发展过程中的成就与问题，揭示体育运动的客观规律及其相关社会、文化现象的本质，从而对公众和政府决策部门加以舆论引导或监督。因其文本既可以是体育赛事报道、体育通讯，也可以是体育人物特写或体育述评、评论等。

二、一个需要理论提升的新闻深度报道分支

进入 21 世纪以来，随着改革开放的不断推进深化，我国现在已经进入一个社会转型新时代。于是，新闻报道也进入了一个更需要深度叙事的时代，一个更需要探究新闻事件本质的时代。许多年来，如此更新、更快、更重要的第三种叙事和交流方式，产生了一系列优秀的脍炙人口、广受欢迎的报道案例，以至于有人宣称，当今最好的短篇小说并不在文学期刊中，而在《南方周末》这类报纸的深度新闻报道之中。

然而，我们现今也仍有一些体育媒介从业人员满足于向读者报道一个个孤立的体育事件，属于所谓"三个层面"理论的第一层面范畴，而不够注重向读者

① 高钢. 新闻写作精要[M]. 北京：首都经济贸易大学出版社，2005.
② 杜骏飞，胡翼青. 深度报道原理[M]. 北京：新华出版社，2001.
③ 陈作平. 新闻报道新思路[M]. 北京：中国广播电视出版社，2000.

说明事件发生的原因，述清事件本质与社会、环境的关系及事件的未来前景，向受众作第二和第三层面的报道。但作为新闻报道中极具特色的一类，随着体育新闻在中国几乎所有都市报、晚报、电视、互联网的新闻竞争中逐渐成为各方争取市场的重要法宝，随着新闻传播领域各媒体对体育新闻的日益重视，体育新闻深度报道的竞争也必将出现白热化状态。于是，近年来新闻深度报道的相关理念得以全面广泛扩散，体育新闻深度报道佳作也随之不断涌现。《中国体育报》《体坛周报》《体育博览》《新体育》《球报》《足球》等一大批体育专业报刊，都在深度报道的研究与实践上下足了功夫。从内容上看，这些报纸注意提供更多具有深度的调查性和解释性报道，以及更多有深度的分析与评论。总之，21世纪初，新闻深度报道的情况已经有了很大的改观，但是还需要对其进一步加以经验总结和理论提升。

最后，针对以上引用的深度报道相关理念，我们在这里还需要特别指出两点——

第一，关于美国深度报道的问世，如上所引，业界通常认定"兴起"于20世纪30年代。而说及中国深度报道，则多认定"兴起"于20世纪80年代。并且，业界还多有以"起源"与"起始"取代"兴起"的表述。我们认为，如此表述深度报道问世时间的措辞是不科学不准确的，亦是思维逻辑上发生偏差的一种表现。试问——美国20世纪30年代之前，在其民主立宪、南北战争、黑奴解放等系列历史事件中，可能没有深度报道吗？而中国20世纪80年代之前，从清末的戊戌变法到推翻封建帝制，再到社会主义新中国建立，其间也可能没有深度报道吗？很显然，答案是否定的。正确的认知应当是——自新闻传播问世，就会产生深度报道。而20世纪30年代的美国，20世纪80年代的中国，各自正处于社会急遽转型时期，问题矛盾多，新鲜事物多，因而产生了大量有深度的新闻报道，言"兴起"尚合事理，"起源""起始"之说则欠斟酌，同样，体育新闻深度报道也当有如此认知。

第二，我们不能把深度报道简单地理解为只是一种"报道形式"或"报道手段"。以哲学视角论之，人文作品的内容与形式是辩证统一的关系。没有内容，形式就无以存在；没有形式，内容也无从表现。然而，内容与形式的关系也不是并列、没有主从之分的。在二者之间，内容起着主导的、决定性的作用，形式则须视内容加以变更和确定。因此，体育新闻深度报道的写作要素，通常根据其内容层面不同而加以划分呈现，共有多向选题、新颖角度、理性剖析、人文情怀、专项知识等五个方面。

第二节 | 体育新闻深度报道写作的五大要素

一、多元多向的选题选材

所谓多元多向的选题选材，即选题选材时须视野广阔，持有辩证的思维，注意多方位进行观察与考量。事物无论大小、冷热、难易，都应当辨析其作为选题材料的可能，而不能囿于一方、局于一隅。"巧妇难为无米之炊"，对于体育新闻深度报道的写作，题材素材正如"待下锅的米"。面对纷繁的体育实践、现象与史实，到底哪些题材素材具有深度内涵？到底哪些题材素材更适合且更需要加以深度演绎？这是体育新闻深度报道写作过程中最为关键的第一步，也是我们首先需要全面深入考虑的，应当尽力做好。

（一）瞄准体育赛事

竞技体育是体育新闻报道的传统领域，体育赛事一直是专业体育媒体的宠儿。此类报道通常以文字、图片或影像的方式正面描述比赛，多以赛事动态新闻报道为主，报道胜负比分以及比赛过程，但也完全可以成为体育新闻深度报道之"炊"的米。

1. 超级大赛

首先，有固定周期的世界性体育大赛，如四年一届的奥运会、足球世界杯，还有各种职业体育赛事，都为媒体提供了取之不尽、用之不竭的新闻素材，即使只报道赛事本身，也可以大做文章。而因为这些顶级赛事具有长期预设性，多则几年，少则数月，有预设好的发生时间和地点，有准确的日程安排，有充分的准备时间，这样就为策划、写作深度报道提供了很好的条件，记者可以围绕它提前做好许多案头工作。

以2016年里约奥运会闭幕式某篇报道的几个片段为例——

北京时间 8 月 22 日消息，2016 年里约奥运会闭幕式在雨中马拉卡纳球场进行。

开场舞蹈表演期间，热情的巴西人相继摆出耶稣山、面包山、里约奥运会会徽和彩色奥运五环的标志。国际奥委会主席巴赫亲临现场。值得一提的是，巴西代总统开幕式时有现身，闭幕式上则没有前来。在这之后，歌者带着他的 3 个女儿和 1 个孙女，现场演绎了巴西最动听的歌舞《真情》。紧接着的升旗仪式环节，由 27 个孩子演唱巴西国歌。

运动员入场，来自 207 个奥运参赛代表团的运动员在"赛会英雄"环节进入马拉卡纳球场，这是欢庆成就、友谊和打破文化藩篱的时刻。这个环节，巴西著名流行歌手罗贝塔·萨登台献唱，此时 20 世纪 30 年代传奇歌后卡门·米兰达的影子在舞台上出现。希腊第 1 个入场，中国被排在第 45 个，闭幕式旗手是丁宁，她在本届奥运会夺取女单和女双 2 枚乒乓球金牌。美国的闭幕式旗手是在里约夺取 4 枚体操金牌的拜尔斯；李宗伟则是马来西亚闭幕式旗手。现场雨势越来越大，但没有浇灭各国运动员的热情，中国女排的姑娘们甚至在进场时玩起了自拍。运动员入场仪式结束后，精彩的文艺表演继续。224 名舞者变换队形，展现当地土著居民留下的文化。

奥运会旗交接仪式，巴赫将五环旗帜交到东京市长小池百合子手上。在"东京 8 分钟"表演结束后，里约奥委会主席和国际奥委会主席分别致辞。巴赫总结道："这是一届精彩的奥运会，这是一座精彩的城市。本届奥运会留下了独一无二的遗产，历史会看到奥运会之前的里约和奥运会之后更好的里约！"

此时，巴赫宣布 2016 年奥运会正式闭幕。在这之后便是里约大狂欢，480 名演员组成了一幅水粉画。一位巴西女歌手站在旋转着的火炬台下唱歌，在雨水的浇注下，燃烧了两周的奥运圣火缓缓熄灭！舞台中央一棵大树升起……

上述关于里约奥运会闭幕式报道的几个片段，在选题选材上就注意到基于辩证分析思维的多元多向选择，把握并渲染了诸多具有深度内涵的材料。其一，雨中的庆典。报道里有三处写到雨，开头点出闭幕式"在雨中……进行"，中间强调运动员入场时"现场雨势越来越大，但没有浇灭各国运动员的热情"，结尾又浓墨描述道："在雨水的浇注下，燃烧了两周的奥运圣火缓缓熄灭！舞台中央一棵大树升起……"很显然，这雨水的选择，深化了里约奥运会的热烈、成功，还有那富有象征意义的对巴西绿色美好未来的祝福！其二，总统的缺席。报道说："值得一提的是，巴西代总统开幕式时有现身，闭幕式上则没有前来。"须指出，国家元首出席在本国举办的奥运会开、闭幕式，事关重大，非同小可！而此前不久，女总统罗塞夫被停职 180 天，进入弹劾程序；代总统特梅尔出席开幕式，却又遭嘘声一片。因此，这一材料信息，看似通常客观表述人物出席会议情况，实质却包含着很吸引受众眼球的丰富而有深度的政治内涵。其三，旗手的取舍。有超过 200 个国家地区出席了里约奥运会，闭幕式上各代表团旗手林林总总，报道中如何取舍？这里又表现出记者颇具"新闻眼"的选择，写了中国的乒乓球选手丁宁、马来西亚的羽毛球选手李宗伟、美国的体操选手拜尔斯。丁宁，国内家喻户晓，美誉佳话连篇；李宗伟，华裔福建血统，悲情亚军英雄；拜尔斯，黑人璀璨巨星，荣获劳伦斯奖。选择他们，就是选择了广大受众津津乐道的七彩新闻叙事。

另外，体育新闻深度报道还可以表现为围绕重大赛事所作的组合性整合报道。比如奥运期间，有影响力的报纸会拿出十几个甚至几十个版面作奥运专题或专刊，集纳消息、通讯、评论等文体，内容从事实性新闻到背景资料再到多方言论以至人物情感几乎无所不包，这又为我们提供了深度报道的一个新思路。这些看似散点式的新闻报道，实际上是有其内在关联性的，它们互为背景，从不同方面对新闻事件进行透视，就能够为观众描绘出一幅关于该类型事件报道的"新闻地图"，进而使受众对新闻事件的本质产生更为全面深刻的理解。

2．一般比赛

当然，体育报刊记者也无须一味期待体育运动超级赛事的发生，只要在我们的日常报道中引入深度报道的理念，从我们最熟悉的赛事报道做起，从体育新闻版做起，就可以超越一般事实性报道。

众所周知，新闻报道的基本原则，即"何时、何地、何人、何事、何故与如何"六要素。而新闻深度报道，其实是在"5W1H"理论基础上，对5个W和1个H的内涵扩展。具体而言，就是有选择地使"何时"扩展到过去和未来，使"何地"扩展到现场以外，使"谁"扩展到相关人和其他人，使"什么"扩展到相关事和其他事，使"为什么"扩展到深层原因，使"怎样"扩展到原来怎样、将来怎样及应该怎么样，等等。

在这六个要素上下功夫，进而言之，即考虑做好以下诸方面：在时间上，新闻报道不仅要追溯事件发生的背景，交代事件当下的进行状态，还要根据事件的现状客观地预测事件的发展趋势；在空间上，新闻报道不仅要对事件现场进行报道，而且要注意到地点的延伸和波及；在人物上，新闻报道不能仅仅局限于当事人在该事件中扮演了一个什么样的角色，而是要更多地关注当事人的人生成长轨迹，突出人物的"命运感"；在新闻事实上，则要尽量搜集与事实相关的细节和情况，并予以适度放大；在事件的原因和过程上，更要通过对事件进程的客观呈现，来努力探寻"新闻事实背后的原因真实以及原因真实背后的观点真实"。总之，根据需要，通过有选择地对六个要素进行扩展和延伸，新闻事实叙述就会变得外在羽翼丰满、内蕴触角深广起来，所谓深度报道也就由此产生。

（二）关注体育人物

与体育赛事一样，体育人物也是体育新闻报道的传统领域与主要对象。彰显竞技运动精英,多方采访,追踪报道,与传播体育赛事一道,形成了娱乐化的体育新闻深度报道的一个独特方面。从选题选材来讲,这无疑也是一大热门话题,十分重要。

1. 明星人物

体育新闻深度报道,作为一种新闻深加工产品,所选素材如果关涉体育明星人物,是社会热点、焦点,具有很高的社会敏感性,那就容易引起读者关注。这类素材,深入挖掘的空间较大,报道的价值和意义也较大,自然也就成为体育新闻深度报道的重点之一。对于一个个在体育运动中凸显出来的英雄,当今大众不仅要了解他们从事的体育项目,也要了解他们生活的其他层面。媒体对体育明星的关注点应该是全方位的,不应再像以往那样仅仅对他们在赛场内的新闻感兴趣。体育新闻在把握导向的情况下,对于他们参加的其他公开活动,还有他们的学习、休闲、爱情、家庭等,也都可以进行深度报道。若做得好,其效果是不会亚于体育赛事的。比如,几年前成为网球耀眼明星的李娜,不仅其地位、身价国内无人比肩,而且她参与的各项帮扶弱者的爱心建设活动,对青少年的影响力度也是独步中华、极为强大的;而2019年花样滑冰世锦赛新科状元隋文静、韩聪,网上粉丝成千上万,一个赛毕胜利喜悦的相拥,一个亲吻腹部的细微动作,都能"搅动一池春水",引来万千欢呼。

再举一个旧例。2004年新年伊始,时任国家体育总局乒乓球、羽毛球运动管理中心副主任、中国乒乓球队总教练的蔡振华,宣布重罚谈恋爱的4名队员,此举引发了媒体和读者的热烈讨论。《南方周末》选取这一热门话题作为素材,及时推出《爱上乒乓但禁止爱上队友》的深度报道。由于这个事件产生于明星荟萃的国球大本营,本身就是受众关注的热点,因此文章一经刊出就引起了很大反响,各报纷纷转载,还被贴至各大门户网站,网友"跟帖"上千条。一时间,国家乒乓球队被推上舆论的风口浪尖,在广大读者中掀起了一场广泛热烈的关于"如何对待国家利益与个人情感""谈恋爱会影响打球吗"等问题的讨论,产生了促进社会良性运转的积极效应。

2. 普通人物

关注大众体育是新闻媒体应该担负起的社会责任。但当今关于大众体育的报道仍然相对贫乏,体育新闻深度报道则更是很少涉足大众体育领域。可实际上,体育新闻深度报道在这一领域同样可以大有作为。在新闻人物和热点事件高频率出现于媒体的今天,体育新闻报道倘把视线转向参与体育活动的普通大众,以平民视角直接记录其喜怒哀乐,注重挖掘普通平凡题材之中蕴涵的平实朴素之美,从一定意义上说,似乎更应当是我们追求的理性化、人性化目标。这需要从两个层面着手进行,一个是宣传普世、普适的大众体育科学理念,另一个则是涉及彰显大众体育典型形象的体育新闻深度报道。

（1）宣传体育运动科学理念。

目前，我国民众的体育阅读兴趣和大众体育习惯都有待培养形成，媒体报道应当有意识地宣传大众体育运动的科学理念，从而使广大民众充分认识到经常参加体育运动锻炼的必要性和重要性，改变传统的不良生活观念习惯，养成参加体育运动的良好习惯，进而形成科学健康的生活方式。

（2）塑造彰显典型人物形象。

典型形象本是文学理论研究中的一个重要概念。典型形象一定是具体、生动而丰富的，又一定是概括、抽象和具有代表性的，即必须具备"一般个性"与"普遍共性"的双重品格。大众体育典型现象，自然是从大量的大众体育现象的比较分析中提炼出来的，"抓住一点，总描全局"，展现时代体育的风貌。美国的《华尔街日报》素以深度报道闻名，编辑记者多年流传着一句写作箴言："一千万人的死亡可能只是一项统计数字，而一个人的死亡则可能是一场悲剧。"[①]体育新闻深度报道，应该在群众参与的体育建设和体育活动中搜寻挖掘，报道"亮点""热点"，塑造一个个具体而生动的典型人物、事件、现象，努力形成体育运动舆论导向，营造体育运动氛围气场，从而影响更多的人。《新民晚报》曾刊登一篇题为《儿子体操练到哪里，我的卤菜卖到哪里》的报道，就是一个上好的例子。这篇文章记述的是一个普通的父亲为培养自己心爱的儿子，为帮助儿子实现体操冠军的梦想而默默奉献付出的故事。其文字里行间洋溢着浓郁的生活气息，记述了这一对普通父子在许多年里对体育运动的执着和热爱，读来给人以心灵的撼动。

这篇报道获得《新民晚报》"新民体育"专版"编辑日奖"。由此可见，体育新闻报道选题选材的平民化，同样可以吸引受众注意，激发读者的兴趣。选题与材料虽有大小、冷热、难易之分，但新闻报道的深度并不与选题的大小、冷热、难易形成对应、正比。体育新闻报道只要与群众生活息息相关，加以言之成理的分析阐述，就完全有可能产生值得咀嚼的社会深度。此外，我们还要强调，这个"平民化"是与"低俗化""庸俗化"完全不同的。平民化选题报道的深度，绝非迎合受众中低俗、庸俗的价值取向，而是来自以受众为中心，以广大人民群众的根本利益为出发点，激浊扬清，褒善贬恶，解疑答难，化解矛盾。我们体育记者在选题时，应当时时处处注意挖掘百姓生活中活生生的体育新闻素材。这是写出新鲜的、独家的大众体育新闻深度报道的前提。

---

① http://www.mediachina.com 转引自喻国明：深度报道：一种结构化的新闻操作方式.

（三）透视体育危机事件

我们这里所说的体育危机事件，是指体育文化现象与运动过程中的各种突发事件。它们与上述竞技赛事和体育人物之间，在逻辑概念的划分上具有交叉性，可能发生在某项比赛中，肇事者可能正是某体育明星或球迷群体。这类体育危机事件还可能与其他领域的问题缠绕不清，其发生是不可预期的，而这类体育危机事件的新闻报道，和其他社会危机事件的新闻报道一起，又通常被称作"问题性报道"。需要指出的是，体育新闻深度报道中，问题性报道，即选题为体育危机事件的报道，比例是相当高的，有时会要超过50%。这是因为，随着社会的发展，在我国社会转型期中，体育的社会性日益扩大增强，于是交错衍生出来的体育危机事件也就五花八门，此起彼伏。对他们进行调查分析和全方位透视，找出问题的症结，正是体育新闻深度报道义不容辞的职责。

1. 体育赛场危机事件

在体育危机事件中，体育赛场危机是一个主要的方面。① 随着现代体育运动的发展，赛事增多，赛事规模日益扩大，这类危机事件越来越多。而根据发生的原因，体育赛事危机主要分为两大类：一是由不可控的自然灾害引起的危机，如1988年尼泊尔加德满都体育场突降冰雹，引起骚乱，拥挤踩踏死亡70余人。二是由人为因素引发的危机。很显然，体育新闻深度报道主要是针对第二类危机的。

此类危机事件又可以分为四种：其一，人为造成的环境危机，主要是指由赛事管理人员的疏忽造成的火灾、爆炸、危险品泄漏污染等。其二，人为造成的生物危机，如食物中毒、疾病流行等。其三，可控技术因素造成的危机。现代赛场的管理系统科技含量高，人工智能利用率高，这些高端技术如果处理不当，就会使整个控制系统陷入瘫痪状态。其四，由观众球员或者裁判引发的危机，主要是指赛场骚乱、暴力事件。比如，早在1985年，中国足球队就引发了中华人民共和国成立后最大的暴力骚乱。其时，世界杯预赛最后一场，国家队在首都工人体育场输给中国香港队，引发了"5·19"事件，有127名打砸抢闹事球迷被警方逮捕。再如，2007年初，在英国，中国国奥队一周之内两度上演全武行，特别是与女皇公园巡游者队的一场"群殴"危机，迫使裁判鸣笛终止比赛。而2016年底，中国足协杯赛事中，则是卫冕冠军江苏苏宁队在武汉1:0结束比赛后，突遭宏兴队队员袭击暴打，全队人员上下不同程度受伤。

不难看出，上述第二类第四种是体育新闻深度报道最常见的选题。如今，

---

① 李树梅，孙庆祝. 体育赛场危机管理研究及其系统框架的建立[J]. 西安体育学院学报，2005(6).

在体育快速产业化、商业化的背景下，此类体育危机事件可谓层出不穷。并且，它们的发生，许多已经不再是纯粹的体育赛场因素积累聚变的结果，而是经常和政治、体制、经济，甚至民族、国家问题纠缠在一起。这些问题往往较为敏感，也较为大众所关注，存在着多方面可供挖掘的深度内涵。

实际上，敏感问题在赛场内外、比赛前后都有可能出现，都牵动着人们的神经。什么是"敏感问题"？那就是涉及重要人物和重大事理且公众特别关心的问题。这类问题往往是悬而未解、悬而未决又亟待解决的。比如，2004 年的亚洲杯足球赛期间，中国球迷反日情绪日渐高涨，《参考消息》连续刊载了《日报认为："排日情绪"可能对中国造成负面影响》《享受激情足球，展现大国风度》《"中日大战"亦是形象之战》等文章，在指出中国反日情绪首先源自日本错误政策的同时，也很有成效地提醒与告诫广大读者，应从全局角度区别对待中日关系和中日比赛，避免陷入狭隘的民族、民粹主义情结。这是一个极好的企图将危机化解于赛事之前、赛场之外的体育新闻深度报道的范例。再如，2019 年 9 月世界杯女排赛中，网络媒介，尤其是在手机微信上，又掀起"排日情绪"风浪，或渲染郎平赛中暂停时拿"九一八"国耻说事，或编造日本教练中田久美恳求郎平让球而惨遭拒绝。于是，笔者亦客串了一回自媒体写手，在微信群发表《也谈打球与反日》一文，可视为短篇深度报道——

☞ 也谈打球与反日

新近，2019 年 9 月，女排世界杯赛，中国队大放光彩，10 连胜提前夺冠。其间一盘，直落三局完胜日本，于是有人传播——郎平赛中暂停时问队员："明天是什么日子？"答曰："9 月 18 日。"郎平随即发出战令："同仇敌忾，上场！"同时，还有人传播——日本主教练中田久美比赛前借与郎平合影套近乎，恳求让她赢一局，而郎平答曰："不能让啊，中国人民不答应！"

恕我直言，随便将体育比赛、竞技运动与政治、国家、民族间的矛盾斗争联系起来，是不负责任、非理性的民族民粹主义表现。新近获得国家人民文艺家荣誉称号的著名作家王蒙曾批评说——动辄将运动竞技与肤色人种、国旗民族、精神理想联系起来，是没有意义、很不明智的！试问，照此逻辑，那经常输球的中国男足、男篮、男排将何以自处？而且，众所周知，奥林匹克之起始，正源于平息希腊城邦间的战争。再者，中国女排崛起之起始，还与 20 世纪 60 年代东京奥运会冠军日本女排主教练大松博文不可分割，亦离不开周恩来总理为推进中日友谊，指示引进他的"魔鬼训练"。我们仇恨日本军国主义，我们欢呼中华民族的强盛，但没有必要拿体育比赛、竞技运动说事。日本女排与日本的侵华历史乃至坚持反华的安倍晋三现政权，皆毫无政治干系。同胞们，爱党爱国的渠道很多，表达的方式也很多，但体育比赛、竞技运动还是永远"费厄泼赖"好！

很显然，容我自美拙作——此关涉体育比赛引发敏感问题的短篇深度报道，就注意到了多元多向的选题选材。体育赛事本身可作为选题，因赛事发生的政治思想危机事件亦可作为选题。而为了有力阐述这一选题，从名家王蒙议论的引用，到奥林匹克运动起始的回溯，再到周总理重用大松博文的补充，这就是多元多向选材产生积极效应的注脚。不难设想，如果没有这样多元多向的选材，那阐述必然是苍白的。

2. 体商明星危机事件

如前所述，在我国，体育明星具有很强的明星示范社会效应。从姚明、刘翔、李娜、郭晶晶，到林丹、孙杨、朱婷、陈若琳，等等，随着他们在体育领域的成功，他们就不再是单纯的运动员，附于他们身上的社会价值也迅速增高。这不仅仅是他们获取商业经济利益的基础，同时也把他们推向了公众人物的前台。而作为社会公众高度关注的公众人物，这些体育明星以及与其紧密相关的教练员、家人、朋友的新闻，也都会受到媒体与公众的广泛关注。有关他们的新闻，常常成为各类媒体竞相报道的主要目标，而一些负面新闻在传播中则会有意无意地被放大，体育明星遭遇危机也就在所难免。

例如，2005 年 1 月，东南亚发生人员损失惨重的海啸后，在全世界都在为这场人类大灾难进行募捐援助时，跳水帅哥田亮的经纪人却对媒体宣布——田亮将按原计划到马来西亚进行个人写真集的拍摄活动。消息一经传出，立即引起骂声一片，网络上许多人指责这种行为是"丢中国人的脸"，缺乏起码的道德水准。再加上田亮自从雅典奥运会后，一直埋头从事商业广告代言活动，继而又被国家队除名等事情，一时间真正是舆论哗然，千夫所指！这无疑使他一直所塑造的阳刚男孩的形象大受损失，与他在跳水界取得的巨大成功相比产生了很大落差。其实，以往田亮好事、善事、义事也没少做。此时媒体对他完全可以并应当援之以手，细加调查，详加分析，用有深度的继续报道对社会舆论进行宽容性引导。

随着中国竞技体育成绩的突飞猛进，中国著名运动员和教练员不断涌现，再加上我国运动员的培养教育模式缺乏人文内容，造成他们在社交上素养不够，应对策略单一，这样体育明星危机事件数量必然居高不下。仅进入 21 世纪以来的危机事件，我们就可以很快排出一长串清单：王治邱 PK 中国篮球协会、权磊遭黑恶势力砍杀受伤、浙江绿城开除4名队员、清华园跳水队员不告而别；而央视《足球之夜》一个栏目，几年间曝光的体育明星危机事件，就涉及赌博、性丑闻、吹黑哨、滥用药品、消极比赛、违法乱纪；而单个明星危机之外还有令人震惊的明星团体危机——2011年11月，拥有王濛、周洋的中国短道速滑队在云南丽江古城，因深夜醉酒喧哗，与城管队伍发生冲突，引发集体斗殴；2017年8月，中国举重队因北京奥运会兴奋剂事发，被国际举重联合会禁一年，集体缺席美国举重世界锦标赛。

对于这些体育明星危机事件，或解释，或揭露，或批评，以期探究原因、弄清真相、引导舆论、推动解决，不仅对体育明星个人成长有益，而且对我们国家的体育运动发展大有裨益。这正是体育新闻深度报道选题选材方面所应有的目的与意义。

3. 体育管理危机事件

自20世纪50年代以来，我国体育管理上一直实行的都是举国体制。在举国体制下，政府对体育事业发展承担绝大部分义务，也掌握着几乎全部权力。但随着经济的继续发展和社会力量的进一步强大，来自社会方面的支持对体育变得日益重要，这无疑会冲击传统的举国体制。在这种市场化、产业化的冲击下，必然会发生各种各样的管理矛盾和危机。

从总体上看，我国体育管理危机事件主要体现在以下几个方面：①由于举国体制过度强化了政府权力，因而抑制了社会参与体育的积极性，阻塞了社会支持的渠道；②政府体育管理机构陷入微观事务管理不能自拔，反而削弱了宏观管理的职能，以至中国体育对于环境的适应能力较低；③随着社会主义市场经济的发展与体育产业化的推进，体育的社会价值和公益性质会受到削弱，这样就可能激化社会矛盾，破坏社会和谐；④体育举国体制的改革缺少成功经验，竞技俱乐部体制发育不健全，政府官员和经营者相互勾结、假公济私、滋生腐败，中国足球1993年实行联赛以来的祸乱不止、负面新闻不断就是明证。因此，专家们认为，中国体育改革具有紧迫性、渐进性、滞后性、长期性等4个特征。而解释和阐述这4个特征，不也正是体育新闻报道深度之所在吗？

美国专栏作家朱蒙德（Roscoe Drummond）对深度报道的诠释是：以今日之事态，核对昨日之背景，揭示明日之意义。我们认为，各类体育危机事件的及时性、复杂性、敏感性恰好契合了深度报道的这一特质。体育不是孤立的社会现象，它与各行各业、各色人等都有可能发生联系。各种各样的体育比赛、体育人物和体育事件必然受到政治变革、经济发展、民族情感、科技进步以及人的价值取向和心态的影响，并又反过来影响这诸多方面。由此可见，体育新闻报道的领域本来就是广阔的，可选题材、可用素材也本来就是丰富多彩的。问题在于,我们要有注重多元多向选题选材的意识,并培养锻炼自己善于选题选材的能力。

二、新颖的视角

在信息传播手段多元而快速的今天,真正独家的信息并不多。于是,在信息源普遍趋同的情况下,一个体育记者如果能够运用相对独特的眼光、立场与价值判断标准,即新颖的视角,发掘同一信息背后深层次的东西,帮助受众拓宽对信息的理解和把握,就显得格外重要。我们应当注重锻炼这种能力,增强新闻敏感性。每一事当前,都要习惯于从不同角度审视,选择最佳的切入点,打破思维定式,不断提出新问题、新认识、新观点,从而达到深化报道,争取传播最佳效果的目的。

如何更好地用合适的形式展现出体育新闻的独特魅力,是新闻传媒追求和探索的一个现实命题。这无疑与新闻的叙事视角有着密切的关系。叙事视角,是一部作品或一个文本看待世界的特殊眼光和角度。在新闻文本中,我们所看到的往往不是事件本来、全面的状态与内容。我们所接触了解的总是通过某种方式介绍的事件,而视角决定了什么被看,什么不被看,它既是文本给读者何种"视野召唤"的关键,又是读者进入文本、打开作者心扉的钥匙。因此,叙事视角在写作过程中具有第一位的意义,而它的新颖性则源于多元、独特以及相向的思维。

(一)多元视角

所谓多元视角,是若干角色视角和叙事者视角在动态中的结合,或者说通过不同阶层人物的观察、叙述故事主体的不断变换,以对事件进行全方位、多侧面的描述。它使得观察思考事物的角度多元化,避免以单一的、同质的角度面对丰富的世界。从个别视角到多元视角的变化,是一个复杂的开拓变化过程。这里既有体育新闻事件本身复杂的原因,也有对于多元视角边界问题的多重考虑。如何把握这种变化过程,力求既多元又有序,对于记者提出的要求是很高且全面的。

2006年世界杯足球赛期间,原央视著名主持人黄健翔在解说意大利对澳大利亚的比赛时出现了言辞比较激烈欠妥的情况。这次激情解说,随后引起了轩然大波,一时间在社会上产生了轰动的反响。那么,黄健翔究竟是一个什么样的人?事件究竟是什么性质?这便成为大家关注的焦点。《南方周末》没有人云亦云,没有步诸多媒体后尘,形成一统的批评声音,而是在多次采访了黄健翔本人及其朋友、粉丝、同事与同行之后,写出了一则全方位地展示黄健翔的深度报道——《猖狂黄健翔》。这篇报道从各个方面深入地向读者分析了黄健翔，为读者展现了黄健翔的内心世界以及别人眼中的黄健翔。此篇报道就采用了多元的视角，而不是在一个单一层面上进行狭窄的、简单的报道。对于这一新闻事实，《南方周末》采用了多个叙事主体，比如《足球》报资深记者李承鹏、央视主持人董路以及其他同事，甚至还有陌生的网友观众。这些人物展示了各自对黄健翔及其激情解说事件的观察角度与认识。李承鹏对他这样赞誉："和黄健翔同时代说球是悲哀的。"而同为朋友的足球评论员董路的评判，则相对保守些："只是因为央视在特定的时期，没有一个人比他强。"面对激情解说事件，百姓受众的态度也都不一样，诸多崇拜欢呼粉丝之外，也有不以为然的，知名网民"菜头"对此便很愤然："凭什么我掏钱买的电视机，我付费的电视信号，要成为你黄健翔个人情绪的发泄场所？身为体育解说员，如此严重偏向一支非本国的球队，这不叫激情，而应叫职业素养不及格。"另一位资深球迷则在博客上不无讥讽地认为：这种发飙行为跟激情关系不大，跟表演天赋倒是关联紧密，他这是"表演过度"。而董路事后又说："让黄健翔承认错误是件很困难的事情，他是个活得很自我的人。"这便是不同的人在同一时间对同一人物和事件的不同认识，这样的认识毫无疑问是多元化的、全面的、深刻的。

用多元化的视角对新闻事件进行分析报道，能够让新闻事件更客观、更全面地呈现于受众的面前，让受众在这种多维空间里对事件形成自己的思考。因此，以比赛报道为例，在对每场赛事进行报道外，还应该将今天的比赛同昨天的比赛进行对比，今天的球队与以往的球队进行比照，既阐明新闻事实，又揭示新闻背景。从时间上说，有过去有现在也有未来；从事实上说，有表象有本质，有原因有结果，有主干有细节；从人物上说，有当事人，也有"旁观"者。如此一来，读者便能全方位地了解事件的台前和幕后、前因和后果，从而体现体育新闻报道的深度意义。

(二)独特视角

体育新闻深度报道，作为纸质媒体吸引读者的"招牌菜"之一，走出一条与电视网络具有明显差异性优势的创新之路，显得尤为重要。而要达此目的，离不开独特的构思和新颖的表达手法。换言之，需要最能体现新闻事实本质意义的独特角度，以发人深省的新角度、新观点去认识事物，反映事物。

先看以下两例——

新华社体育记者杨明的成名作，是他在1988年汉城奥运会上采写的《约翰逊"欺骗"了整个世界》和《约翰逊果真欺骗了整个世界》组稿，这正是他善于观察分析、独辟蹊径的结果。在汉城奥运会上，男子百米决赛中，加拿大的约翰逊挑战美国的刘易斯。刘易斯开始看起来跑得姿态优美，神采飞扬，不愧号称"百米王"。但很快便力不从心，最终被约翰逊单臂高举，挑落马下。其实，刘易斯在前几轮比赛中2次突破10秒大关，而约翰逊却几乎被挤出决赛，大家都认为刘易斯夺冠毫无疑问。但是，约翰逊最终以9秒79夺冠。人们惊呆了，杨明虽然不喜欢约翰逊，当时却也很激动。于是，回去便写了《约翰逊"欺骗"了整个世界》这篇新闻稿件，列举了此前赛中一系列颇具迷惑性的现象，夸奖约翰逊是个很有"心机"的角儿——请注意，从这个角度写飞人大战，他是第一人，非常独特。而几天以后，当约翰逊服用兴奋剂的丑闻曝光，金牌被剥夺时，杨明紧接着又写了题为《约翰逊果真欺骗了整个世界》的连续报道。很明显，同是"欺骗"，语含双关机锋，前后性质陡变！如此巧妙转换视角，表现出富含新颖和幽默的智慧。后经评选，这两篇稿件获得当年全国体育好新闻一等奖，成为新闻史上一个优秀的范例。

拳击明星泰森是拳坛的"坏孩子"。曾经，诸多媒体对他的报道，除了拳击赛场上的旋风般表现，其赛场外的恶行也常常是报道和炒作的焦点。但其时美联社播发的蒂姆·戴尔伯格的《一个出人意料温和的泰森准备与戈洛塔交战》一文，却没有突出泰森的"恶"，同时也没有仅仅就比赛谈比赛，其报道角度就也有相对独到之处。首先，报道开头写道："四轮比赛过后，泰森坐在浴室的长凳上，既不恐慌，也没有绝望。他没有说吃掉刘易斯的孩子或威胁伤害任何人。"这样的表述和描绘，带给受众的感觉与先前所习惯的截然不同，因此能一下子就把读者吸引住，促使读者继续读下去。此外，报道中还直接引用了泰森的一些话语："他们把我诊断为疯子""没有人比伊万德·霍利菲尔德和刘易斯更有绅士风度，可是他们不叫座，而我行""我把真理和谎言混在一起，这真是其乐无穷"。这些话，不仅塑造了一个不同平常的温和的泰森，而且还突出了泰森坦诚的一面。该文的视角确实非同一般，堪称"人无我有，人有我新，人新我特"，使人们深入而具体地感受到另一个泰森，并可能在怎样看人待人方面获得新的感悟。

最后再看一个《学会应试》的例子。这篇文章的主旨，是说国家足球队在世界杯大赛前应当怎样备战，可作者却想到了"海埂足球体能测试的12分钟跑"，想到了去美国留学的TOEFL与GRE考试，是从"应试"说起的。其角度之新颖特别，实在令人拍案叫绝！

学会应试

中国学生去美国留学要考试。而从TOEFL考到GRE，美国人却越来越莫名其妙、糊里糊涂。他们弄不明白——为什么自己的母语考试会输给中国学生？其实，只要看看贴在北京中关村地区电线杆子上的英语应试班广告，你就知道中国学生的高分离不开什么了。考生们从那里学到的是——应试技巧。比如出题人的习惯和爱好，文章里的暗示和陷阱，ABCD 四个答案选择的门道，甚至实在不会答时应该如何猜。当一个高分出现时，谁也不知道这是完全来自实力还是得益于应试技巧。但是，在不变的标准面前，这种区分没有任何意义，人们只看结果而不看产生结果的手段。结果，自然是最重要的。

由此，我们想到了海埂足球体能测试的 12 分钟跑。现在球员们对它的认识比三年前进步多了，几乎没有人通过不了。他们已经掌握了如何在 12 分钟内合理地分配体力、控制节奏、调节呼吸以及相互配合，这些田径知识加上足球运动练就的体能，足够保证他们顺利过关。在时间不允许的情况下，学会这样应付测试并没有什么不好。

现在，我们把刚才用过两次的推理再用一遍：如果几个月的时间不能令中国队脱胎换骨的话，多琢磨一下如何应付世界杯预选赛，学一点"应试技巧"，比如多看几场弱队胜强队的录像，比起提高自身水平倒是一件相对容易的事。既然"应试技巧"能使中国学生在美国 TOEFL 和 GRE 考试上大出风头，能使足球队员 12 分钟跑的通过率大幅度提高，那么中国足球队如果也能变换一下思路，世界杯预选赛的前景不就也可能是光明的吗？

（《中国体育报》1997.2.24）

总之，电视、网络作为现代大众文化新的承载者，几乎覆盖了所有传统的接受空间。在因特网和广电传媒的作用下，很多赛事读者已经现场观看或收看过。如果平面媒体体育新闻仍立足于赛事结果，就很难勾起读者的兴趣。体育新闻并非全部出现在赛场上。读者想要关注、乐于阅读的还有相关评论、相关背景报道和比赛中的细节、花絮等。因此，我们常需要立足赛场，思维却不能囿于赛场，在报道比赛情况的同时，要致力于发现把握独特视角，将重点放在解释性、分析性报道上，对赛场内外发生的花絮新闻进行独到解读。

（三）相向视角

许多年来，新闻报道有一种现象颇耐人寻味，即当社会生活涌现某一新闻事件或新闻人物时，众多媒体往往一哄而上，"狂轰滥炸"，将其炒得沸沸扬扬。有人称之为"飞蛾效应"，将新闻媒体喻为争先恐后"扑火"的飞蛾。这些报道大多角度相似、观点相近。但也有少数媒体另辟蹊径，从相向、相异、相反的角度观察思考，组织报道，取得了意想不到的成绩。这便是"逆向思维"

效应。

逆向思维，是一种从相反的方向来考察事物，或者干脆把思考对象颠倒过来进行思考的方法。当顺向思维不能发现新闻时，不妨换一个方向，从反面来观察；当人们习惯于站在甲的立场上考虑问题时，不妨退出来，站在与甲对立的乙方立场上思考一番。逆向思维往往是破"惯例"的一种重要思维方式，是对传统观念的一种否定。在观察和分析问题中，逆向思维通常表现为不落俗套，不人云亦云。

比如，21世纪初，中国竞技运动成绩突飞猛进，尤其是在雅典奥运会期间，竟占据了金牌总数第二的位置。单从金牌排行上来看，中国似乎已经成为一个体育强国。可当全国上下都在为中国队的骄人成绩庆贺时，《经济参考报》却没有从这个角度去思考并报道，而是选择了一条完全对立的角度进行深入剖析。这篇报道题为《一枚奥运金牌7亿元？体育举国体制的冷思考》，从网上流传的"一枚奥运金牌7亿元"着手进行深入调查，从而说明一枚金牌虽然并没有7亿元那么高的成本代价，但透过全社会的关心可以发现，其实人们争论的真正核心，更多的是接受并使用巨额投入的体育举国体制。该报道进一步对体育的举国体制进行了深入挖掘，认为中国体育举国体制的存在有着历史和环境的因素，但并不能回避其与国内市场经济大环境的不协调。像这样由"喜悦"的一面转为"忧虑"的一面，正是逆向思维产生相向视角的结果。

新闻作品多数是顺向思维，即从正面观察事物，顺向谋篇布局。但如果变换一下，从反向观察问题，反向构思整篇作品的思路脉络，有时能给读者一个意外的"惊喜"，并提升新闻的价值。2006年多哈亚运会期间，深圳《品报》的一则报道——《五大黑镜头引发亚运冷思考 是谁让中国体育脸上发烫》，就很值得我们认真学习和讨论。当我们的记者都在对我们的胜利充满喜悦之时，《品报》的这则报道却为我们提供了另外一个叙事空间，正如该报道中说："多哈盛事，中国又一次站在了亚洲的巅峰，但在欢笑和骄傲的背后，我们是否应该心事重重地瞻前顾后，我们是否时刻提醒自己丢失了某些东西？"比如，中国女足为了捞到更多的净胜球，在约旦队员因伤倒地将球踢出场外后，两次没有将球踢还约旦，而是选择继续进攻；某著名田径明星及教练面对众人哀悼韩国马术师金享七先生不幸殒命时，风一般跑过灵堂，表现出令人诧异的冷漠……针对这些不光彩的现象，这些与体育精神文明、体育道德规范不相符的行为，该报道逐一进行了分析点评，逆向思维下的相向视角为报道提升了新闻的监督表现力。

须特别指出，如上所述违背体育道德、无视体育精神的行为并非鲜见。2012年，伦敦奥运会羽毛球女双小组赛最后一轮，中国组合于洋/王晓理与韩国组合郑景银/金荷娜均已经取得两连胜，根据比赛排位情况，谁胜谁将在 1/4 淘汰赛中对阵本国队友，于是比赛中出现了谁都不想赢球的荒唐一幕——双方故意击球出界、下网，失误频频，现场观众爆发出了震耳欲聋的嘘声。结果，由于涉嫌消极比赛，双方都被取消了继续参赛资格，成为奥运会赛事之笑柄。而 2019 年 9 月，排名世界第一的塞尔维亚女排针对即将到来的东京奥运会小组赛分组的"蛇行排列"，经精心策划，其主力集体缺席世界杯赛，故意派出二线队伍出战，结果如愿获得第三名，成功避开了中美两支强队。毋庸赘言，太阳上也会有黑点，光明的大地也总有阴暗的角落，新闻报道作为社会航船的"守望者"，自当随时抱以警惕批判之心，保持逆向思维与相向视角。

逆向思维是读者乐于接受的一种思维方式。逆向思维，往往能打破常规，揭示比较新鲜、深刻的主题，从而取得常规思维所达不到的传播效果。在今天这样一个读图时代，或曰浅阅读时代里，在电视和网络媒体的包围下，当人们把过去依赖杂志和报纸了解世界的阅读方式和写作方式转变为视觉感官的享乐时，体育新闻深度报道倘要更好地吸引受众，就只有不断探索新的叙事视角，改变记者的写作思维，才能确立自己的话语地位。

三、理性的剖析

体育新闻深度报道应当具有理性和思辨性的特点，而不能仅仅停留在客观反映和描述体育事件的层面上。换言之，准确、全面而富有逻辑的分析，也是体育新闻报道产生深度的要素之一。而且，在我们所设定阐释的五大要素中，理性剖析堪称核心性因素，其他要素的产生与它有着不同程度的联系，是一篇有深度的体育新闻报道必须具备的。离开了理性剖析，就谈不上什么"深度"。而所谓理性思辨剖析的具体内涵，主要有注重讲究逻辑分析和挖掘新闻背景，正确认识报道的客观性原则与倾向性的尺度，严格区别煽情化、煽情主义、黄色新闻及拷问体育新闻法规规则等四个方面。

（一）讲究逻辑与挖掘背景

当 2003 年全国男足甲 A 联赛冠军归属上海申花之际，《东方体育日报》刊出《冠军选择申花》一文。相对于当时其他媒体的相同赛事报道，这篇报道显得相当严谨理性，逻辑缜密。文章从三个方面表述了申花夺冠的历史必然性：首先，"深刻地反映着资本的意志"（指引进外籍、外省市球员的经费保障）；其次，"正因为申花队处于高度紧张激烈且有序的竞争环境下，才使他们的潜能得到了最大限度的发挥"；最后，是因为"申花球员体现了难得的职业风范"——末代的甲 A，暗流汹涌，"许多球队都受到了社会邪恶势力前所未有的冲击，而本赛季申花队没有一个人在这方面受到质疑"。很清楚，作者并没有把申花夺冠吹嘘成一个梦幻神话，也没有把笔墨只放在某位教练、某些球星身上，而是将表述锁定于"资本""竞争""职业风范"这三个非常理性的根由之上。在这三个根由中，"资本"属于经济基础范畴，"竞争""职业风范"属于精神文明范畴。文章从客观的真实和存在的合理性方面全面、冷静地诠释申花成为王者，并在结尾处又指出："实事求是地说，虽然眼下的申花还没有真正具备称雄甲 A 足够的实力，但中国足球还是做出了正确的选择。"如此具有严密逻辑的深入深刻的理性剖析报道，自然是令人信服的。

2002 年 6 月 2 日的《星期日泰晤士报》，在对韩日世界杯英国与阿根廷队的赛前预测分析报道中，罗列了两队几十年来的交战经历，提供了两队自 1951 年以来交战的比分，甚至连阿根廷当时国内政局困境与经济危机也全面交代，指出足球运动与一国政治、经济、文化紧密关联，阿根廷国内局势动荡导致其足球联赛水平滑坡。此外，该报道还指出，本届阿根廷球员大多来自"海外兵团"，合练时间非常短暂，势必影响技战术的制定与发挥。报道还特别回顾了英阿两国在 20 世纪 80 年代的"马岛战争"，以及 1986 年、1998 年两届世界杯两国经典且极富戏剧性的交锋——这样的赛前预测分析报道，理性与思辨的特色十分突出，使韩日世界杯英阿大战来自历史与现实的神秘色彩都更为浓重。该报道将那么多的细节公之于众，将比赛背景一下拓宽了十几年，绝非无足轻重，缘木求鱼，而是大大增强了人们的阅读兴趣，产生了很强的深度效应。结果，阿根廷这支夺冠热门球队过早出局的特大新闻事实，则成为预测报道深度效应的有力验证。

由以上两例可知，理性和思辨性是深度报道的重要标尺，深度报道是体育新闻"走向理性""走向思辨"的结果。它通过对人们普遍关心的热点、难点、疑点问题的探讨和解释，充分给予受众对社会问题的知情权，同时加以观念认同上的影响和引导。

（二）坚持客观与不忘倾向

客观性和倾向性，这是一对矛盾。讲客观性，似乎就不能有倾向性；有倾向性，势必就很难讲客观性。然而，体育欣赏中，在反映体育欣赏的新闻报道里，我们却应在坚持客观性的同时，注意有一定的倾向性。这是理性思辨的体现，与体育新闻报道的深度是紧密相关的。

1. 违反客观性原则的种种表现

新闻报道的客观性原则，是指新闻报道中按照事物本来真实面目进行报道的要求，反映客观就是反映真实。新闻报道必须具有客观、真实的特性，否则可以说是小说、故事、传闻、谣言等别的什么，但不是新闻报道。这也是新闻工作者的基本职责和崇高使命。新闻工作者通过传递新闻信息，将客观世界的变化如实地、及时地呈现在公众面前，可以帮助人们作出独立判断与合理反应，也可产生教育和警戒等作用。然而，体育新闻报道中，违反客观性原则的现象却各种各样，时有发生。

（1）强加政治与民族色彩。

先看一看 2019 年国家荣誉称号获得者、著名作家王蒙，2006 年在全国政协会议上的一项提案（节选）：

> 对一场比赛输赢的政治意义不要做过分夸张的报道，比如说"中国女排的胜利是中华民族的胜利"。如此说成立，中国男足男排的失败将怎样自处呢？奥运会的英语是 OLYMPIC GAME，GAME 同时也具有游戏性。尤其是对于与我们关系上出现过一些不愉快事件的国家，更不要把比赛与国家之间的抗争联系在一起。例如日本，我们必须认真纠正对日本运动员的不礼貌、不友善表现。
>
> 尤其切切不可在赢了以后联系到种族、皮肤、眼球颜色、国籍洲籍等国际政治中极其敏感的内容。比如说我们的一个田径项目的金牌证明了黄种人是能跑得快的，亚洲人是能跑得快的（刘翔在 2004 年奥运会上的夺冠感言），那么，比我们更加苦大仇深的非洲黑人兄弟姐妹，得了那么多田径金牌，他们应该怎样把运动成绩与黑种人受压迫的历史联系起来呢？我们的某些文艺作品强调黑眉毛黑眼睛黄皮肤，也有它的不妥之处，如果一个欧洲运动员，在取胜之后强调自己是白皮肤黄头发绿眼珠，请问人们会有何感想？在欧洲，这样的说法肯定会受到起诉。只有缺乏自信，才会动辄提出我们的皮肤与眼球的颜色。我们已经自立于民族之林，我们已经赢得了国际社会的尊敬与重视，我们不能老是停留在那丧权辱国、抬不起头来的梦魇里，我们不能老是用受气的小媳妇吐苦水般的语气说话。那样的话，就显得我们太不大方了。

应当指出，对媒介新闻报道在国际竞技大赛上老拿国家民族说事，王蒙先生的批评是很中肯的。尽管网上不乏愤愤之声，但绝大多数人在有理有据的分析面前是持认可态度的，并深感有反思的必要。

当然，有着悠久历史文化传统的中国人，都有一种厚重的国家民族情结，这自然是值得肯定的。而且，竞技比赛的获胜结果，的确能使人受到强烈的刺激和鼓舞，能让人从中获得一种满足感、成就感；当运动员以其娴熟优美的姿态冲击运动记录顶峰时，人们会从心底里发出欢呼，获得精神上的释放与升华。现代国际比赛规定，颁奖时要升国旗、奏国歌，当自己国家的国歌奏响，国旗升起时，人们当然都会感到无比骄傲。一场重大比赛的结果，总是牵动着亿万人的心。取得胜利，会使一个国家举国欢腾；如若失败，也会给一个国家带来强大的震动与失落。因此，当我们的《义勇军进行曲》奏响、五星红旗冉冉升起时，国人倍感精神振奋，洋溢民族自豪，这自然都是情理之中的事。但是，表现在体育新闻报道中，每逢我国运动员获得非凡成绩时，媒体总会联想到我们古老而伟大的民族，总会用一种扬眉吐气的语调加以渲染，如王蒙提案中列举的无一例外地联系上民族、肤色、红旗等，这样的话语就不够理性，就欠缺客观性。体育新闻报道总这样说，那还谈何深度？长此以往，势必影响媒体的形象和公信度。而照理说，媒体应该比一般受众有更高远的眼光，能更加理性地面对竞技成绩，认识到取得成绩主要是个人不懈奋斗的结果，是个人努力追求自身价值的实现，这与民族的辉煌和苦难的历史并无多大关系。而且，媒体也更应该认识到我们离真正的体育强国还有不小距离，客观的报道比盲目的沾沾自喜更有利于我国体育事业的发展。

（2）夸大明星的运动成绩。

与体育明星相关联的，体育新闻报道违反客观性原则的表现，还有夸大明星的运动成绩。与强加政治民族色彩一样，此点的劣根也在于不实事求是，多有溢美之词，常说大话过头话。这样，人们就会对新闻报道持怀疑态度，所谓深度效应也就无从谈起。

还以姚明为例。我们随意抽取了 NBA 2006 年赛季 11 月中旬的 10 份《体坛周报》，从整体来看，对于姚明的报道倾向性非常明显。主要表现有：在所有有关姚明的报道中，负面声音少之又少；在火箭队取得胜利之时，姚明往往会被描绘为胜利的功臣，而其他球员充其量只是姚明的帮手；当火箭队失利之时，受到指责的，往往是其队友，也是其最大竞争对手麦格雷迪；姚明的每一次较为突出的发挥都会成为记者的一次大餐，记者毫不吝啬任何一个可以想到的赞美之词。最具讽刺意味的是：11 月 13 日火箭队战胜热火队之后，"姚明加冕""姚明称雄""世界最强中锋""第一中锋""姚明时代""全联盟无敌"等充满霸气的语句布满报纸，《体坛周报》更是用 11 篇报道表达了他们比姚明还要兴奋的心情，直接宣布"姚明成为 NBA 首席中锋"。可就在下一场，在姚明与另一高大中锋邓肯比拼之后，11 月 16 日《体坛周报》却只有两篇报道，其中一篇的标题无奈地告诉受众：《姚明：如今不是第一中锋了，将继续向邓肯同志学习》。

另外，从版面构成来看，《体坛周报》的 NBA 报道有五个版，即从 B-11 版到 B-16 版。其中，B-11、B-12 版被固定为"姚明版"与"火箭版"，B-13 版有时也会用来专门介绍姚明和火箭队。在姚明的表现比较突出之时，《体坛周报》的头版也会用来报道姚明。在这 10 份报纸 160 篇 NBA 报道中，有关姚明与火箭队比赛的多达 92 篇，所占比例高达 57.5%，占据了一大半的报纸版面。这种过多的关注，与火箭队以及姚明个人在 NBA 的地位和重要性相比，实在不成比例、不相协调，与新闻报道的客观性原则亦相距甚远。

（3）混淆记者和球迷身份。

体育比赛有输赢，为了胜负必然竞争激烈，这也正是体育的激动人心之处。在观看比赛时，很多观众都是有倾向性的，都会带着某种朴素的群体情绪去观看。尤其像足球那样观众最多、竞争最激烈的项目，往往容易引起人们感情失控。如果这种情绪被放大，超出体育的范畴，就会带来负面效应。这就要求新闻媒体适时地加以引导，尽量使不健康的情绪降温，而记者此时就应用理性取代感性，以冷静对待冲动，多一点观察和思考，避免宣泄自己的主观情绪，不忘自己的职业身份和作为一个新闻传播者应有的社会责任。换言之，作为一个合格的新闻传播从业者，你就不能只是一个狂热的球迷，不可忘乎所以。请看下面一名美国记者的认识：

> 体育报道更注重的是写作而非体育项目本身。体育记者不是能记住多少万个数字的超级球迷，狂热地描述一场赛事是多么精彩或多么糟糕。事实上，当你成为一名体育记者的那一天，你就不再是一个球迷了，尽管你还保留着一个球迷的热情。你不能在记者席上欢呼雀跃，不能索要运动员的签名，还不能穿印有你喜爱的球队的名字和你喜爱的队员的号码的衬衫。你不能对某个棒球手顶礼膜拜，奉若神明。你有着球迷们梦寐以求的看球机会，但你的工作是让球迷们安安静静地待在那儿，既能看到又能听到，就像在你身边一样。

然而，我们不少体育新闻记者却忽略了这些，混淆了记者与球迷的身份。在他们的报道中，常使用一些不客观的、感情色彩浓厚的、刺激性强的词语，还不加掩饰地表露自己对于某一个球队或球员的偏爱，甚至故意散布对某个球队或球员的不敬和鄙视。紧张、激烈、争抢、冲撞、突破、拼杀、血战……此类词语确实可用来生动描写竞技比赛的精彩场面，但要注意"度"的把握，否则使用带有暴力倾向的词语太多，夸大比赛的激烈程度，渲染你死我活的争斗气氛，就容易导致球迷的非理性心理和行为。至于随便褒主贬客，扬主抑客，那更会引起受众的反感，催生双方球迷的矛盾情绪，为后面的比赛埋下祸根。而如果报道是现场解说形式，则可能即时诱发球迷之间的口水战，甚至单挑、群殴、骚乱。从一定角度看，足球比赛中的一些足球流氓和一些专门喜欢看热闹起哄的伪球迷，在某种程度上正是媒体培育催生出来的。总之，注意不混淆记者与球迷身份，尽量避免记者的主观倾向，力求坚持客观性原则，在体育新闻报道过程中，是理性剖析的标尺，是深度挖掘的需要。一个不能将自己有效区别于球迷的记者，是不可能理性地写出有深度的报道的。

（4）不当模糊和故意遗漏。

体育新闻报道中，违反客观性原则的表现，还有不当模糊和故意遗漏。我们常常会在体育新闻报道中看到一些具有模糊性的"带有某种观点"或"表示某种判断"的语句，但这些语句也被视为对事实的记叙，成了消息的一部分。久而久之，这种模糊记叙便成为一种通用的模式。2015年2月，上海电视台体育频道的体育新闻中就有这样的例子：

> 来自×××赛场的消息，×××足球队主场迎战对手×××，主力×××的伤愈复出，帮助×××队以2:0的比分战胜了对手。

这条新闻向受众传递了两条基本信息，一是某足球队主场与某足球队进行了一场比赛并取得了胜利，一是某主力伤愈复出。但同时，它最后的"帮助"一句还似乎传递了一条潜在信息，或者说还似乎表达了一个观点，即：胜利之取得，原因在于某主力伤愈复出。我们这里之所以突出强调"似乎"，是因为消息里并无与之相对应的事实，比如说那位主力射进了球，或者他"起到了中场核心作用"等。可这种表达在众多赛事消息中已经被固定下来，凡遇上胜利的球队，又有主力伤愈上场，不论主力状态表现如何，就都这样说。现今，体育新闻报道实践普遍存在这样的"不当模糊"现象，而其结果必然是不客观的，与"走向理性""走向思辨"的深度追求是大相径庭的。

至于故意遗漏，那情况更为严重。特别是一些地方媒体，对体育赛事的报道，往往带有严重的倾向性，充满狭隘的地方主义情绪。对己方代表队不利的事实，"少报不报"是他们的不变原则，"故意遗漏"是他们的一贯手法。

"你没有把你知道的都写出来，因为你每个人都不想伤害，你想让他们喜欢你，这种做法是危险的，"美联社记者特里·泰勒说，"在全球的任何地方，我最厌恶的一幕就是看到一个经理，或一个教练，或一个前台服务员，走到一个记者眼前，哥儿们一样地拍着他的背。这一定表明什么地方出了问题。"特里·泰勒的描绘，对于那些以一己倾向为准绳，无视和隐瞒新闻事实，不追求深度表述的媒体及其从业者，堪称一针见血、入木三分的批评。而关于故意遗漏的伎俩，在一些人那里还与"纯客观真实"的幌子并用。须指出，通常新闻学中对"纯客观"的批评，是要求在客观报道事实的同时，应当有必要的解释和评述。我们认为，这是重要的一面。但它还有另一面，即"纯客观真实"往往掩盖着某些非本质的片面真实，往往掩盖着某些真实的故意遗漏。

比如，我们概括一下一场重要足球赛中的常见现象：比赛过程进行得非常激烈而狂野，双方队员相互间时有争执、推搡，甚至打斗，比赛因此数度中断，当值裁判先后出示了多次红黄牌。比赛结果，由于裁判终场前判给了客队一个有争议的点球，主队输掉了这场比赛。主场球迷于是又大闹球场，将裁判和客队围困长达数小时。试问，如果让现场各种群体的代表都来转述报道一下这场比赛，他们的报道内容可能是一样的吗？答案无疑是否定的，而最有代表性的又肯定是以下两种：

> 球赛很激烈，结果主队0比1输了。这一球是在终场前主裁判给客队一个点球而射进的。进球后不到1分钟，主裁便吹响了终场哨音。球赛中这位主裁向主队共出示了1张红牌3张黄牌，向客队只出示了1张黄牌。
>
> 球赛很激烈，结果客队1比0赢了。比赛刚结束，不少球迷就拥入场内闹事。他们被驱逐出场后，更多的球迷聚集到场外，封住了各个出口，围攻谩骂裁判和客队。直至深夜，公安局派出大批防暴警察到场，方才平息事态。

很显然，这样的"纯客观"真实是富有倾向性的真实，是故意遗漏了某些真实的真实。两种报道，分别偏袒主客两方。一种详细叙述渲染的是主裁判罚主队红黄牌，并在关键时罚主队致命点球；一种详细叙述渲染的是主队球迷大闹球场，放肆谩骂客队与裁判。但两种报道有一点是相同的，即都故意遗漏了因双方野蛮行为使比赛数度中断的材料，因为这对他们双方都不利。不难想象，这样故意遗漏的有严重倾向的报道，可能产生十分严重的错误导向和后果，前者将煽起主队同情者对裁判的怒火，后者将引起主客场间的冤冤相报以牙还牙，与体育新闻报道的深度追求是完全背道而驰的。

2. 应当注意有一定的倾向性

我们前面已经说过，在反映体育欣赏的新闻报道中，坚持客观性原则的同时，也要注意有一定的倾向性，倾向性是不能完全排除的。那么，这是为什么呢？这与体育新闻报道的深度有关系吗？

（1）不存在纯客观报道。

体育赛事欣赏的新闻报道总有一定倾向性。新闻报道的倾向性，是由新闻事实的倾向性、新闻传播者的倾向性和新闻受众认同三个层面构成的。新闻事实的倾向是新闻倾向性的根本，而传播者的倾向是新闻倾向性的助推器。对于传播者来说，如何认识这一根本就成了关键问题。而能够影响制约传播者对新闻事实倾向认知的因素很多，如政治立场、地方背景、学术观点、文化素养、价值观念等。正如我们前面所概括的那场足球赛和报道，同样的新闻事实，有的传播者可能视而不见，有的传播者可能极力突出；有的传播者可能抓住一端不放，有的传播者则可能反其道而行之。显然，传播者的倾向在新闻倾向性最终形成的过程中所占的分量是很重的，体育赛事欣赏新闻因其精彩激烈的竞技特质尤其如此。这对于传播者来说是一个严峻考验，新闻实践中能经受考验获得满分者几乎为零，或者说只存在于理想之中。总之，纯客观的体育赛事欣赏的新闻报道是不存在的。体育新闻报道过程中，记者从题材素材的选取、采访角色的切入、新闻事实的整合，直到新闻产品的最终生成，每个环节无不存在主观介入的因素。面对纷繁复杂的信息，即使是道德文化修养很深的记者，也只能尽可能做到报道的客观公正。所以说，体育新闻报道的纯客观性只是一种理想中的状态。

（2）倾向性也有积极作用。

先说一个电视直播解说体育比赛的故事。1996年，某日下午，电视直播了一场国际围棋比赛，结果中国队输给了韩国队。晚上，十分巧合，中韩两国足球队又对阵北京，电视也直播。那是一场重要比赛，可比赛尚未开始，双方球员还在场上做准备活动，中央电视台的一位嘉宾竟预言道："刚刚结束的围棋比赛，中国队输了。同样是黑白世界，看来，晚上的足球也要输。"

这是什么话！如果不是在荧屏之中，那位嘉宾的安全恐怕难有保障。他大概太注意这球与棋的巧合了，觉得放弃这个素材，不联系起来说一说，实在太可惜了。或者，他的确有那样的预感。然而，素材的取舍取决于主题是否需要，岂能因"材"害义？至于有预感，应该知道，解说员解说时，和上课的老师、作报告的领导一样，许多情况下是不能心中有什么就说什么的，这不也是人们的共识吗？

其实，这位嘉宾的问题就出在不注意倾向，忽视了倾向。我们应当认识到，解说员解说和记者写文章一样，都需要把握好倾向性。有适当的倾向性，实质上是作为主场解说员理解、尊重受众的表现，是争取最佳传播效果的保证。而所谓理解、尊重受众，就是懂得并同情受众的心理；所谓最佳传播效果，就是传播者与受传者之间高度和谐，并产生共识。这也就是说，解说员与受众之间的和谐与共识，是以前者懂得并同情后者的心理为前提的。因为，"受传者的心理倾向是大众传播发生作用的中介因素，这种倾向影响着传与受双方的亲疏关系、信息交换和效果的实现"。① 这就是倾向性的积极作用，它产生于对受众心理的理性思辨基础之上，自然也是体育新闻报道的深度因素之一。

(三)煽情的功用及误区

在通常情况下，舆论引导使用两种方法：一种是通过营造某种气氛或渲染某种情感来感染对象，使之在情感上融合或被打动，所谓"煽情化"即属于此；一种是通过摆事实、讲道理的方式，运用逻辑的力量来说服受众。在体育新闻报道的舆论引导中，煽情和说服这两种手段常常是综合交叉使用的，都具有拓展报道深度的功用。但这里须特别指出，"煽情化"与煽情主义、黄色新闻是不相同的。煽情要注意分寸，有分寸的煽情也是理性、思辨的行为。

1. 煽情化·煽情主义·黄色新闻

体育新闻报道的"煽情化"与新闻发展史上的"煽情主义""黄色新闻"是不一样的。煽情主义(sensationism)最早出现于 19 世纪末美国廉价报刊时期，主要是指对丑闻与色情或犯罪等方面的绘声绘色、刺激感官的新闻报道。而 20 世纪初，继廉价报刊煽情主义之后，媒体的发展又步入了"黄色新闻"时期。美国新闻史学者莫特认为，"黄色新闻"并非"煽情主义"新闻的同义语，它是现代资产阶级报纸在新的历史条件下，在煽情主义新闻的基础上进一步发展而成的，早期有过积极受欢迎的一面，它也注重犯罪、丑闻、流言蜚语、离婚以及性的问题，突出自然灾难、人为祸害事件和体育新闻报道，但在其编排版面上，由所谓漫画"黄孩子"发布，更有不讲规范的做派，比如：经常对不甚重要的新闻加以渲染、夸张，使用大字号煽动性标题；捏造访谈记录和新闻报道，采用易于引起歧义的标题；大量采用未经授权或真实性可疑的图片；报道内容肤浅低俗，标榜同情"受压迫者"，煽动社会运动；追求耸人听闻的消息，甚至假造骇人新闻，等等。

可见，"煽情主义"与"黄色新闻"并不是一回事，二者间存在着很大的差异。"黄色新闻"更强调负面效应，对社会发展具有较大的危害；而"煽情主义"的报道一般具有正反两方面的影响，虽主要也是指对丑闻、色情或犯罪等的绘声绘色、刺激感官的报道，但如果是较多强调理性分析、注意煽情分寸的，就会发挥媒介的宣传和监督功效，在社会上产生一定的积极影响。我们这里所说的体育新闻报道的"煽情化"，其功效和影响无疑要比"煽情主义"更大更好。

2. 煽情的方法与技巧

体育新闻报道的"煽情化"，首先要与"煽情主义"与"黄色新闻"区别开来，

---

① 张隆栋. 大众传播学总论[M]. 北京：中国人民大学出版社，1993：108.

这是"煽情化"健康发展、挖掘深度的前提。然后，我们需要讨论煽情的方法与技巧。

（1）标题煽情。

请看下面两组报纸上的标题：

被日本美女福原爱暗恋/王励勤嫌她太小(北京某报)

福原爱承认喜欢王励勤：一到他面前就脸红(哈尔滨某报)

同一个新闻素材，两家报纸的消息标题异中有同。不同是正常的，无须多说。同，就同在"煽情"上。"美女暗恋""嫌她太小""喜欢""脸红"，这些词都是能吸引眼球的，由此可见煽情是当今体育新闻报道的普遍现象。不过，如果和关于通俗歌星、影视明星的相同素材报道比较起来，那就很可能"黯然失色"了。但由此看来，这恰恰体现了体育新闻报道得当的煽情分寸，应当保持下去。

这里原本留给国足！(《辽沈晚报》头版)

原来等国足的版面，现在没心情做……(《城市晚报》体育版)

标题？呵呵，算了……(《华商晨报》文体版)

呜呼，这是报纸开了天窗！

2015年11月17日，中国足球队在中国香港旺角大球场以0∶0战平中国香港队，晋级2018年世界杯亚洲区预选赛12强赛的目标化为泡影。上述三家报纸不着一字而尽得风流的出位之举、煽情之举，顿时引来网络围观。据了解，还有一家报纸虽未开天窗，但原先拟定、后经审查取消的标题是："国足万碎，后会无期"！与报纸天窗一样，煽的是彻底失望之情、恨恨不已之情……

（2）细节煽情。

2005年十运会上，关于"孙福明假摔"的报道，产生了很大的社会反响，引起了人们关于我国体育体制的深刻反思。而之所以如此，与多家媒体报道时采用的共同手法——细节煽情，是分不开的。它们注重突出细节，通过细节描写来展示事件的真相与本质。

比如，新华网10月13日《双记分制"逼得"孙福明"哭让"金牌》一文描写道："孙福明犹豫了一下，便站着让她的对手解放军队选手闫思睿推倒了。"此外，像"站着不动""她脸上的肌肉都没有绷紧""没有做任何反抗，就直接倒了下去"等，都是多家报纸描述的共同细节。而一家早报则引用在内场的一位女记者的话说："我亲耳听到辽宁队的一个教练朝着孙福明大叫了几声，停顿了一下的孙福明就主动放弃了。真是可惜。"这些细节是很煽情的，读了这些细节，事后谈起这些细节，对孙福明的不讲体育精神，对弥漫于赛场的锦标主义，人们没有不气愤的。

（3）直接煽情。

所谓直接煽情，是指通过文学抒情语言达到煽情目的。新闻与文学本是同源交叉关系，而体育新闻因较之一般新闻更具有娱乐性和休闲性，所以理当特别讲究运用文学语言。下面是北京申办 2008 年奥运会成功后，沈阳人民广播电台播出的一则新闻述评，其中的直接语言煽情，激荡人心，值得欣赏：

> 为什么萨马兰奇老人轻轻的一声"北京"，就唤起神州大地漫天春雷般的欢呼，激起亿万华夏儿女内心的狂喜？为什么一个关于体育赛会的消息，会让每个普通百姓立刻想到中国，想到中华民族，甚至想到全世界？因为，我们曾经被人叫做"东亚病夫"；因为，我们一直怀揣强国的梦想。早在 20 世纪的 1908 年，中国的体育先驱者就立下有朝一日在中国举办奥运会的心愿，不知是偶然的巧合还是历史老人刻意的安排，那一年距 2008 年正好整整 100 年。那百年的梦想与光荣，中国人等待得太久，太久了！华夏大地今夜无眠，从来含蓄不善张扬宣泄的中国人此刻迸发出来的激情响彻深邃的夜空。这声音，产生于世界五分之一人口的心理浪潮；这声音，是一个有着五千年文明史的民族内心深处的呐喊；这声音，向全世界表达出中华民族的自豪：2008 年，中国将举办第 29 届奥运会！

（4）采访煽情。

上面所举标题煽情、细节煽情和直接煽情的例子，都是出现在新闻事实发生以后的新闻报道里，是针对报纸、广播电台受众的，关键在于记者能否抓住那些新闻主体可供煽情的地方。这样的煽情自然也不是随便就可以成功的，因为把握那些可供煽情的地方并非易事，特别是细节煽情，那些细节出现时往往没有预兆，而且稍纵即逝。但是，比较起来，采访时的煽情更加困难，更需要智慧和技巧。因为采访时的煽情是针对新闻主体的，需要记者在采访中拨动采访对象的心弦，去发现煽情点，创造出煽情情节来。这当中，要做许多细致的工作，还要有一点灵感。首先，在采访前要充分掌握被采访者的个人资料，预先准备好有可能使对方动情的话题，并在采访中适时引入这个话题；其次，要营造相互信任的采访氛围，使对方的思绪不受外界干扰而进入一种"忘我"的境界；第三，煽情点具有不可重复性，要特别注意把握好煽情点，勿错过煽情时机,要在最佳时刻拨动被采访者的心弦。

如果这种采访煽情是在纪实性电视深度访谈节目中,那就更要注意做好第三点,因为电视访谈不可能要求访谈嘉宾再动一次情来供你补拍。即便补拍了,那也肯定有不真实的痕迹。有过这样一个纪录片的创作,题材是关于被誉为"羽毛球世界冠军摇篮"的湖南省安化县体校的故事。唐九红、龚智超、龚睿娜等多名世界冠军,都是从这个学校走向世界的。采访时,记者得知有一个来自西安的13岁男孩,两年前就由母亲陪着他在这里接受训练,而且在训练中是最刻苦的,球技也不错。可教练的心中却藏着一个难言之隐,没有敢对他们母子说,那就是这个孩子患有先天性"鸡胸"疾病,想做专业运动员并出好成绩,基本上是不可能的。后来慢慢地,他们母子知道了这个情况,但出人意料的是,他们一如既往,妈妈照样陪,儿子照样练。记者意识到,这很有可能成为片中的一个煽情点。这份执着、坚韧,这份对羽毛球运动的真爱、对命运的不屈抗争,通过媒体报道传播开去,理当产生深度社会效应。于是,记者与那个男孩的教练商定,乘着当时正好雅典奥运会刚闭幕,便策划召开了一个"学刘翔,谈理想"的主题班会。会上,经过一番引导渲染,当记者预期的言语环境形成时,当所谓煽情点出现时,记者随即向他提出了关键问题:"如果你当不了专业羽毛球运动员,怎么办?"他立刻泪如雨下,抽噎着说:"我就是要练,我不会放弃!"那摄像人员很有经验,及时将镜头推到他的面部特写,记者再也不忍继续问下去了。在后期编辑时,节目使用了这段素材,取得了很好的煽情效果,成为全片最感人的一个亮点。当然,煽情不应该狭隘地理解成只是使访谈对象、使广大受众流泪,还应包括让人们激动、陶醉于亲情的温馨、友情的诚挚、爱情的纯洁,等等。

3. 煽情的误区

由以上阐述可知,体育新闻深度报道是需要煽情的,煽情也是各媒体吸引受众的一个法宝。作为体育记者,一定要有煽情意识,关键是你要能把握住煽情的分寸,否则将陷入煽情的误区。现今这样的误区较多,既有认识上的,也有方法上的。

(1)迎合市场与受众。

首先是认识上、观念上的误区。随着我国改革开放的深入,大潮叠现,洪波涌起,中国新闻传播领域商业操作的力度不断加大,传媒市场化正在形成。面临巨大的市场压力,特别是各种媒介的激烈竞争,许多媒体越来越认识到受众在新闻传播中的核心地位,认识到媒体要生存下去,就必须了解并满足受众所好。而受众在新闻需求方面是存在很大差异的。时至今日,仍有大量受众的受教育程度偏低,信息需求偏向较为明显。他们在生活富裕后,对严肃的主流思想信息的兴趣与需求，远低于对自身生活和下层社会信息的兴趣与需求。他们津津乐道于谈论家长里短、趣闻逸事，以及那些带有刺激性的负面新闻和信息事件。他们追求娱乐、追求休闲、追求能够获得感官上、心理上的刺激和满足。于是，当对传媒市场化和受众的核心地位的这种认识被过分强调，超越了一定程度时，媒介便不断调整自身以与之相适应，审美标准逐步下降，高层次的东西反而遭到摒弃。与其他媒介一样，众多纸质媒体为了占领市场，也忘记自己应有的社会责任，降低自己的品位品格，一味地去迎合市场受众，无原则、无节制地使用煽情手法，强化报道对于受众所产生的感观刺激，忽略新闻报道的认识、激励、审美与教育功能。

（2）偏爱炒作与谩骂。

其次是方法上的误区，主要表现为炒作与谩骂。所谓新闻炒作，即就某新闻事件反复报道、大肆渲染，是数量上的煽情。而谩骂形式，则为炒作负面新闻时所常见，是字眼上的煽情。以2002年世界杯足球赛为例，当时不少国内媒体可能出于心理上的不平衡，对韩国队的优异表现齐声叫骂，根本无视韩国队所表现出的现代足球战术打法和不遗余力的拼抢精神，以及球员状态极佳这些基本事实，同时也忽略了欧洲球员因为联赛刚刚结束而状态低迷的深层原因，无端地对韩国人口诛笔伐，最终导致了一场不小的中韩两国外交风波。回头看看，我们的那些评论实在只是图一时痛快，没有几句话能够真正站得住脚。再以2006年"十运会"为例，其间，可谓"丑闻"不断，引得"骂"声一片，不管是重赛风波还是兴奋剂丑闻，只要有违反体育精神和道德的事情出现，马上就激起四面声讨，媒体竞相借机炒作。而且，还比着谁骂得更狠、更痛快。如在孙英杰事件中，《华商报》的标题是《禁药丑闻：尿瓶绊倒孙英杰》，新浪网上的则越发幸灾乐祸，说——《丑闻！孙英杰掉进尿瓶子》。此外，当时其他报纸上也频频赫然可见"闹剧""可悲""无耻""卑鄙"等字眼，几乎没有用中性词语报道此事件的。

如此字眼上煽情的标题，体育报道中可谓司空见惯，再如：《卫冕冠军漂亮开局　新疆浙江惨遭屠杀》《场上血雨腥风　场下勾心斗角》《一日血战后　大腕死多少》等。这样颇具所谓"视觉冲击力"的字眼，这种"刀枪剑戟、你死我活"的竞争氛围描述，忽略了对人文人本的关注，对体育精神的张扬，哪还谈得上什么"体育的盛会，人民的节日"？与2008北京奥运会的"人文奥运"宗旨，与"更快、更高、更强"及"和谐、和睦、和平"的有机统一，更是相差甚远。这种煽情，对于原本就对体育本质较缺乏认识的中国民众而言，更是加深了他们体育运动异化的观念。这种煽情，可称为"理性缺位，盲目煽情"，会降低媒体在受众心中的信任度，与普利策倡导的"冷静分析、说话负责、有根有据和高度理性"的原则，与体育新闻深度报道的原则，都是不相符合的。

（四）拷问体育与新闻法规

体育新闻深度报道的理性剖析，还应当包括拷问关涉体育与新闻的法律法规。这是因为我国的"发展中"性质，也突出表现为公民法律意识淡漠，表现为法律法规的不健全和不成熟。改革开放以来，许多有深度的体育新闻报道，反映和批评的正是这类问题。其中足球方面，从21世纪初轰动一时的"龚建平案"，到后来的金哨陆俊、南勇主席银铛入狱，都是对体育与新闻法规，对我国立法司法建制的拷问。而就相关深度报道主题而言，若加以梳理归并，它们则主要集中在两个大的方面：一是揭示虚假体育新闻的根由，一是保护体育新闻报道的权益。

1. 虚假体育新闻的根由

关于虚假体育新闻的根由，有来自媒体个人的，也有源于经营体制的。但归根结底，都是经济利益使然。

（1）部分从业人员素质偏低。

须指出，由于高校累年扩大招生，特别是文科专业的迅速扩张，新闻媒体青年从业人员的素质是参差不齐的，素质偏低并非个别现象。比如，即使中央广播电视总台这样的国家级别媒体，多年来诸多电视节目专题中的字幕，错别字都堪称屡见不鲜，顽疾难除，以致深受其扰，而束手无策。至于素质问题反映到记者队伍，则表现出一些体育记者在报道中容易发生偏差和失误，轻则违背媒介职业道德，重则触犯了与体育、新闻相关的政策法规。

比如，2003年首轮中超足球联赛中，陕西省一家媒体记者因报道假新闻被陕西省委宣传部取缔了采访资格，中国足球协会也随即宣布不欢迎该记者采访一切国内足球赛事。反映这事件的报道，从社会危害和组织纪律两个不同角度，强调了体育新闻工作者提高法律素养，严格遵守涉及体育、新闻工作的政策和法规，依法办事、照章行事的重要性和必要性。但是，像这位陕西记者一样受到相应惩罚的为数寥寥。

再如，2018年末，有报道称："今天下午中国足协官方发布消息：个别媒体报道国家足球集训队将参加2019赛季的中超联赛，此消息不属实。"报道还说："此重磅消息一出，有多少人弹冠相庆呢？与此同时，发布这些假消息的媒体及记者，职业操守又去哪儿了，脸红不红？他们，脸还真不红，而且还感到高兴。新浪知名体育记者袁野的微博上就有——要为报道过这些假新闻的良心媒体人点赞！而《南方都市报》记者丰臻则表示深感欣慰！"由此可见，新闻媒体自身与体育新闻法规上的乱象，问题确实相当严重。

（2）媒体自觉自律不够。

不少报道评论指出，近年来，由于一些新闻工作者在道德上和纪律上自我约束不够，已经使媒体的社会形象受到很大影响。

特别是在媒体监督司法的过程中，"红包记者""有偿新闻"现象屡见不鲜。一些新闻工作者办"关系案""人情案""金钱案"，充当一方当事人的"出气口"，故意为其造势，煽动引导，甚至左右舆论，在社会上形成高度情绪化的观点和意见。他们还在案件审判以前，主观认定案件的事实和证据，对案件发表带有严重倾向性的评论，使受众"先入为主"，形成"未审先判"之局面，给法院审案施加压力，损害司法权威。这种氛围，或者使法官形成偏见，不利于公正审判的实现；或者对法官的判断造成一种无形的社会压力，使其失去独立审判之立场，在自己的判断和所谓民众的意见之间徘徊，甚至屈从于这种民意而做出违心裁决。事实上，由于媒体监督缺乏有效规范和约束而形成的"媒体审判"和"媒体腐败"现象，已经使新闻监督的社会支持率下降，使媒体监督司法的正当性受到质疑。而司法界在对媒体监督的能力和品格没有建立起基本信任的条件下，自然不愿意接受媒体对自己的监督，甚至采取抵制的态度。这一现象在体育新闻报道范围内也时有表现，我们的深度视角自然不能疏于审视。

（3）媒体行业竞争激烈。

据报道，目前我国从事职业足球相关内容报道的记者就有六七千人，而职业足球新闻的资源是有限的，因此行业竞争十分激烈。于是，一些记者和新闻媒体为了个人或小团体的利益，为了吸引眼球，扩大发行量，或先入为主、偏听偏信，或道听途说、断章取义，或合理想象、主观臆断，催生了不少半真半假、虚虚假假的消息、事件报道。现今，人们对诸如"假球""黑哨"的问题深恶痛绝，以至于一提到职业足球，就与腐败联系在一起。出现这种情况，职业足球本身有问题，但也与虚假新闻不无关系。比如，2001年2月2日《足球》明知新闻源不可靠，仍长篇登载《隆鑫旧臣评说尹明善》一文，并配发《双面人》评论。此举自然引起力帆俱乐部强烈不满，俱乐部董事长发表正式声明，表示《足球》文章失实，力帆俱乐部将要与其对簿公堂。最终，《足球》编辑部只好以校对出差错为由，向力帆俱乐部赔礼道歉，赔偿损失。

更为恶劣的是，有些报纸竟然以愚弄读者为能事。凡体育爱好者，经常阅读体育报道的人，肯定都有这样的经验——某日，某报（特别是各种小报）刊出独家新闻，披露了某教练大腕或某俱乐部巨头一席惊世骇俗的言论，引起一片鼓噪，赞赏吹捧者有之，痛斥抨击者亦有之。可是没过几天，该报又登载辟谣消息，说是某权威人士或者前新闻中的大腕巨头自己断然否认，指出之前的言论纯属子虚乌有……就这样，将读者愚弄玩弄一番，然后再进行下一轮的不负责任的采访和编造。对于这样的恶劣行为，我们体育新闻工作者当然不能视而不见，我们的报道当然要对体育新闻法规进行深度拷问。

2. 维护体育新闻报道权益

揭示虚假体育新闻的根由，是对新闻媒体的一种否定，是从维护受众利益的角度来体现体育新闻报道的深度。但这只是事物的一面，事物的另一面是，对新闻媒体应有的权益还是应该支持和维护，体育新闻报道的深度也可以由此体现。两种深度，都是受众和媒体所共同需要的。下面先看看关于两个典型案例的系列新闻报道综述。

（1）美国的"萨利文"案。

1960年3月29日，《纽约时报》刊登了一篇引人注目的文章，标题为《请留意他们的呼声正不断增长》，其内容是批评南部的一些地方官员粗暴指责民权运动并对和平斗争采用暴力镇压以及其他非法的手段。这篇文章指出和抨击的问题是真实的，但也存在一些小的非实质性的事实出入。于是，警官萨利文（Sullivan）指责文章对当地警察局的行动的报道是虚假和诽谤的，要求赔偿50万美元，且一审萨利文胜诉。《纽约时报》随即上诉到联邦最高法院。1964年3月9日，联邦最高法院以9对0票否定了州法院的判决。大法官认为，公共官员应当接受公众的监督，而新闻媒介在报道公共官员时是很难做到不出一点错误的，这种犯错误的权利必须受到法律的保护，因为真理需要这种生存空间。最高法院确立了这样一个原则：为了保障宪法的权利，公共官员起诉新闻媒介诽谤案，不仅要证明普通法要求的有关内容已经发生，已经给自己造成了实质损害，还要能够证明被告具有"实际上的恶意"（actual malice），方有可能胜诉。所谓实际上的恶意，包括两种心理状态：即明知内容虚假或毫不顾及内容真假却轻率予以发表。

1967年的两个判例中，最高法院又把"实际上的恶意"原则推广到了"公众人物"上，而所谓"公众人物"除指社会知名人士（完全公众人物）外，还包括那些自愿跻身于重要公众辩论中并希望影响舆论的人（志愿公众人物）。自此，就确立了这样的原则，公共官员如果要对媒体提起诽谤指控并且胜诉，除了要证明新闻不真实并且伤害了自己以外，还必须证明对方含有实际上的恶意，即明知新闻虚假或者毫不顾及新闻的真假轻率地予以发表。这就为新闻媒体提供了宪法上的保护，在美国的新闻法上被称为诽谤指控的宪法性抗辩。

（2）范志毅诉上海《东方体育日报》侵权案。

据报道，2002年12月18日，上海市静安区法院于一审判决足球运动员范志毅诉上海《东方体育日报》损害其名誉案败诉。判决书上，特意加上了一段判词——"即使原告认为有争议的报道点名道姓称其涉嫌赌球有损名誉，但作为公众人物的原告，对媒体在行使正当监督的过程中，可能造成轻微损害应当予以容忍与理解。"范志毅诉媒体侵权案，是十多年来因体育新闻引发的新闻官司中媒体少有的胜诉案例，审判中法院对新闻规律的尊重和先进的法律理念，在司法界引起了广泛的关注。这使得二十年来因此类案件一直处于败诉地位的媒体一下子从阴影中走了出来。

该案之所以能有这样的一审判决，多篇同类报道都认为，是因为在合议时引进了英美法系里"微罪不举"的比较先进的理念。所谓"微罪不举"，这里是指媒体的报道可能造成了对公众人物的一定程度上的损害，但如果媒体没有捏造事实，公众人物就应该"容忍"，而不应去追究媒体的责任。谁都知道，几十年来，不管是平民百姓还是司法人员，都习惯于"有罪推定"原则。而这次"微罪不举"，不仅跳出了"有罪推定"原则，还确定了"当公众人物的名誉权与舆论监督权发生冲突时，都要服从公众利益，公众利益最大"的原则，从而使中国的司法审判开始了同国际的对接。

而所谓的公众人物，又称为公众形象(public figure)，指在社会生活中广为人知的社会成员，如歌星、影星、体育明星、著名科学家、艺术家、皇亲贵族、战犯和社会公敌等。他们的名誉权隐私权同一般公民的名誉权隐私权是有差异的，对他们保护有别于一般人。公共人物的言行直接影响到公共事务，因此他们的言行应当接受公众的监督。但是，他们的社会地位决定了他们有更多接触媒体为自己辩解的机会，所以，在司法实践中，对公众人物的名誉权隐私权实行弱化保护。范志毅作为中国国家队的主力队员之一，是百分之百的公众人物。其一举一动都受到公众的广泛关注，他的行为甚至常常代表了中国人在国际上的人格形象，媒体对他的监督是理所当然的，忍受一定程度、一定期间的信息错误也是应有之义。如果只愿意享受媒体对他的正面报道而不能接受暂时的可能错误的指责，对于他来讲就是从公众中获得了过分的不当利益。在世界司法史上，公众人物的概念起源于美国的萨利文案。此案的判决结果给我们提供了很好的启示。

另有报道指出，本案的胜诉，与法院在判案过程中对新闻报道的规律规则的正确认识和引用也有很大关系。庭辩焦点直指新闻报道的规律规则。原告在起诉中说，被告以未经核实的消息为新闻的来源，直接点名原告系传闻中涉嫌赌球的球员，违反了新闻报道的真实、准确、客观三大原则，报道具有违法性，主观上是故意炒作，造成了对原告名誉的损害。但是，被告进行的是连续、求证式的报道，这是新闻报道中非常普遍的规律规则。判决书中说，被告的系列报道是有机的、连续的，客观反映了事件的全部情况，是一组完整的连续报道。就本案而言，不应将该组报道割裂开来。一组4篇文章，并非中伤范志毅赌球，而是旨在澄清事实为范志毅洗刷罪名，因此被告主观上不存在过错，行为也不违法。本案争议的消息来源并非被告主观臆造，且从其文章结构和内容看，旨在连续调查"赌球传闻"的真实性，属于调查取证式报道，新闻媒体在其间有更正的权利。所谓"新闻更正"，是新闻媒体对已发表的不准确、不客观或不公正的报道，可能或已经给公民、法人及组织造成损失时，所采取的对当事人有效的必要的补救措施。新闻更正和答辩制度一样，已经受到世界各国立法的重视。在英、美等国的司法实践中，新闻界的及时有效的更正，有助于减轻处罚或免责。新闻舆论监督注意将"新闻更正"的理念贯穿于整个监督的过程，正是新闻媒体自律的表现。当某个新闻事件发生后，新闻记者到达现场初步了解了事实，但由于新闻发布的时效性，很多时候不允许记者完整全面地了解真相，这时候是不是要发布新闻呢？如果发布，就有可能出现偏差。因为怕承担责任，于是大多媒体选择了暂不发布。可如果不发布有关信息，公众的知情权又难以得到保障，实际上也损害了广大民众的利益。由此推理，我们也可以认识到"新闻更正"的重要性和必要性。

还有媒体深度报道指出，本案审判过程中的一系列制度的创新，也有效维护了新闻媒体的权益。比如运用抽样调查证据的方式——调查取证中，法庭采信了被告律师通过15位读者所做的旨在证明被告刊发的系列报道没有降低原告社会评价的抽样调查问卷。其中的大致过程是这样的：9月份，被告律师把15名球迷请到上海球迷俱乐部，进行了抽样调查，并将调查结果进行了公证。调查主要有两个问题：一是报道所写"某国脚"指的是谁，结果球迷都回答说是范志毅；一是将《东方体育日报》刊发的那4篇文章给球迷看，然后让他们选择，这些报道是说"范赌球"还是说"范没赌球"，球迷都回答说，报道说"范没赌球"。法庭采用这一抽样调查的结果表明，公众对案件的态度开始正式进入司法程序，正如判决书中所说，个人名誉是否受损，标准应该是社会公众对此人的评价是否降低。在以往的名誉权官司中，往往是原告说媒体的报道让他名誉受损、精神上受到伤害、公众评价降低，并不用举证就可直接定案，法官也很少考虑媒体的意见，媒体则总是苦于无法证明对方的公众评价是否降低。因此，公众的意见能被法庭参考，是司法民主化的必然要求，也是有效发挥新闻舆论监督的应有之义。

从美国的"萨利文"案到中国的"范志毅"案，都是人性和法治的进步。范志毅案的宣判，体现了我国在司法和体育新闻领域与国际接轨，展现出锐意改革、变法立规的崭新气象。具体地说，该案围绕着舆论监督和公众人物的名誉权这两个核心问题，所吸收、采取的在司法界、体育界和新闻界引起震动的一系列具有创新意义的理念与举措，诸如"微罪不举""公众人物""尊重新闻报道的规律规则""调查取证认可公众抽样调查问卷"等，使我们对于公众人物的名誉权和舆论监督之间的关系，有了更全面、更深刻的认识。也许这一案件暂时还无法成为今后同类案件的判决依据，但从长远来看，此案对于今后所能产生的启示意义，将远远超过一桩体育名人新闻官司的胜负本身，在我国法制和新闻研究史上必然会留下重重的一笔。而这一切，就是对关涉体育与新闻的法律法规的拷问，反映它们的体育新闻报道则自然会产生富有深度的社会效应。

四、人文主义情怀

体育新闻深度报道中所蕴含的人文情怀，或者说人道主义精神，集中体现为对体育事件主体的关心和尊重。它不仅着眼于生命的关怀，而且着眼于人性、精神、情感、道德上的关怀，即把人的生存、人的作为、人的发展作为采访报道的重要价值取向。如今，在体育新闻报道的实践中，努力具有人文情怀之深度，已经成为体育传播者的一个信念、一种追求。

（一）倡导人文情怀的原因

第一，体育的核心是人，是人的身体运动。体育新闻报道中的人物、受众和体育记者都是人，关联贯通大家之间的纽带就是人文精神——人情味。诚然，体育记者的主要职责在于客观报道体育事件，但是透过记者的报道，受众也需要感受到作者的良善动机，即作者对报道对象具有的基本人文情怀，有人情味。只有这样，广大受众才会认同记者所报道的事件，新闻报道才能达到传播目的。反之，如果透过新闻报道受众感觉到的是记者对报道对象的冷漠与人文关怀缺失，那么受众就会难以接受，新闻报道原本想要达到的目的也就会大打折扣。毋庸讳言，我们的体育新闻报道在这方面与西方相比还存有一定的差距。长期以来，我们的以竞技性、欣赏性、参与性著称的体育新闻报道，多将记叙描写集中于竞技赛事本身，而对竞技赛事的人文背景、环境、因果、前景等方面则关注不够，涉足不深。这一现象有待不断改进。而且，我们提倡在体育新闻报道中以人文情怀体现深度，也是与当下大众的新闻消费取向已由理性消费向感性消费甚至体验消费转变的趋势相一致的。

第二，体育运动是一种高情感体验活动。体育的魅力来自它所体现的那种"超越自我，挑战极限"的精神气概，来自它提供了人类进行自我发现和自我超越的机会。这种高情感体验，不仅激烈拼搏的运动员有，坐观比赛的观众也有。人们欣赏体育比赛，除了满足自己的信息需求外，更多的是对运动员、对与自己同一个地区或国家的一种人的关注。他们带着明显的地域性、倾向性。随着比赛过程的起伏和胜负结果的产生，他们的喜、怒、哀、乐的体验非常鲜明而强烈。可见，情感的需求和认同，是广大体育受众接收体育媒介的主要动机。在历史上，古希腊奥林匹克运动会召开期间，长年战争的各个城邦之间都会宣布休战，这说明体育盛典其实在传播和平，增进和解。而现代社会，人们希望能在视听阅读中获得某种情感上的宣泄、寄托或体验，以消解快节奏的现代社会生活所带来的压抑和紧张感。这说明体育传播本身就是一种具有强烈人文色彩的活动。体育新闻报道，作为体育传播的一个类别，在报道中融入人文精神，挖掘人文深度，当是其主题中的应有之意。如果这样，广大受众在接受体育运动信息的同时，思想情感上还会得到教育启迪；如果这样，体育新闻报道的可读性、感染力也就能大大增强，从而达到最佳传播效果。这就是所谓人文情怀的深度效应。

（二）人文情怀的具体表现

新闻思想新闻观念中的人文精神是抽象的，但新闻传播过程中传播者的人文精神却是可以具体感知的。体育新闻深度报道中的人文情怀，和普通新闻深度报道一样，也贯穿于报道的全过程，表现在报道意识、报道主题、采访手段、词语表述等方面。

1. 报道意识的人文性

体育新闻深度报道意识的人文性，就是报道者要改变过去那种以胜负为报道轴心的意识，转变"胜者为王、败者为寇"的传播意识。在竞技体育中，冠军的归属是人们关注的焦点，但体育深度报道要防止出现由"冠军至上"观念衍变而来的"报喜不报忧"和"胜则王，败则寇"的两种认识偏差。冠军在实际的新闻报道中可能很难淡化，但记者要将冠军人化，人的个性不能被所谓冠军形象淹没，要避免把人写成金牌的奴隶，要注意通过金牌写生活中的具体的人。其实体育比赛中的那种锲而不舍、阳光豪放、勇攀高峰的精神给予人们的启示是多元的，体育新闻报道可以选择健康、奋进、自尊、自强、友谊和合作等作为报道的主旋律。虽然说"赛事报道""赛事直播"是体育新闻报道的重点，但是这与大众对体育新闻报道的人文要求并不矛盾。而今，体育娱乐、体育文化、体育精神等人文内容越来越受到体育传播者的重视，人文情怀已成了体育新闻报道体现深度的一个重要方面。比如，在悉尼奥运会和雅典奥运会的报道中，中央电视台都策划出了融文化、娱乐等元素为一体的体育新闻深度报道类的节目。雅典奥运会开幕前，在《体育人间》栏目中，播出了反映奥运冠军们日常生活的《中国奥运冠军录》；奥运会期间，更是推出了《连通雅典》《全景奥运》《全景中国》《王者英雄》《冠军访谈》《雅奥猜想》《奥林匹克回到故乡》等节目，这些节目涵盖了体育人物、赛事直播、体育娱乐、体育文化、体育评论等多种内容。这说明了体育新闻传播者已然认识到了人文精神和人文情怀在体育新闻报道中的重要意义，而且正自觉地一步一步不断深化这样的意识与行为。

2. 报道主题的人文性

体育新闻深度报道主题的人文性，就是报道在选题角度和表述中心上要更关心报道中的人，要着眼于人性、精神、情感和道德上的关怀，把人作为报道的重要价值取向。从不同角度审视、选择最佳的报道切入点，把握人物的本质，对于实现报道最佳传播效果无疑是至关重要的。体育新闻深度报道主题的选择过程，其实就是人文情怀最集中体现的过程。

2004年7月9日，中央电视台关于体操运动员董震再次落选奥运会的报道，就很好地在报道主题上体现了人文性。2000年悉尼奥运会时，被誉为"吊环王"的董震起先入选了6人正选名单，但最终因为"偏科"被换成替补。悉尼奥运会后，董震选择退役，在天津队担任教练。但因为雅典奥运会国家队的需要，他复出重新进入国家队，能参加一届奥运会是他最大的心愿。但最终因为各种原因，2004年雅典奥运会董震再次落选。结果宣布的第二天，中央电视台以《吊环王再次无缘奥运会》为题作了报道，节目分别从董震和他父亲的切身感受角度切入，满含深情地回顾了董震的运动生涯，透视了他坎坷的体育人生，介绍董震复出后为了弥补自己"偏科"的不足，苦练自由体操和鞍马，最终腿部都患上了骨膜炎。报道在表现一名27岁的老运动员为了国家的荣誉毅然复出、努力拼搏的精神时，寄予了深情的人文关怀，使受众在亲近董震的过程中，深表感慨与惋惜。

《新京报》深度报道《中国体育——从冠军到搓澡工》一文，对全国举重冠军邹春兰退役后的命运进行了人文关怀，也为我们提供了一个榜样。文章开头便是一个场景式的描述，述说一个妇女在澡堂发现正在给她搓澡的竟然是前全国举重冠军时的惊讶之情。"从全国冠军到搓澡工""全国冠军黯然退役""求职艰难无奈搓澡""冠军光环下的阴霾"等一系列小标题，惨然在目，读来让人心酸，使受众对这位前全国冠军、曾经的世界纪录保持者的深切同情油然而生。文中有这样两段让人心颤的细节描写：

　　在邹春兰身上，很多地方都带有明显的男性特征，小腿上腿毛很重，声音厚重沙哑，皮肤像男性一样粗糙，等等。估计这是她在当运动员时服用一种"大力补丸"的药而留下的后遗症。为了保持女性特征，邹春兰需要不断服用雌性激素类药物，这让她花费了不少钱，但是收效甚微。

　　邹春兰住的是浴池免费提供的一间面积不足5平方米的房间，除了床，一张茶几占据了房间的最大面积，上面放了一台小电视，旁边有一袋鸡蛋。她说："长时间吃米饭白菜，实在受不了，就炒两个鸡蛋解解馋。"

同时，这篇深度报道还提及了其他一些命运遭遇和邹春兰类似的运动员，如当了矿工的"马家军"成员陈玉梅，做门卫一身疾病并死于"非典"的举重冠军才力等。这些曾经赫赫有名的运动员的不幸遭遇深深震撼了人们！这篇深度报道在以感性的笔触描述运动员命运的同时，带给我们更多的是理性的思索——竞技体育的残酷性、极限性对运动员有着怎样的伤害？在国内目前的体制下，怎样才能把退役运动员安置好？现行体育的举国体制有着怎样的弊端？金牌至上的竞技体育法则与对人性的尊重相冲突吗？而这一系列深刻的思索，都源于这篇文章蕴含的人文关怀和人道主义精神的感召。

3. 采访手段的人文性

体育新闻深度报道相对于一般的体育报道，它所采用的采访手段可能要更丰富一些，面对的采访对象、体育人物可能会更多更复杂一些，这就对记者提出了更高的要求。但我们这里要说的"采访手段的人文性"，其旨不在此。我们这里要着重强调的是——记者采访，切不可忽略采访对象的心理活动，而应当细致了解采访对象的内心世界，特别是对那些躯体上、精神上受过伤的体育人物。我们要充分尊重他们，不勉强他们，时刻关注他们的情绪、兴趣、意向、感受。否则，我们的采访手段就会缺少人文情怀，就是非人文性的。

2007年6月10日，在全国体操锦标赛暨奥运会选拔赛女子高低杠的比赛中，浙江小将王燕在做后屈两周下时不幸受伤。对于这样一起突发事件，许多媒体记者为了获得所谓的独家新闻，不顾运动员的身体状况，挖空心思要进病房去采访。6月14日，某家电视台终于摄制了ICU病房内国家体操运动管理中心主任高健探访王燕的情景，在记者的要求下，王燕还面对镜头轻声说道："谢谢大家的关心，我会好起来的"，并活动了自己的脚趾和手指。而其后，王燕的教练在新闻发布会上恳切表示，王燕的情绪非常不稳定，很不利于康复，希望媒体不要进出ICU，不要过分关心此事，影响她休养。但那家电视台固执己见，还是播出了王燕在ICU强颜欢笑的画面。这跟九年前第四届友好运动会上，在跳马赛前练习时意外受伤导致颈椎部分受损的桑兰的情况大不一样。桑兰曾回忆她在美国疗伤那段时间，感觉非常好。当地的记者除了为她送上祝福，没人去打扰她或者采访她，给了她一个很好的环境和心境。可让坚强的桑兰没想到的是，许多媒体记者却在炒作王燕时，又揭开她的伤疤撒盐。《光明日报》资深体育记者王东实在看不下去，6月16日急迫撰文《桑兰的哀求与媒体的良知》，呼吁同行放放手——

桑兰的哀求与媒体的良知

　　王燕受伤了，伤得不轻。因为此，她的伤情被许多媒体炒得沸沸扬扬，以至于国家体育总局体操运动管理中心不得不召开新闻通气会，由高健主任向记者们介绍王燕的状况。与此同时，桑兰生气了，而且气得不轻，她不得不站出来，指责那些将王燕比作是"桑兰第二"的媒体，也指责那些揭人家伤疤和整天堵在ICU（重症监护室）门口的记者。别说是桑兰，有良知的人此时都是要生气的。我们先看看那些被桑兰指责为"无良记者"的人，在王燕受伤后都干了些什么："王燕成为桑兰第二""医生透露王燕站立无望""颈椎骨折王燕告别体操""王燕入住，医院如临大敌，为驱逐记者，保安全体出动……"

　　比赛场上出现意外，是谁也不愿意看到的，但是，当意外出现的时候，我们有些同行却并没有替伤者着想、替伤者的家人着想，他们一心只想着如何能让他们的报道"抓住更多的眼球"，如何使报道的内容和标题更具煽动性。为了获得所谓的"独家消息"，他们不惜置一切规则于不顾。与此同时，将王燕称作"桑兰第二"的他们，为了能从桑兰口中得到一些他们需要的内容，还不惜再将桑兰伤疤揭开，不分昼夜地拨打桑兰的电话。不知道这些媒体记者在给桑兰打电话的时候，想没想过桑兰此时的心情？如果他们无从得知她的心情，这里可以转述一二：

　　"看到了'桑兰第二''又一个桑兰'，我心情沉重！现在小师妹最需要的是大家的鼓励和关心，但有些媒体却拿我来说事，你们还要制造出多大的新闻？你们太没有良心了！"

　　"我忍无可忍了，记者们！你们懂得帮助别人是一种快乐吗？难道揭人家的伤疤，每天堵在ICU门口就是你们的职业道德吗？请你们发发善心，让她的家人、教练不要这样有压力。她还小，她的未来也应该是一片光明，请你们收收手，送上一束鲜花给她的家人。桑兰在此谢谢你们了！"

　　从几年前桑兰受伤的那一刻起，我们在桑兰脸上，从没有见过一滴眼泪。每当她出现在公共场合，都以一张灿烂的笑脸面对，从她的微笑中，我们能看到希望与对自己的祝愿。我们都应该珍惜桑兰的笑脸，就像不愿在未痊愈的伤口上把线挑开。我们更应该正视王燕的伤情，此时，她最需要的是战胜伤病的勇气和信念，需要一个充满希望的梦想，还需要一个空间，一个不受打扰、安心养病的空间。所以，我也请求我的那些同行们，请不要把桑兰的笑脸抹去，更不要将王燕的希望抹去。

　　体育新闻深度报道不但要求报道内容有人文情怀,也需要媒体记者在采访手段上有人文情怀。但新闻实践中,人们往往只注意内容方面的人文性,而为了所谓"独家新闻""眼球效益",容易忽视采访手段上的人文性要求,甚至挖空心思,不择手段。试问,如此能产生有深度的新闻报道,能写出有深度的文章吗?我们认为,如果能,那深度正在于反映了新闻界存在的人文素养缺失现象。用桑兰的话说,那就是"无良"。

　　4. 词语表述的人文性

　　关于体育新闻深度报道的词语表述的人文性,可划分为两个主要方面。其一,是指在体育赛事、体育人物的报道过程中,体育记者与编辑等要有与人为善的态度,要摒弃那种"江湖式话语"的叙事模式,不能为了吸引受众的眼球就夸大其词,恣意调谑,放肆诟骂。其二,我们应当注重讲究语言艺术,用准确、得体、生动的词语再现体育事件的真实,要注意体育专业术语和生活趣味性用语的结合,注意娱乐性与专业性的把握,注意强化体育新闻深度报道的个性特征。

　　(1)摒弃"江湖式话语"。

　　然而,现今却有不少体育媒介好为惊人之语,鲜有注意上述方面的意识。比如,评说赛事胜负赢输,我们常看到这样的标题词语——"痛宰小牛""屠戮五牛""扑杀黄蜂""湖人终局崩溃""红桃惨遭蹂躏""申花备受摧残",真正是唯有哗众取宠之心,全无实事求是之意。再如,褒贬体育人物,那也是令人生畏的。以中国国家奥林匹克足球队铩羽2004年雅典奥运会为例:就因为前几轮战绩不佳,《足球报》曾出过一期"国奥队批判专刊",专刊里的一组文章是——《谁毁掉了这一代球员?》《谁制造了宿命的怪圈?》《谁把足球异化为个人工具?》,其矛头直指中国足球运动协会,极尽问罪之能事!同时,还针对原足协专职副主席阎世铎的道歉,刊出了《三鞠躬三流泪,老阎秀秀秀》《四年"秀"不停》等主观臆断、嘲讽挖苦的文章。体育比赛是激烈竞争的世界,比赛有胜就有负,这些报道的主题选择显然缺乏人文性,文本的词语运用更是满纸的过分偏激,文明优雅尽失。须指出,是否使用这些带有强烈不当感情色彩的词语,虽然并不能直接决定体育新闻报道的深度之有无,但它对报道"深度"之产生及其社会作用的不良影响,是肯定存在的。

　　(2)讲究语言艺术特色。

　　关于语言艺术特色,为简明计,也可再进一层分为两个方面加以讨论:一是生动、传神、富有意象性;一是精炼、煽情、富有哲理性。下面联系中央广电总台著名体育解说员陈滢的两个案例分别阐述。

　　2010年加拿大温哥华冬奥会——

在此次冬奥会上，著名冰坛伉俪申雪、赵宏博大获成功，加冕桂冠，实现了中国冬奥会金牌零的突破。陈滢情动于中，解说由款款而至激越：

> 1998年长野冬奥会，申雪、赵宏博初出茅庐，惊艳亮相；2002年盐湖城冬奥会，"四周跳"遗憾失利，铩羽而归；2006年都灵冬奥会，带伤上阵，结果悲壮；2010年温哥华冬奥会，我想起一句特别感动的话，形容申雪、赵宏博一点都不为过——"真的勇士，敢于直面惨淡的人生，敢于正视淋漓的鲜血"，在竞争如此激烈的奥运会赛场，申雪、赵宏博在一种无畏忘我的境界中滑到了最后。

这一段解说，遣词准确，句式整齐，语言艺术特色十分鲜明。尤其对鲁迅先生名言引用得法，当归为"精炼、煽情、富有哲理"一类。解说在渲染竞技残酷、压力山大的背景下，充分而精当地表现了申、赵二人的非凡气魄，及其坚韧顽强的拼搏精神。

2018年韩国平昌冬奥会——

有评论指出，陈滢堪称经典的解说，当在2018年2月17日的韩国平昌奥运会上，对象是男子花样滑冰决赛中的曾被她赞为"幸得识卿桃花面，从此阡陌多暖春"的日本偶像级选手羽生结弦：

> 伴随着日本国宝——音乐大师梅林茂在电影《阴阳师》中的绝妙配乐，羽生结弦化身为"冰上阴阳师"，在冰场上翩翩起舞，容颜如玉，身姿刚健，翩若惊鸿，婉如游龙……羽生结弦，索契冬奥会冠军，一位不待扬鞭自奋蹄的选手在平昌周期面对四周小将们的挑战，让我想起了一句话——命运对勇士低语：你无法抵御风暴；勇士低声回应：我就是风暴！他取得今天的成就，值得全场观众全体起立鼓掌的回馈。

这段解说一出，立刻刷爆网络，饱受"花滑迷"们的追捧，尤其是帅哥羽生结弦的粉丝更是将其奉若经典。连日本的众多网友也被她精彩的解说深深折服，纷纷表示要对这段充满诗意的表达献上由衷的掌声，甚至认为中国的解说"秒杀"日本本土的解说！而所以如此感人至深，令人心服，自然离不开陈滢的解说语言艺术，离不开前所划分的"生动、传神、富有意象性"一类的表述。

总之，具有较高审美价值、体育认识价值的体育新闻深度报道，应该是思想性、艺术性、观赏性的统一体。当今"以人为本"已经成为新世纪体育运动发展的核心，反映体育精神的体育新闻深度报道关注人，以人为中心，倡导人文情怀，当是一种必然。而从另一角度加以审视，则正是因为许多体育新闻深度报道具有人文情怀，才使越来越多的报道得到广大受众的认可和欢迎。体育不应单单展示生物角度的力量和技术角度的先进，还应浸润浓烈的人文文化色彩；它不光表现为肌肉的强健，还表现为人类充满人性人情的自我呵护。体育新闻深度报道应当努力展示这些色彩与呵护。

五、体育专项知识

在体育新闻深度报道的五大写作要素中，体育专项知识是一个具有特别性质的因素。关于它，我们拟分别从理论上的必要性和从实践上的重要性这两个方面加以阐述，并根据相关的报道失误及中外比照材料对此因素加以强调说明，希望能引起学习者的注意。

（一）从理论上认识必要性

首先，体育新闻传播事业的发展离不开体育运动专项的专门知识。与其他类别的新闻不同，体育新闻报道大多内容是表现激烈的竞技运动过程与结果的，展现的是体育的精神和运动的健美。在一定程度上可以说，体育新闻报道的魅力正在于体育运动自身的专业魅力。从满足读者受众信息需求来看，用专业的眼光来报道体育运动，正是体育媒体的优势所在。当然，不可否认，随着市场经济和消费文化对新闻媒体的渗透，电视和网络大规模介入体育领域，体育新闻的报道逐渐表现出大众化、明星化和娱乐化的趋向。这种趋向会给我们的社会文化发展、审美追求和思想道德带来种种负面影响，诸如对报道深度的简单理解、文化娱乐的门槛降低、新闻价值观的低俗化等。但无论体育新闻如何娱乐化和商业化，体育的专项知识都是体育新闻报道的基础。因此，从理论根本上说，体育新闻深度报道是不能离开体育竞技比赛的本质的，它必须不断诠释体育运动专项的技术性、专业性，永远关注精彩纷呈的体育竞技本身，致力于表现运动者挑战极限所突显出来的精神与力量的美。

其次，掌握丰富的体育专项知识是一名合格体育新闻工作者的必备条件。我们应当认识到，如何从专业专项的高度研究体育新闻报道，如何通过体育运动专业知识的传播让人感受到报道的深度，这是每一个体育新闻工作者都应该认真思考的问题。体育新闻传播记者和编辑，除了牢固掌握新闻传播的专业知识和技能外，还应具有扎实的体育根底，即良好的专业专项技术素养。例如：基本体育理论，体育发展简史，主要运动专项的竞赛规则及基本技战术，国内外主要优秀运动员和教练员的运动经历、技术特点、心理素质、运动成绩、发展空间，等等，这些都需要大量积累与充分准备。毋庸赘述，体育新闻报道的专业性是很强的，以为任何有一定文字水平的人都可以胜任体育报道工作，那是一种误区误解，是对受众不负责任的表现。

我们的体育新闻报道之所以会在一些看起来很简单的事情上出现常识性错误，就是因为忽视了体育新闻报道专业性强这一特点。体育是一个广博的领域，它的门类很多，不仅有竞技体育，还有社会体育和学校体育。而仅就竞技体育项目而言，其数量可谓繁复众多。现今夏季奥运会的大项就有近30个，小项甚至超过300个。而2014年索契冬季奥运会，则有15个大项，98个小项。并且每一个项目都是一个独立的庞大体系，都有自己的场地、器材、规则、比赛方法、技术战术的发展演变过程，以及层次不同的运动队、运动员、教练员、裁判员和各类比赛。此外，写作体育新闻报道，还要对与体育运动相关相连的各方面知识有所掌握和了解，像运动医学、生物科学、环保理论、道德法律、兴奋剂等，都要有所涉猎。正如美国一名专业体育记者所言："一个出色的体育专项报道记者，应通晓各个行业。他们应了解各种伤病，知道跖骨骨折是脚部的伤，并可能导致四到六个月不能上场；而胫骨突出肿大即使不会影响运动生涯，也要影响整个赛季；如果一个棒球手被捕，记者马上就会知道他面临的诉讼，他的传讯日期，律师的电话号码，而这些就连他同队的队员和所在的球队都还没来得及弄清楚。"

总之，在体育新闻报道尤其是关于运动专项本身和赛事的报道中，记者具备体育专项知识，也是报道深化的重要前提，有时甚至是不可或缺的因素。比如，报道围棋赛事，你如果不懂围棋，你就至多只能写短短几句话的动态消息，告诉人们谁和谁在什么地方进行了比赛，谁胜谁负，其过程甚至都无法深入，还谈何深度？再如，你报道体操运动，如果你连男女组比赛各有多少小项不甚了了，对每年有哪几个世界大赛也一头雾水，什么特卡切夫腾越、托马斯全旋、楼云跳，全然不知，什么科马内奇、霍尔金娜、马艳红、陆莉、刘璇，一概不识，那你何以深入报道？你的报道还能有多少可读性和欣赏性呢？

(二) 从实践上证明重要性

一篇蕴含体育专项理论及体育背景知识的报道，无疑会引起读者的注意，同时也会增加报道的可读性可信度。这些就是所谓报道的深度效应。下面，我们将举几个例子，从若干不同实践方面证明体育专项知识对于写作体育新闻深度报道的重要性。

1. 评估主要对手实力水平

1985年第三十八届世乒赛前夕，面临世界乒联新规则的挑战，中国乒乓球队能否继续保持"乒乓王国"的优势呢？《羊城晚报》记者苏少泉写的《一局"让

车棋"——写在世界乒坛大赛之前》,对当时乒乓球运动水平的世界格局进行了深入的分析:

> 目前,对我女队威胁最大的首推韩国和苏联两队。上届韩国队失败于日本的伏兵,未进入前四名,但主力梁英子在单打中连闯我国选手耿丽娟、童玲、黄俊群三关,荣登"次席"。欧洲冠军苏联队在上两届世乒赛也都进入了四名,虽未胜过中国队,但他们在欧洲首屈一指的双打,我队不容忽视。从两年战况看,我男队最强的对手仍是上届亚军、阵容鼎盛的瑞典队。第一阶段我队不会与之交手,却要费力对付同组的朝鲜队、韩国队和波兰队。朝鲜队阵容齐整,韩国队的选手曾经胜过我国的江嘉良、谢赛克、范长茂、滕义诸将。波兰队则有今年在欧洲红得发紫的格鲁巴压阵。因此,29 号我队对波兰队、30 号对韩国队的两场都是硬仗,如果我队能顺利闯过这两关,那么对朝鲜队无论战果如何,就都可以进入半决赛了。建议大家特别注意这一天——3 月 30 日!

这篇报道从历史作战情况、队员情况、各队优势等方面分析了当时对中国队产生威胁的韩国、苏联以及瑞典队。如果记者没有较全面地掌握这些队的基本情况,那就不会有这些头头是道、鞭辟入里的分析。写这样的体育新闻作品,就是对记者专项知识素质高低的检验。新闻传播业界,常见有的体育记者入行起始,凭一股年少闯劲还能写点一般性东西,但如果转为让他采写一些专业性强的题目,就显得后劲不足,一时很难有新的成绩。而一些著名体育记者之所以能写出名篇,很重要的一个原因就是他们平时能够不断积累知识,有深厚的体育运动专业知识基础。

2. 分析失败的专业性原因

在第十七届世界杯足球赛上,传统强队阿根廷队未能小组出线,爆出了继法国队出局之后的又一冷门。比赛后两小时,新华社记者就发出了一篇颇有深度的报道《与卫冕冠军为伍——写在阿根廷队告别世界杯赛之际》。这篇报道最大的成功之处就在于以最快的速度从专业的角度分析了阿根廷队失败的原因。在报道中,记者全面充分地分析了阿根廷队失败的三个原因:战术、用兵和战略。这三大失误造成阿根廷队早早地走完了 2002 年世界杯足球赛的全部历程。该报道分析说:

> 他们最大的问题是忽视了对手的防守能力。身高体壮、经验丰富的瑞典队后防线,整个预选赛仅仅丢了 3 个球。是役,在队长米亚尔比指挥下

的这条防线，使得阿根廷队 8 次落入越位陷阱，并且屡屡化解对手的传中球，使阿根廷队的猛烈进攻得势不得分。阿根廷队的出局不仅由于战术和用兵欠缺，还因其战略错误所致。小组赛首战力克尼日利亚队，阿根廷队次役先失一球后，下半时竟换下多名主力球员，大有放弃与英格兰队一比高低之意。

相对于客观性报道而言，深度报道在报道客观事实的同时，融入了作者的主观思考和判断，不仅追求报道的真实，更追求报道的深刻。体育新闻深度报道不仅要及时反映重要体育赛事活动和体育现象，还要对事实进行全方位的解剖，对体育赛事发展的未来趋势进行判断与预测。上面这些对参赛双方实力水平、优劣长短、战略战术进行的详细而专业的分析，使读者对他们的表现有了较为全面完整的了解。在报道中，记者还对各队队员的名字、绰号，双方的排兵布阵、攻防转换等，如数家珍，了解无误，同时还穿插一些精确的统计数据和生动的专业细节描写，让读者看了不能不折服，球迷看了则犹如饱餐一顿美食！

3. 介绍运动赛事背景环境

2007 年 11 月 1 日，光明日报上发布的《让没票的球迷也能参与》一文，短短两小节，是一个集"专项知识""人文关怀""理性剖析"等因素于一身的好案例——

世界杯橄榄球比赛，是世界上除了奥运会、世界杯足球赛之外，吸引人数最多、预算额也最大的国际赛事。橄榄球最早是 19 世纪初，英格兰大学生之间的绅士运动，后传遍欧美各国，世界橄榄球理事会(IRB)现已拥有 90 多个会员国。

本界世界杯橄榄球比赛，除了精彩纷呈的比赛，设在法兰西体育场外的"橄榄球村"也是一个亮点。这是专门为那些没有票进场观看此赛的球迷而建立的。村区内放置两块大屏幕，实时直播赛事，不比赛时放映比赛录像。比赛前后分别举行两场音乐会，供球迷们娱乐。村内还有几个咖啡馆、酒吧和小餐厅，村所在圣德尼市的从业者通过投标争得经营机会。站在"橄榄球村"外，记者很自然地联想到明年的北京奥运会，它的门票肯定也是有限的，如何让国内外广大奥运爱好者真正体现"我参与、我奉献、我快乐"呢？

这篇被光明日报编入《视点》栏目的报道，虽短短不足千字，却很吸引读者的眼球。体育新闻深度报道的"深"，不同于言论作品，它不是通过层层说理来实现，而是要通过大量的有说服力的事实来说理。通过对事实变动信息的判断来阐释深度，通过新闻事实折射深刻的时代命题，从而最终实现深度报道的"深"。"让没票的球迷也能参与"，这是一个多么富有人文情怀的举措！谁看了这样的标题会跳过报道的内容呢？而一看报道内容，其要言不烦的橄榄球运动专项背景知识的介绍，对于国人而言，则大大加深了对此举人文关怀广泛性的了解和认识。至于由"橄榄球村"的具体设置说及关于 2008 北京奥运会的联想，那更是充满思辨智慧的理性剖析，真正发人深省！

4. 敢于发表与众不同意见

体育专项知识的多寡，还决定你的报道是否人云亦云。在雅典奥运会的报道中，《人民日报》能够坚持正确舆论导向，敢于发表与众不同意见，表现出中国第一大报的风范，除了充分发挥他们的记者经验较丰富、观察分析能力较强的优势之外，也离不开他们丰富的体育专项知识。例如，女足以 0∶8 惨败给德国队之后，在媒体一片"骂杀"声中，《人民日报》记者没有附和詈骂，而是冷静地分析失利原因，写出评论《女足为年轻交足学费》，立足鼓励，着眼未来。文章依靠详实的世界女足专项材料，通过对中国 18 名球员参加国际比赛场次的统计，说明中国女足参加国际比赛数量及其经验和教练员水平都很有限，根本无法与世界强队相比，讲清了大比分输球是"必然"结果的道理。

同样的气度，在《男篮的路怎么走》一文中表现得更为突出：

> 中国男篮与西班牙队一战，应该可以打掉人们种种不切实际的幻想。中国男篮在亚洲可以称雄，但尚未达到同欧美劲旅抗衡的地步，近几年差距有增无减。即使有了姚明，即使身高一点儿也不比别人矮，即使请到知名洋教头，中国男子篮球攀登"珠峰"的情景，依然"路漫漫其修远兮，吾将上下而求索"，现在中国的篮球尚未形成自己的特点。

这样高屋建瓴、实事求是、切中要害的分析，如果没有对国际篮球历史和现状的了解，如果没有对中国男篮历史和现状的把握，如果没有多次报道篮球比赛的经验，也肯定是难以产生并诉诸文字的。

(三) 报道失误与中西比照

如果把由于缺少体育专项知识而造成的报道失误，与中西方在此点上的相应情况联系起来比照分析，我们可以增加紧迫感和危机感。

1. 从《体坛周报》老总瞿优远说起

业界众所周知，湖南《体坛周报》开创老总、别号"老大"瞿优远，于2011年因经济犯罪而威风扫地，锒铛入狱。但回溯其金鸡独立于国中体育传媒的昔日辉煌，再现其将一地方小报从每期圈内派发5000份迅速膨胀至年销售额过亿的传奇历史，我们不能不深度思考成就这一体育传媒龙头的途径与原因。

其中，关于要求体育记者应该具备扎实的体育理论根底和丰富的体育背景知识，瞿优远堪称业界观点最鲜明、要求最严格的一位。他曾经提出"爱好即工作"的观点，认为只有把工作和个人的爱好融为一体，人的潜能才能得到最大限度的发挥。他要求《体坛周报》的记者、编辑，可以不是学文科和学新闻的，甚至也可以没上过大学，但首先必须是一个真正的体育迷。他认为，乐业是敬业的基础，敬业是成功的动力。唯有体育迷，才能最贴近体育运动，才能发自内心地对体育运动充满激情，才能将体育新闻报道当作事业来做而不仅仅是谋生的手段。因此，《体坛周报》有部分记者编辑就是铁杆体育迷，每次招聘总是不拘一格，不问出身，不问学历。比如，马德兴，一位球痴，曾在一家体育报社供过职，因执笔《十问中国足球》而被解职。《体坛周报》在他最失意的时候收留了他，使其迅速振作起来，写出了不少优秀作品。还有李森，一家西班牙中餐馆的老板，国外侨民，先前在上海青年足球队踢过球。他因平时对西班牙甲级足球联赛比较关注，便间或地给《体坛周报》写点文章。经接触考察后，《体坛周报》便聘请他做了驻西班牙的记者。我们从《体坛周报》招聘和录用人才的标准可以看出，该报不仅将体育新闻报道的专业化作为一种具体策略，而且上升到了一种理念的高度，这也是《体坛周报》在激烈的媒体竞争中能够占领制高点，成为国内体育媒体的旗舰型队伍的关键所在。但是，像瞿优远这样的老总，现今我国新闻界还太少。目前许多体育媒体记者对体育专项知识的匮乏仍然是媒体自身发展的瓶颈之一，他们因体育素养储备不足而导致报道失误的情况已是屡见不鲜。

2. 失误报道种种

体育新闻深度报道离不开对报道专项的充分了解与深刻理解。俗语说，外行看热闹，内行看门道。据有关资料显示，第25届巴塞罗那奥运会前，中国媒体记者曾发布了近20个项目的成绩预测，结果几乎全部失算，都成了"看热闹"的，连媒体记者自己都感到惊讶。这实质上反映了我们当时对世界范围内的运动员、教练员的情况不熟悉，对各运动专项的其他相关情况不了解，从而使预测具有较大的盲目性。

不仅如此，体育专项知识不扎实，体育新闻报道还会闹出许多笑话来。

如，有记者对足球比赛中裁判判罚禁区内定位球感到不可理解，不知道排球赛场上后排队员到前场扣球属违例，赛后还发稿揶揄指责裁判，令人啼笑皆非。而更让人瞠目结舌、无言以对的是，有记者居然对跳水比赛中的"水花"偏爱有加——那是在跳水界的陈肖霞时代，某记者随中国跳水队出访采写比赛。此公初出茅庐，却盲目大胆。他在描述陈肖霞从10米跳台跳下入水的瞬间动作时，竟想当然地写道："她入水时，虽然没能溅起几朵水花，却仍然获得了满场观众的热烈掌声。"其实，入水压水花，恰恰是跳水运动的重要技术。水花越小，说明技术越过硬，这也正是陈肖霞的优势所在，观众的掌声恰恰是因为她入水时水花小，像银针入水般波澜不惊而给的。他的报道正是猴吃麻花——满拧，内行人看了禁不住哑然失笑。外行人虽然看不出毛病，但记者也难逃误导的责任。诚然，体育项目很多，记者也不可能成为每个项目的专家，可你报道主项的规则与技艺一定要了解。而有些冷门项目则可以在报道前急用先学，临时抱抱佛脚也还是有用的，切忌不懂装懂和自以为懂。

再看2004年雅典奥运会时新华网的一则体育专电（记者应强、陈剑），是有关体操比赛男子单杠决赛的报道：

> 雅典时间8月23日22时55分，雅典奥运会体操比赛进行最后一场单项比赛——男子单杠决赛。比赛期间，观众针对裁判的嘘声将比赛打断了近10分钟。单杠比赛开始上场的日本选手米田功和美国选手摩根·哈姆均获得了9.787分的高分。第三个出场的是俄罗斯名将涅莫夫，他的表现更加出色，动作又高又飘，腾空动作做得非常完美，落地仅向前跨出一小步，可裁判仅给出了9.725分。这时，全场观众一片嘘声，致使下一个出场的美国选手保罗·哈姆无法上场比赛。在一片嘘声中，裁判重新给了分，但涅莫夫的得分仍然只有9.762分。全场观众仍不满意。这时，俄罗斯选手涅莫夫也没有办法，走上场向观众致意，并要求观众静下来让比赛继续，观众这才停下来。在随后的比赛中，裁判给美国的保罗·哈姆9.812分的高分，看台上又是嘘声一片。而在16日体操男子全能比赛中，曾因为裁判的失误造成了金牌归属的争议。

上面这则消息，应当说并没有什么明显的大的失误。但是，消息中反映的"涅莫夫事件"是世界体操竞技比赛历史上极罕见的，而涅莫夫本人则荣获上届悉尼奥运会全能与单杠两枚金牌，记者本可以据此写出一篇很有深度的报道。可实际结果是，由于记者对裁判判罚尺度缺少理性认识，对体操艺术本身缺少认知，对新闻事件相关人物背景缺少了解，概而言之，由于缺少足够的体育专项知识，让我们只看到了一篇比较一般的赛场动态消息。因此，从把有深度的素材写成无深度的作品这个角度加以审视，我们便将它也从严列入了失误报道一类，以期能引起业界与学习者的特别注意。

3. 中西比照点滴

我们应当承认，与西方体育媒体相比，在体育新闻深度报道的专项知识这一要素上，我们的观念与实际作为都有相当大的差距。国外同行常批评中国许多媒体记者只热衷于什么都打文化的旗号，做"泛文化球迷"，而不是做真正的"体育专业记者"，实在很中肯，很值得我们反思。

2007 年 JWC 高尔夫北京赛新闻发布会上，中国记者对澳大利亚 25 岁的冠军帅哥亚当·斯科特的提问，大多与高尔夫球无关，诸如"你会不会给你自己加压力？""你退役后会不会当模特？""你想进军娱乐圈吗？喜不喜欢拍电影？"结果，遭到西方媒体的鄙视。英国高尔夫记者彼得·迪克逊特意在《泰晤士报》撰文嘲笑了中国高尔夫记者的职业素养，并摘选了中国记者的部分问题，广而告之。

再拿足球报道来说，我国一些记者总是喜欢借足球"指点江山，激扬文字"，似乎永远只有炒作渲染、制造噱头、耸人听闻，认定了骂得越凶、越出奇就水平越高。这种不着边际、似是而非的做法，恰恰表现出他们专项知识的匮乏和作风的浮夸。对于这样的表现，国外体育专业记者很不以为然，同样报道一场足球比赛，从比赛球队的排兵布阵到当值裁判的判罚尺度，从老谋深算的主客队教练到如日中天的双方球星，从对过去赛事的评论到对未来胜负的预测，从某一球队的历年战绩到当场现实表现，还有赛前战术、阵容和赛后结果的分析等，他们都认为必须从专业视角进行深入透彻的理性分析。

通过对中西方体育新闻深度报道的比较，我们发现西方一些知名体育记者都十分重视报道的专业性和权威性。他们把具备丰富的体育专项知识视为最重要的职业素质，他们的态度是忠诚敬业的，视野是开阔长远的，写作报道则能独具慧眼，见人所未见，发人所未发。这样的专业报道理念，远比那些随心所欲的追捧和炒作更能吸引受众的眼球。我们应当向他们学习。当然，中国体育媒体人之中也有佼佼者，比如前所称赞的中央广电总台的体育节目主持人陈滢。2012 年伦敦奥运会上，她和奥运冠军嘉宾李小鹏合作解说体操比赛，其专项知识表述就十分突出显眼，让不少观众以为她是体操运动员出身。李小鹏甚至惊叹——陈滢算起分数比他还快还准！

综上所述，体育新闻报道产生深度的要素，主要可以归纳为上述五个方面。其中，辩证选题选材和新颖独到角度是根基性因素，理性思维剖析和人文主义情怀是核心性因素，体育专项知识则为区别于普通新闻深度报道的特殊性因素。而一篇真正具有"深度"的体育新闻报道，从写作上看，无疑应当并能够具备上述五个要素的部分或全部。

第二章
体育新闻深度报道类别概说

关于深度报道，中国新闻学界自 20 世纪 80 年代起已经研究了近 40 年。而关于体育新闻深度报道的研究则似乎刚刚起步。作为新闻学的分支学科，体育新闻深度报道研究应该从"深度报道"的共性与"体育新闻"的个性两个维度展开。

在新闻深度报道的文本实践方面，部分业界人员往往会自觉或不自觉地借鉴美国调查性报道的操作经验。其实，西方对于深度报道并无特别深入、细致的研究，而更多地侧重于解释性报道和调查性报道两种独立文本的研究。在中国，对于新闻学研究而言，体育新闻深度报道是一个较新的研究方向，更是一个集新闻学、体育学于一身的应用型研究方向。目前，学界还没有这方面的专著，只有少量的与此相关内容的论文。如 1994 年，最早的一篇发表于《新疆新闻界》的论文《体育新闻深度报道的尝试》，文中只是对体育新闻的深度报道这一写作实践探索给予了一定的肯定性评价。直至 2008 年，随着本教材《体育新闻深度报道》第一版的出版，学术界才相继出现了若干篇相关的研究与阐述，如《体育新闻深度报道的写作要素》《国内体育新闻深度报道研究》《体育新闻深度报道之新闻选择》《论党报的体育新闻深度报道》等。这类文章的主体，是在《体育新闻深度报道》对体育新闻深度报道的研究基础上所进行的部分理论或实践内容的拓展。总之，目前体育新闻教学对深度报道的研究还处于边缘化、分散化的状态。

梳理中国新闻深度报道实践的脉络就会发现，中国新闻深度报道的发展与兴盛是在 20 世纪 80 年代开始的社会转型的大背景下，伴随着社会阶层分化、社会结构调整、社会问题丛生，在自我探索的道路上进行的。在此过程中，并无刻意对国外同行的模仿与借鉴。国内新闻界这种"自发内生型"的研究特点在深度报道的研究方面呈现出报道内容、报道体裁、报道形式、报道理念并行的复杂格局。因而，深度报道种类的划分标准也比较多元。目前对新闻深度报道的分类有解释性报道、调查性报道、通讯式报道、追踪报道、系列报道、组合报道等。如在 1986 年第八届全国好新闻评选会上增设的深度报道奖，就将系列报道、组合报道、连续报道作为深度报道的三种形式进行评选。

　　然而，若仔细斟酌，就会发现目前这种对深度报道的分类方式比较宽泛，分类标准不够统一，有的是按体裁，更多的是按报道手法进行划分。故此，我们试图按照报道的内容与视角厘定，以求叙述的简洁清晰。按此标准，本章将体育新闻深度报道分为两大类——赛事类体育新闻深度报道与关涉社会文明类体育新闻深度报道。

第一节　赛事类体育新闻深度报道

　　在目前众多的体育新闻报道中，赛事新闻正面描述比赛，是体育新闻的主流报道形式。以时间、地点、人物、事件、结果要素报道为主的倒金字塔结构的简明赛事新闻，往往重点报道胜负比分及比赛过程，比赛过后易成为被受众弃食的"新闻快餐"，难以满足受众深层的心理需求。而赛事类的体育新闻深度报道，不同之处在于：注重预测比赛的动向与结果，揭示比赛的背景与规律，分析参赛者成功或失败的原因，全过程刻画比赛细节，提炼赛事所表现的体育精神，对比赛进行全息摄影式的深度总结，为受众带来更为专业的感观体会、更深层次的心灵震撼与感动。至于其本身更进一层的划分，如果以比赛时间为线索与标准，则又可划分为赛事预测型体育新闻深度报道、赛事过程型体育新闻深度报道、赛事总结型体育新闻深度报道等三类。

一、赛事预测型体育新闻深度报道

(一)预测型报道的特点

　　现今业界普遍认为："由于电视、网络等媒体的竞争，现在纸媒中的体育新闻出现了重心前移的趋势，也就是越来越重视赛前报道。在我国政府批准发行博彩型的足球彩票后，包括预测性报道在内的赛前报道愈发受到读者的关注。"①

　　体育赛事的预测报道只有建立在丰富翔实的新闻背景之上，对比赛项目的分析才能更专业、更科学、更严谨，对比赛结果的预测才能更准确。相较于一般的赛前报道，赛事预测型体育新闻深度报道在赛事的相关背景、数据的掌握、分析的专业性和权威性以及预测结果的准确性等方面要求更高，一般篇幅

---

① 　郝勤. 体育新闻学[M]. 北京：高等教育出版社，2004：184.

也比较长。因此，预测型报道的特点主要包括三点，即解释性、精确性及专业性科学性。

1. 解释性

为了尽量保证预测结果具有可说服性，常常需要运用解释性报道的手法。从西方新闻深度报道的发展观照，预测性报道原属解释性报道的一种，后逐渐脱离解释性报道而独立发展。可以说，解释性是预测型报道最重要的特点之一。所谓预测，就是通过对新闻事实的发生、走向等进行有理有据、合情合理的分析与解释，预测报道才具有可说服性。相应的，解释性报道是一种充分运用背景材料来说明新闻事实的来龙去脉，揭示新闻事实的原因、实质意义或者预测新闻事实发展趋势的分析性报道。① 那么，预测型报道在新闻文本的写作方面，则需要参考解释性报道的相关文本需求。解释性报道不同于调查性报道。调查性报道重"事"，着重于报道新闻背后的新闻，即那些已经披露的新闻背后还有哪些被遮蔽掩盖着的新闻事实。而解释性报道重"理"，着重于对新闻事实的生发、走向等进行有根有据、合情合理的分析与解释。② 可见，解释性报道不只是提供单纯的信息来源，而是通过对各种事实的解读来报道新闻事实背后的有关因素。从解释性报道的起源来看，它首先兴起于西方，在中国内地流行较晚。新时期中国最早的解释性报道起于 20 世纪 80 年代，如《北京的的确良为什么供不应求》③《长沙市火柴脱销的原因何在》④等。

供过于求的信息时代带来了"浅阅读"时代，而"浅阅读"时代的最大弊端就在于对新闻事实的"误解"。近年，随着体育事业的发展，所伴随的体育危机也成为社会极度关注的焦点。面对体育危机事件，该如何利用有理有据的背景材料或者事实数据来预测新闻事实的生发原因及走向，则就成为当前体育深度报道的一项重要任务。2019 年 7 月 23 日，孙杨在韩国光州游泳世锦赛上分别获得了男子 200 米、400 米自由泳冠军。而相对于赛场上的精彩比赛，领奖台上却风波乍起——澳大利亚选手霍顿和俄罗斯选手斯科特，相继拒绝与孙杨握手合照，孙杨被推向了社会争议的顶峰。由此，凤凰网在 7 月 24 日推出一篇预测性报道，名为《好奇害死猫！孙杨今晚决赛可能上演的 3 种剧本，哪种会成真?》这篇报道对事件的前因后果、为什么要进行预测，以及可能产生的三种结果给出了相关的事实依据和理由。总体而言，这就是一篇运用了解释性手法的预测型体育新闻深度报道。

---

① 欧阳明. 深度报道采写概论[M]. 北京：清华大学出版社，256-257.
② 欧阳明. 深度报道写作原理[M]. 武汉：武汉大学出版社，2004：193.
③ 载新华社，1978 年 10 月 5 日电稿.
④ 载湖南日报，1982 年 5 月 20 日.

2. 精确性

预测性报道需要全面、准确、客观、理性的报道思想统领。在新闻文本的写作方面，需要借鉴遵循精确报道的文本要求。精确性报道是对精确性这一特点最全面的呈现。精确性报道的概念源于美国菲利普·梅耶的精确新闻学，是一种在新闻报道中引入社会学"量化研究"的方法和数学的统计方法，对所采集的新闻事实、数据进行定量分析，然后得出结论的深度报道类型。精确性报道具有西方思维特征，是不同于中国惯用的思辨型报道手法。中国业界一般认为，新时期最早的精确性新闻报道出于 1983 年 1 月 29 日的《中国日报》。该期报纸刊载了 1982 年我国对北京市市民生活状况的调查。[①] 精确性报道的写作主要有两种类型，一是描述型，主要对报道具体的数据事实的描述，而不对这些数据事实进行分析。二是解释型，不仅要呈现报道事实的数据、结论，还要结合其他有关材料，对用量化方法调查来的事实数据与结论进行分析。[②] 为了尽量保证预测结果的准确，预测型的体育新闻深度报道一般会融合以上两种写作类型，即在全面呈现材料数据事实的基础上，再结合相关材料对实时数据进行分析。

虽然精确报道文本稍显枯燥、可读性不强，但随着体育新闻报道的专业化程度与体育受众的分众化程度越来越高，目前国内的专业体育媒体对此的运用量逐渐增多。许多媒体在世锦赛、奥运会等大型比赛前，对可能有突破的运动员或运动项目，都加以详细铺陈与专业分析，在此基础上预测其最佳表现。如 2019 年 7 月 21 日，国际田联钻石联赛伦敦站男子 200 米比赛结束后，中国选手谢震业以 19 秒 88 夺冠，这不仅刷新了新的全国纪录，还创造了新的亚洲纪录。19 秒 88 的成绩，拿到世锦赛、奥运会舞台上都是有相当竞争力的。每日体育播报网站就用精确新闻的报道手法，对谢震业从 20 秒 44 到今天的 19 秒 88 近 5 年时间内的进步与国外选手萨尼·布朗、国内选手张培萌、苏炳添等成长过程进行对比。同时，还将谢震业的此次成绩与近几届奥运会、世锦赛前五名的成绩进行对比，最后得出了谢震业有希望站上 2019 年多哈世锦赛以及 2020 年东京奥运会该项目领奖台的结果。精确翔实的资料保证了预测结果的准确，为中国田径注入了新的活力。总之，将全面的信息数据进行量化、对比分析，从而得出精确的预测结果，是预测性深度报道最重要的手法。

3. 专业性 科学性

预测的专业性、科学性，也是影响预测报道结果和体育媒介品牌价值的两

① 姜秀珍. 新闻统计学[M]. 北京：新华出版社，1998：11.
② 欧阳明. 深度报道写作原理[M]. 武汉：武汉大学出版社，2004：268.

个重要因素，尤其是在预测型体育新闻深度报道中。那么，如何做到预测的专业性、科学性呢？

首先，报道者需掌握大量与赛事相关的新闻背景。这些背景资料包括体育史料（大项体育运动的发展史、专项体育运动的发展史、专项体育赛制的变革史），体育专项运动的规则及其演变，运动员、运动队及其教练员的资料（年龄，身高，以往比赛成绩，最新动态，性格爱好，训练方法，打法，赛前训练情况等），比赛对手的资料分析、相关的体育法规（最新的关于裁判、兴奋剂检测等的法规规定），体育文化资料（运动员所属国家、地区的地理文化，体育项目本身蕴涵的体育精神文化等）。比如，《温州晚报》2018 年 2 月 7 日刊发的《冬奥会单板滑雪预测 U 形场地中国有望实现奖牌突破》稿件中，通过对即将开幕的 2018 年平昌冬奥会上，中国单板滑雪 U 形场地项目中获得参赛资格的刘佳宇、蔡雪桐、李爽、邱冷 4 名选手的以往成绩、赛前训练、最新动态等一一进行了介绍，从专业的角度进行了分析，认为经过三届冬奥会的磨砺，中国选手如今已经具备向奖牌甚至金牌发起冲击的实力，有望在平昌实现零的突破。

其次，采访实力相当的运动员或运动团队，是获取更为权威的预测信息的重要途径。如新华社 2019 年 1 月 24 日刊发的《澳网综合："黑马"折戟两巨头有望聚首决赛》稿件中，作者通过对 1 月 24 日澳网赛场上希腊新秀西西帕斯与西班牙"天王"纳达尔在 1 小时 46 分钟的三盘比赛时的节奏、发球、心态等进行专业分析后，又通过西西帕斯对纳达尔的专业评说来提出"黑马"折戟，老将雄风依旧，并得出塞尔维亚小德能够晋级，这两位巨头名将时隔 7 年再次聚首罗德·拉沃尔球场上演男单对决的预测结果。2019 年 1 月 27 日，澳网公开赛男单决赛焦科维奇和纳达尔的对决如约而至，上演了精彩一幕。记者对赛事的专业分析，对落败选手的采访，保证了预测结果的权威性、准确性。

此外，为了进一步保证预测结果的准确性，所采访或邀请的还可以包括熟悉项目规则的竞技体育著名教练、拥有资格证书的国际国家裁判、研究体育史学、体育文化、运动医学的教授学者，等等。比如，腾讯体育网 2018 年 1 月 29 日发布的《外媒预测中国冬奥有望夺 7 金　自由式滑雪被看好》的预测报道中，引用了世界权威的体育数据公司 Gracenote 对 2018 年平昌冬奥会中国队获奖的预测结果。文中通过对这一权威、专业的数据公司的背景介绍以及该公司以往的预测成果的呈现，一方面在于认可该公司的预测结果，另一方面在于强化突出这一预测结果的专业性和准确性。可见，专业性、科学性是成就预测型深度报道的重要因素。

（二）预测型报道的分类

按照报道的角度，赛事预测型体育新闻深度报道又可进一步分为个赛胜负前景预测深度报道与赛事总体格局预测深度报道两种。

1. 个赛胜负前景的预测报道

赛前预报、赛前动态、赛前预测构成了体育新闻的赛前报道。与赛后报道相比，赛前报道的特点是突出新闻的释疑功能和解惑功能。[1] 个赛预测的深度在某种程度上决定了媒体的专业水准。与赛事总体格局的预测报道不同，个赛预测报道对宏观的体育史料、体育法规等背景要求不高，重在对参赛各方的最新情况，比赛赛制、规则，重点运动员、教练员的个人观点，专项体育专家对比赛的看法等背景资料的整理与处理。这类报道还要求记者对要报道的体育专项本身有足够的了解与认识。

比如，2019 年 7 月 24 日《体坛周报》刊发的《林丹难圆东京奥运梦？国羽四大奥运冠军"同病相怜"》，就是一篇关于 2020 年东京奥运会羽毛球比赛席位争夺的个赛预测报道。作者通过对林丹近期的比赛近况、奥运积分排名、男双女双羽毛球搭档尴尬现状，以及国内外目前"内忧""外患"激烈竞争等背景资料的一一分析，得出了国羽老将团队欲梦圆东京困难重重的预测结果。再如，2019 年 2 月 26 日，CCTV-5《体育世界》邀请广西自治区田径队总教练、前全国百米纪录创造者陈文忠进行访谈，对苏炳添近期的表现和未来发展加以点评。陈文忠认为，苏炳添的巅峰期至少还能保持两三年，至于室内 60 米的实力如何扩展到室外 100 米项目上，则需要加强后程能力，以及注意全程节奏。这一访谈形诸文字即个赛胜负前景预测报道。

2. 赛事总体格局的预测报道

赛事总体格局的预测报道，既包括针对整个综合运动会的，也包括针对某单项运动会的，或针对某大项如田径中男子马拉松、女子撑杆跳高等小项的。其目的，是针对它们发展中所呈现出的特点、趋势、格局等进行分析预测。这类报道，除了要充分掌握比赛本身的微观背景资料外，还需要报道者具备丰富的体育历史文化等宏观知识背景。策划实施这类报道时，也需要采访或介入相关竞技体育专家的研究实践领域。

2018 年 2 月 18 日晚，在韩国平昌冬奥会上，中国冬奥军团夺金希望又告破灭，自由式滑雪男子空中技巧决赛中，中国运动员贾宗洋以 0.46 分之差与金牌擦肩而过。截至发稿时间，连续 9 个比赛日，中国军团依然是 0 金牌。面对

---

① 郝勤. 体育新闻学 [M]. 北京：高等教育出版社，2004：184.

这一战况，文章《从汉城到平昌：中国体育路在何方?》，大胆预测本届平昌冬奥会将出现"汉城夏奥"一样的败况，并对中国体育未来的发展表示担忧。文中预测依据主要是将 2018 年的冬奥会现场比赛状况与 30 年前的汉城奥运状况进行了对比。首先是描述了 2018 年冬奥会的一些差强人意的状况，如"王牌优势项目短道速滑的集体犯规，让人看不懂""贾宗洋比赛中的空中技巧和落地动作堪称完美，就连对手都认为金牌没希望了，但贾宗洋硬是在裁判的帮助下，送出了几乎到手的本届冬奥会中国军团的第一枚金牌""东道主针对中国尽施盘外招，裁判对中国队鸡蛋里挑骨头"，等等。相应的，在 30 年前的汉城奥运会上就有相似的一幕幕，如"中国军团在那届奥运会上也是金牌迟迟不开和，许多传统优势项目的表现让人大跌眼镜，最终只收获了 5 枚金牌""被寄予厚望的李宁多次从器械上摔了下来，非常尴尬地结束了运动生涯"等。此文通过对平昌冬奥中国军团的惨淡现状与 30 年前兵败汉城的历史背景资料的分析，提出了这样的疑问和预测：30 年前的中国体育兵败汉城一幕又要重演了吗?

此文对中国重蹈兵败汉城的覆辙的预测，除了依据体育专业的分析、历史资料的对比外，作者更是将这一预测放置在更为宏观的中国体育文化当中，对预测结果的准确性进行加持。文中提到，自 2008 北京奥运会后，我们已不再刻意关注追崇金牌了，我们的体育理念、体育精神等正在发生变化，全民健身的理念日益为我们所重视。过去的唯金牌论固然不可取，而漠视否定金牌肯定也不对，特别是以此来搪塞掩盖成绩的滑坡则更加荒谬。作为一个体育大国，我们仍然需要金牌，比如美国、俄罗斯仍然是各项大赛的大赢家。这就需要我们仍然要对金牌保持敬畏之心，只有敬畏才会有一颗勇敢的心，这才是中国体育的初心，也才是中国体育的方向与未来。总之，这篇赛事总体预测，主要依据除了整个运动会的格局外，还有具体项目的现况趋势，以及沉重的历史背景资料。这是一篇内容可谓很消极的预测报道，写作上有其特别的难度，然而它又是称得上准确、具有说服力的。

二、赛事过程型体育新闻深度报道

英国伦敦大学教授戴维·莫利(David Morley)指出，对大众传播过程的全面分析似乎至少要包括三个要素：第一，对媒介产品生产过程的研究；第二，对产品的研究——研究新闻作品，把其当成是一套承载讯息的符号单位；第三，对那些符号进行解码或诠释的过程的研究，包括广大受众主动参与了这一过程。[①] 戴维·莫利的观点道出了新闻报道"过程传播"以及与广大受众"互动

---

① 夏利. 电视、受众与文化研究[M]. 史安立武，主译. 北京：新华出版社，2005，88.

传播"的重要性。由于体育新闻本身具有的竞技、刺激、悬念、动感等传播特点，受众对与比赛同步的比赛过程的了解欲更强。这也是为什么电视赛事直播有巨大影响力的原因所在。因此，作为赛事结束以后报道的"第二落点"，体育新闻深度报道要想避开赛事直播的强大优势，就要求报道者对比赛进行全程化报道，从"赛前""赛中""赛后"三个时段，抓住比赛的"全过程"，尽力展现比赛中的细节，尤其是对电视直播瞬间消失的细节进行具象化描述，在"深刻"上做文章，给受众更为全面动人的赛事感知。

（一）过程型报道的特点及深度

1. 过程型报道的特点

首先，过程型报道的特点是"全程化"。所谓全程化，有两个层面的含义："从微观层面上讲，表现为对新闻事件全过程的报道，即深度报道的历时化；从宏观层面上讲，全程化表现为对新闻事件由历史向未来发展走向的报道，即深度报道的连续化"①，所以全程化报道是对微观比赛过程报道的一种超越。赛事报道的过程不应仅仅是比赛开始至结束的时间段，它具有更广的"外延"，分为"比赛前""比赛中""比赛后"三个阶段。"比赛前"过程报道包括赛事预报、赛前备战动态、参赛队员情况报道等；"比赛中"过程报道包括比赛过程描述，比赛过程中阶段性的原因与背景分析，比赛细节刻画等；"比赛后"过程报道包括赛后的新闻发布会，教练、运动员及观众各方反映等方面。"全程化的报道理念要求报道者多层次、多侧面、多角度、系统地全程跟踪采访，要使受众从报道中看到历史和现实，看到横向和纵向，看到事件和人物，看到现场内和现场外。"②

其次，过程型报道的特点是"故事化"。在传播学的理论框架中，传播过程论相对于传播效果论、传播主体论、传播受众论而言，其引起学界和业界重视的时间较晚。传播过程论的研究源于"传播故事化"的业界实践而来，可以说是从实践中而来的一个具有很强实践性的传播理论。所谓"传播故事化"，主要在于其写作手法，即以叙事的手法将新闻事实进行故事化的内容编辑。在新闻报道中，新闻报道的故事化就是新闻媒体在报道新闻事件时，要尽最大可能挖掘新闻事件的故事因素，并在报道的过程中以讲故事的形式展现给受众。③ 对于专业性很强的体育赛事报道而言，"故事化"的写作特点无疑为枯燥、乏味的"硬"新闻增添了人文性特征，增强了体育新闻的趣味性、可读性。

① 杜骏飞，胡翼青. 深度报道原理[M]. 北京：新华出版社，2001.
② 娄震. 体育深度报道的发展趋势研究[J]. 山东：山东体育科技，2004，26(4)：40-42.
③ 刘建刚. 新闻报道的故事化倾向[J]. 西部广播电视，2015(15)：66.

故事化的基本写作手法就是叙事，对体育赛事中的中观层面和微观层面进行细致报道。赛事过程型报道作为赛事结束后报道的"第二落点"，除了要呈现比电视镜头更为全面、具体的赛事信息外，增强受众对赛事的认同感和现场感，镜头以外的种种内容，尤其是涉及体育精神文明的内容，更成为文字报道的优势所在。总之，故事化的报道特点，要求在保证新闻故事的真实性原则的基础上，还要树立故事性的新闻报道观念，并通过细节对体育赛事进行深入挖掘和分析，以体现体育报道的真实性、生动性与教化性。

2. 过程型报道的深度

赛事过程型体育新闻深度报道，除了全面呈现赛事信息、生动赛事细节以外，更为重要的是要有力透纸背的效果。换言之，要通过文字表述，体现赛事背后的深刻意义。获得这种"深度"主要有两种方式——

（1）尽力营造诱发广大受众的想象与思考空间。如2019年7月26日《体坛周报》刊发的《世界杯备战进入冲刺阶段　两大烦恼仍在困扰李楠》，这是过程型体育新闻深度报道的第一环节"赛前"阶段的报道。阅读标题，就能感受到作者为中国球迷营造了赛前的紧张感，通过对中国男篮主教练李楠的烦恼的模糊表述，诱发了中国球迷的关注与分析，为中国男篮即将到来的比赛蒙上了一层紧张气息。

（2）"夹叙夹议"突出新颖而深刻的理性认知。上述相关中国男篮一文，通过对李楠烦恼的评述、叙议结合，强调了"球队的进攻磨合比想象的更难"与"队员伤病比磨合更令人揪心"两大难点。这两个问题的表述，既是该报道的核心内容，又是作者、教练共同的深刻理念。"斯杯"决赛阶段结果显示，中国之所以输给克罗地亚，进攻不力正是这两大问题的答案，也正是文章着重突出的深度认知。

中国媒体在每四年一届的足球世界杯报道中，体现的都是一种全程化新闻报道。在正式比赛开始前一周，当参赛队伍陆续到达主办国后，各媒体便开始探营，报道介绍重点球队、球员、教练的备战情况。小组赛开始后，媒体的报道集中于各场比赛的赛前、赛中和赛后过程报道。在比赛休息日，穿插对阶段性比赛的解释、总结与分析。决赛结束之后，继续采访报道冠军队、亚军队的球员和教练以及中国相关专家。这类报道的深度性主要体现在对一个完整赛事的连续报道中，通过对赛事的人、物、事的综合报道，体现赛事之外的深意，如体育精神、体育规范、体育文化等。

（二）过程型报道的分类

既然过程型报道是对赛事进行全程化报道，那么其分类就须从内容、目的的展现及空间、时间的延伸上来考虑。因此，根据表现形式的不同，过程型报道又可进一步分为两大类，即连续报道和组合报道。

1. 连续报道

"连续报道！连续报道！直至问题真正被弄清楚。"①普利策认为，为了获取新闻报道的深度，有必要就新闻事实或者一个报道话题进行连续多日的报道。就体育赛事而言，连续报道是伴随着赛事的进展而进行连续多日的报道，其连续性主要是受体育赛事的时间进展制约的顺序。可以说，体育赛事是时间最明确、流程最清晰的一类新闻事实。因此，体育赛事连续报道也是最典型的连续报道。

对于大型体育赛事而言，其赛前、赛中、赛后或者是连续的比赛日等都是可以进行时间点、时间段的连续。如奥林匹克运动会是国际奥林匹克委员会主办的世界规模最大的综合性运动会，每四年一届，会期不超过16日，是世界上影响力最大的体育盛会。每四年一届的奥运盛会也成为了媒体报道盛会，各媒体竞相报道，各显神通，尤其对于连续16日的各国赛况报道、奖牌排行榜以及本国赛况都是每日必须报道的主题。通过16日的连续赛况深度报道，完整展现了奥运赛事全过程。

2019年7月28日，第18届国际泳联世界游泳锦标赛在韩国光州落下帷幕。此次赛事中，中国军团共收获16金11银3铜，雄踞金牌榜榜首。在骄人的成绩背后，是一支支值得述说和记忆的中国团队。本是作为弱项的中国女子水球队，却成为赛事中亮眼的一支队伍。中国媒体也对其不遗余力地进行关注报道。媒体通过连续性的深度报道，为受众呈现出不一般的中国水球队。部分报道如下：

赛前报道：

(1)《中国女子水球队主教练龚大立：世锦赛争取前六》，新浪体育2019年5月18日。

(2)《中国女子水球队"兵发"光州游泳世锦赛》，新华社2019年7月10日。

赛中报道：

(3)《游泳世锦赛：8∶6胜日本队，中国女子水球队迎开门红》，腾讯网2019年7月14日。

(4)《防守问题拖累中国女子水球　门将彭林表现神勇》，北京晚报2019年7月1日。

(5)《中国女子水球队结束小组赛全部较量　外国记者用翻译软件采访抢

---

① 埃默里父子. 美国新闻史[M]. 北京：新华出版社，1982：297.

镜》，新华社 2019 年 7 月 18 日。

虽然，中国女子水球队最后在 7 月 20 日进行的交叉赛上，以 8∶12 不敌希腊队，无缘 8 强。须知，连续性报道并不是对所有赛事信息都进行跟踪报道，而是选取与作者立场和观点相近的赛事信息进行报道。通过开始的"兵发"先声夺人，到中期的"开门红""队员神勇表现"，再到后期"采访抢镜"的虽败犹荣，利用新闻事实相对的完整性，为受众展现出值得关注的中国女子水球队。如此针对这类大型体育赛事的连续深度报道，目的在于让国人看到，在这一小众项目上，我们虽有劣势与不足，但也有自己的优势与发展前景，从而增强对中国体育的信心。

2. 组合报道

组合型是以空间为维度的报道方式，又被称为扁平式的报道方式。这就是说，以空间为序，报道方式的组合型呈现出"面"性的报道形态。随着空间中轴线的不同变换，可以产生不同的组合。也就是说，针对同一新闻事实，作者以不同的角度、立场，就会产生不同的组合报道。在空间运作上，深度报道方式可以是多篇变一篇，也可以是一篇变为多篇。换言之，深度组合报道的方式可以一事一报，也可以化整为零，变总结式为个体式。这样的报道方式大大强化了报道对受众眼球的一次性轰炸，也强化了作者所想传递的观点立场。就体育新闻深度组合报道而言，组合式的组合部分，除了常规的体育新闻事实报道外，还常常搭配有某体育项目背景文字、教练或者行业专家点评、读者讨论文字以及体育赛事规则或者赛事相关的法规政策等。组合型的常见方式包括正面配合、正反配合、多元综合等三类。

（1）正面配合。

正面配合，即几个组成部分均从积极方面表现报道内容与报道主题。

比如，2007 年女足世界杯"鲨威体坛"专稿《女足姑娘三记世界波送对手中国 3∶2 胜丹麦取开门红》，就是一篇着重"赛中"过程的正面配合深度报道佳作。2000 字的文章分"首战决定出线前景""悍马最强锋线现江湖""铿锵玫瑰渐入佳境""李洁世界波拔头筹""毕妍超远程炮弹建功""玫瑰以攻代守""宋晓丽远程再破麦城"等 8 个章节，按时间线索对一波三折的比赛过程进行了还原，使读者有身临其境之感。可贵的是，作者通过流畅精彩的文笔，将比赛过程进行了艺术升华，为读者提供了超越电视直播的想象空间和美学享受。比如文中的系列现场组合描述——李洁主罚一记势大力沉的抽射远角，足球像出膛的炮弹一样直窜入对方死角；谢彩霞右路传中，中国队悍马组合禁区内形成双鬼拍门；中国队右路反击，球传到中路，宋晓丽胸部停球转身就是一记远程轰门，皮球再次应声入网……这篇报道充分展现了"比赛中"的过程细节，铺陈了新闻背景，通过正面配合重点交代了新闻要素中的"why（原因）"与"how（怎么样）"。

（2）正反配合。

这类报道是指整篇报道由两方多元内容组合，具体表现或好与坏、或积极与消极、或正面与反面等系列人物事件材料。

比如，凤凰网2019年7月30日发布的题为《世锦赛总结：孙杨卷入暴风眼仍爆发 奥运迫在眉睫问题不少》的报道，就是一篇具有总结性的正反配合组合报道。文中对2019年国际泳联世锦赛中国队比赛情况的报道，共由性质价值不一的五大内容组成：

①中美头名之争格局不变套路不变；

②跳水队梦幻表演夺12金创单届历史新高；

③孙杨卷入暴风眼仍能爆发九月"定"生死牵动人心；

④游泳3金看齐2017　有亮点更有不足；

⑤中国花游超越自我辛鑫夺金完成零的突破。

这篇组合报道，通过对世锦赛中中国跳水队、游泳队、花游队的亮点、争议点、突破点等一一进行剖析，强化了居于榜首的中国队须扬长避短、砥砺前行这一核心观点。

所谓正反配合，还有一种是通过消极信息来凸显积极信息。如前文阐述"过程型报道深度"一节所引，《世界杯备战进入冲刺阶段　两大烦恼仍在困扰李楠》一文第二部分，添加系列负面不利背景资料，讲述了队中赵睿、郭艾伦、孙铭徽、丁彦雨航等都有伤在身。但接着着重指出："相对而言，李楠也有一件值得欣慰的事，即球队领袖易建联已经伤愈接近复出。此前在接受采访时，阿联便说道：之前在洛杉矶治疗恢复，脚上的伤好很多了，现在已开始在国家队跟队友磨合。"如此组合的报道，正是从消极到积极，以负面信息衬托强调了正面信息，从而表现出对中国男篮迎战世界杯的信心。

（3）多元综合。

这种组合报道，比较尊重多方的意见和看法。写法上，似乎只注重呈现各方观点，而不直接表达自我立场。但实际上，它是通过转述多方观点时的价值取向与情感态度，来间接地表明自我立场。

比如，针对此前提及的2019年韩国光州世锦赛上孙杨被"拒握手合照"事件，凤凰网后来发表了《霍顿们被打脸了吗?》一文，就综合多元地报道了三个方面的行为表现——其一，描述渲染"反孙杨先锋者"们，包括英国选手斯科特、前NBA运动员博古特、澳大利亚泳坛传奇道恩·弗雷泽、巴西选手卢卡等不断致力发酵舆论。其二，详细转述20岁的澳洲女游泳运动员莎娜·杰克，

6月底在日本某训练营没有通过常规场外药检，接受调查期间被送回澳大利亚，无缘7月的世锦赛。这名游泳运动员表示，她并不是故意服用禁药的，澳大利亚游泳协会为推迟两周公布检测出违禁物质一事进行了辩护。其三，大量引用澳大利亚媒体和官方对于莎娜·杰克药检呈现阳性事件的反应与态度，主要包括：《每日电讯报》记者杰西卡·哈洛兰在推特上说"这样的事件对不起人民在游泳项目中投入的税金，简直是阴谋与谎言"；主流新闻网站News.com.au打出一句"澳大利亚已经成为世界体坛的笑柄"进行自嘲；游泳协会负责人罗塞尔强调莎娜·杰克与孙杨性质不同，并承认"对我们团队、我国体育和国家来说，这结果极其令人失望和尴尬"；体育部长理查德·科尔贝克也认为这是一件"令人尴尬"的事；《体坛周报》澳大利亚某记者调侃说"之前我们一直揪着孙杨的事情不放，现在到了你们可以嘲笑我们的时候了"……

文章最后，作者以一句"任何意见都可以被表达和讨论，一场大型比赛需要这样，一个社会也是如此"结束了文章。这就是一篇客观披露各方观点而成的多元综合报道，通过呈现新闻事实和多方言行的原貌，将争议事件的是非曲直交由受众去甄别评价。媒体和记者刻意避免扮演法官、裁判的角色，但透过"描述渲染""详细转述""大量引用"等，媒体和记者的倾向、取舍与褒贬又尽在其中，清晰可辨。总之，新闻传播注重多元综合，报道自己并不认可的意见，应当被视为重要的新闻法则之一。只有这样，才有益于探索真理，才符合新闻传播的两面性。

三、赛事总结型体育新闻深度报道

比赛结束，报道并未结束。因为每次大赛之后总会呈现出新的格局、新的特点、新的问题，总会留下悬念、留下遗憾，这些不仅是体育界关注的热点，也是广大体育迷和受众欲了解、想探知的问题。所以，体育新闻深度报道要把新闻看作是一个开放的不断发展的过程，高瞻远瞩地进行深度总结与分析，探索赛事规律、展望项目前景、分析发展趋势。

(一)总结型报道的特点

1. 写作结构严谨

相较于前两类体育新闻深度报道，赛事总结型的深度报道应更加强调"以今日之事态，核对昨日之背景，揭示明日之意义"，其结构更为严谨、逻辑更为严密、事实更为翔实，一般认为较类似"提出问题、分析问题、解决问题"的三段论式论文结构。此外，总结型深度报道由于新闻事实过程更加多元复杂，故在行文次序上一般不按事实的自然顺序安排组织前后，而是围绕新闻事实的成因、意义并采用一定的逻辑关系统筹全篇。换言之，总结型报道大多不采用倒金字塔或金字塔式，而是力求在开头形成悬念以抓住读者。须指出，文章的开头至关重要，写作时要力避文风稍显枯燥的"论文体"，文笔要求更通俗、活泼、生动，富有感染力。而文章第二段开始，一般要依据事实概括观点、提出问题，或者概要地介绍事实后再提出问题，然后再围绕问题加以分析、解答、推进，条分缕析，层层剥笋，步步深入，其中将赛事问题争议的复杂成因、赛事成绩记录的产生规律、赛事项目运转的发展前景等作为总结报道的重点。

2019 年光州游泳世锦赛结束之后，凤凰网针对孙杨的赛场成绩发表的《孙杨们最后几年的荣光还能给我们带来些什么?》，就是一篇总结型体育新闻深度报道。文章开篇一句"老而弥坚的孙杨连续斩获 200 米、400 米自由泳金牌，让中国队在世界泳坛继续占有一席之地"，通过孙杨在世锦赛上荣光的新闻事实，肯定了孙杨对中国泳坛的贡献，对孙杨加以铿锵有力的总结式赞赏。随后，对孙杨在世锦赛上退出 800 米、1500 米等中长距离的比赛，提出"有着'世界中长距离自由泳之王'称号的孙杨为何早早退出?"的新闻。记者带着这一疑问，对孙杨在 2012 年伦敦奥运会游出的 14 分 31 秒 02 的世界纪录，与此次光州世锦赛 1500 米自由泳金牌得主威尔布洛克的 14 分 36 秒 54，两者足足相差 5 秒多，作了专业性的对比，进一步强调这一疑问。接着，记者对孙杨的年龄、身体状况以及新生力量的加入等主客观因素进行一一分析。其中，特别谈到了"知名记者"王勤伯——专指靠着抹黑国家级体育领军人物达到"不可告人目的"的一群人。文中回溯了刘翔、姚明等都曾经因受到"知名记者"王勤伯的抹黑与网络暴力，从神圣体坛跌落的惨痛经历，并进而呼吁"王勤伯们"要有良心，要以国家体育领军人物为荣，要深度思考自己的作为是否对得起国家，是否对得起人民，不要为了一己私利去抹黑、践踏荣光。这就是"孙杨们最后几年的荣光还能给我们带来些什么"的答案。此文是很规范的三段论式写作结构，提出问题、分析问题、解决问题的三段论，很好地阐释了文章的中心主题。

2. 写作资料翔实

欲做好总结报道，报道者需对赛前、赛中、赛后所有的报道资料进行搜集整理，以便在凌乱的资料中提炼线索、发现问题、总结特点、提出建议。具体来说，报道者需要从赛前、赛中、赛后发生的重要事件，赛场外的相关新闻，主要运动员、教练员及其家属情况，比赛成绩的年龄、地区等分布情况，影响比赛结果的原因，赛后现场观众及相关体育组织的反映，国内外媒体的相关评论等方面，广泛大量地搜集素材，寻找确定有新闻价值的总结角度，形成正确明晰的报道思想。

就体育赛事总结型报道搜集材料而言，主要从背景材料和赛事事实材料两方面着手。但背景材料种类颇多，对报道赛事功用不一，记者应着重于搜集如下背景材料：一是与体育赛事、体育项目有关的新政策、法规等规范性文件。如《霍顿们被打脸了吗?》一文中，为了说明孙杨 2014 年关于误服心脏治疗药物的禁赛时间不在赛事期间，便引用了中国游泳协会发出的《关于浙江游泳运动员孙杨误服心脏治疗药物受到处罚的情况通报》。二是与新闻事实直接相连的背景材料。这类材料主要包括新闻主体、客体的构成，来龙去脉以及社会背景，运动员或裁判的姓名、性别、年龄、收入、性格、思想特征等。如凤凰网 2019 年 8 月 2 日的一篇题为《全锦赛撑爆眼球的四大热点新闻》的总结型报道中，提出了这次全锦赛的四大热点新闻，分别是：

（1）马龙、许昕、樊振东、丁宁、刘诗雯最有人气的国乒男女队五大主力集体退赛。

（2）39 岁的侯英超时隔 19 年再夺男单冠军。

（3）孙颖莎横空出世，无论是单打还是团体比赛，没有一次败绩。

（4）国乒女队再出小魔王! 王晓彤战胜朱雨玲征服了太多球迷。

面对这四大热点新闻，除了知晓新闻本身外，还要对新闻主体如马龙、许昕、樊振东、丁宁、刘诗雯五大主力为什么集体退赛的来龙去脉有具体了解；对侯英超为什么能时隔 19 年再夺冠，则须从其个人经历进行挖掘；对"黑马"孙颖莎、王晓彤，则须走近她们，了解她们的思想性格特征。这些与新闻事实直接相关的背景资料，为整个文章的内在逻辑性提供了保证，是记者把握新闻事实的必要客观基础。

（二）总结型报道写作所需的素养

采写此类报道，记者需具备较高的体育及新闻专业素质，较深的人文素养与阅历，较强的创新思维能力及借理性笔触流露的感性意识，需要站在赛事之外冷静地观察赛事。此外，正如中央电视台《新闻调查》现任制片人张洁所言，深度报道记者还需具备"质疑的精神、平衡的意识、平等的视角、平静的心态"[1]。美国学者布鲁斯曾指出："记者在报道体育比赛的时候，应该把这场比赛放到一个大的背景当中来看待。这场比赛或运动会的重要性何在? 比赛的胜负结果对相关球队会有什么影响? 如何把它跟最近的其他比赛相比较? 球员个人表现能否与其他场次相提并论? 如果记者只是孤立地报道一场比赛，读者就无法了解许多重要和有趣的背景材料。"[2]这也就是说，写赛事总结型报道的记

① 张志安. 报道如何深入[M]. 广州：南方日报出版社，2006：19.

② 布鲁斯·加里森，等. 体育新闻报道[M]. 郝勤，译. 北京：华夏出版社，2002.

者既要有细腻的情感观察，又要有宏观的思想表达，这样才能高瞻远瞩地进行深度的总结分析，探索赛事规律、展望项目前景、分析发展趋势。

具体而言，写作总结型报道所需素养还可以表述为以下三个方面。

一是弘扬正气的思想底蕴。新闻界有句话说得好："先做人，再作文。"因此，体育新闻工作者必须把爱国思想体育精神放在首位。比如，对于那些蒙骗受众、影响左右舆论，企图用一篇篇"震惊"报道诬陷孙杨、消费国家级体育领军人物的"王勤伯们"，新闻媒体应当搜集汇总他们的丑行，并以职业良知进行深度报道，加以严厉谴责。作为社会海洋的灯塔、国家航船的守望者，新闻业界、记者编辑们必须宣扬正义道德、坚持传播彰显爱国思想与体育精神。

二是胸怀全局的问题意识。众所周知，每次大赛之后总会出现新的格局、新的特点、新的问题，总会留下悬念、留下遗憾。这些不仅仅是体育界关注的热点，也是广大体育迷和受众欲了解、想探知的问题。这就要求新闻人在进行总结性报道写作时，要有全局的问题意识，写受众所想、受众所疑、受众所感。凤凰网 2019 年 7 月 31 日发表的一篇名为《中国游泳队光州世锦赛有喜有忧 东京奥运会前景并不乐观》的报道，文中大意为：2019 年光州游泳世锦赛落幕，经过了 17 个比赛日的角逐，中国队以 16 金 11 银 3 铜的成绩圆满收官，位列奖牌榜首位。面对这一傲人成绩，媒体和中国游泳队不要居功自傲，要分析赛事中的优劣势，对东京奥运做出理性预测。这届游泳世锦赛有孙杨、叶诗文、徐嘉余等老将带来的惊喜，但也凸显了李冰洁、王简嘉禾等年轻选手的不佳。一旦老将们状态下滑，中国水军可能会被置入一个较为尴尬的境地。此文对国家游泳队全体成员的分析考虑，就很具有胸怀全局的问题意识，如此总结当是中国竞技游泳备战东京奥运的重要谋略参考。

三是审视实践的逻辑思维。总结工作，改进不足，发扬成绩，以利再战，当然还离不开辩证周密的逻辑思维。这是全篇布局、逐层论述、归纳演绎的基础与根本，是新闻写作不可或缺的素养。可以说，总结型报道的质量首先取决于记者的逻辑思维能力。从宏观的篇章段落的构架、主题主旨的提炼，到微观的字词句的选择搭配，都必须建筑在严密逻辑思维的基础上。一般认为，写作总结型报道，初始须对背景资料进行全面梳理，对新闻信息之间的逻辑关系进行研判，以确定合理表述的逻辑顺序。继而，对复杂新闻事件的信息内容，如复杂的人物关系、事件走向等，可用图表方式，或草拟提纲，进行逻辑架构，以求得明确清晰的写作思路。须指出，这是一种后天可以培养和优化的能力，我们应当注意在实践中有意识地进行学习与提高。

第二节 关涉社会文明类体育新闻深度报道

体育新闻深度报道需要记者将与体育相关的热点、疑点和难点问题置入更广阔的社会背景中进行考查和报道。从体育新闻深度报道在中国产生的那一天起，就不是单纯的就事论事和技术分析的新闻报道，而是带有强烈的干预社会生活的思想启蒙意识。体育新闻深度报道之所以引人注目，就是因为它能在更为广阔的读者群中引起共鸣，同时也开掘了体育报道更为丰富的新闻价值和社会价值。在人类社会文明的大系统中，体育是不可或缺的子系统。从某种程度上看，体育领域的一切新闻事件都关涉社会文明的发展，无论是竞技体育新闻，抑或是非竞技体育新闻。我们应当站在宏观的社会角度，考察体育新闻事件的深度内涵，重视"关涉社会文明类体育新闻深度报道"。

一、关涉社会文明类体育新闻深度报道的出现及盛行原因

(一)深度报道旨趣的本质要求

深度，是主观对客观的深刻认知。深度报道的旨趣是一种思想方法，也是一种新闻理念。所谓报道深度并不体现在事与事的关系上，而是最终体现在事与人的关系上。深度报道理念是一种具有人文主义特征的新闻本体论，它认为新闻事实并不仅仅是具体的新闻事件本身，更重要的是新闻事件与社会与人的关系。深度报道的指向是社会关系的总和，是全面地、系统地、深入地对新闻事件进行报道，将新闻事实的整个面貌全方位地展现在受众面前，而非仅仅一时一地的事实。深度报道理念本身，就要求不可孤立地、简单地看待新闻事件，而要秉持联系的、系统的眼光对待"片段性"的事实，要"关涉社会"。

(二)体育全球化、产业化、社会化的发展需要

美国学者布鲁斯曾谈到，从二次世界大战后到 20 世纪末的半个多世纪里，在政治、经济、科技等多种因素的作用下，世界体育发生了巨大变化，主要表现为体育的全球化、产业化和社会化，这些变化深刻地改变了世界体育的面貌，使体育进入了一个前所未有的空前发展时期。[①]

世界范围内的冷战，推动了体育发展的全球化。第二次世界大战后，世界已经经历了半个多世纪的冷战，期间只有奥运会、世界杯足球赛及其他重要单

---

① 布鲁斯·加里森，等. 体育新闻报道[M]. 郝勒、译. 北京：华夏出版社，2002.

项国际赛事，才能将众多不同国家、不同民族、不同人种和不同意识形态的人聚集娱乐在一起。这些盛大的全球性体育庆典直接迅速地促进了体育的全球化、产业化、社会化的发展，体育新闻深度报道自然应当反映这样的促进与发展，担负起宣扬推广人类体育文化文明的责任与使命。

体育发展的产业化，是与冷战时期第三次科技革命不可分割的。第三次科技革命以原子能、电子计算机的发明和应用为主要标志，是涉及信息技术、新能源技术等诸多领域的一场信息控制技术革命。其中，与新闻传播密切关联的电视技术成了这个时代的"新宠"。电视的出现，推进了信息产业化，也改变了大众传播模式，因而促进体育发展的信息传播的产业化尤为迅速盛行。体育电视节目拥有数量惊人的观众，形成了一个规模庞大的广告市场，这使得现代传媒以购买电视转播权和广告的形式，为体育的发展提供了大量资金，并促进了职业竞技体育的全面兴盛。以第 23 届洛杉矶奥运会为里程碑，现代体育改变了传统的非盈利运作模式，形成了一个包括体育表演业、体育彩票业、体育制造业、体育销售业等为一体的全球化产业。

体育发展的社会化，有两方面的主要社会现象。其一，体育运动、体育文化文明的迅速发展，也给社会带来了诸多问题，使体育新闻传播面临着新的挑战。例如：职业俱乐部和大型赛事的商业运作，关涉体育人物与事件的司法诉讼，竞技比赛中的"黑哨""假球"，违反体育道德的兴奋剂问题、由体育运动引发的暴力事件与种族主义恐怖主义威胁，等等，这些现象都是体育新闻报道不容回避、必须加以深度分析的内容。其二，体育消费群体的迅速扩大，使得现代体育不再只是传统意义上的身体运动，而是一种以体育迷群体为特征的高度社会化和大众化的情感运动。现代"体育爱好者"，也不再仅仅局限于传统意义上的爱好身体锻炼者，而是包括了经常观赏体育赛事的球迷群体。这意味着体育文化发展成为真正的全球性大众文化，离不开现代大众传媒新闻报道深入持久的推动。[①]

总之，体育全球化、产业化和社会化客观上催生了更多的"关涉社会文明类"体育新闻深度报道作品。在释疑、解惑、求知、怡情等日益多元的受众需求下，当代体育新闻的概念已经由传统的体育赛事与活动报道，演变扩展为"体育运动及其相关的一切人或事的报道"。这种"后现代的体育新闻"特征是以传统的体育赛事报道为中心，体育新闻报道的对象、内容和范围日趋多元化和边缘化。除了体育赛事与活动外，凡与体育相关的政治、经济、商务、司法、娱乐以及社会事件等，也都成为现代体育新闻深度报道的对象。

---

① 郝勤. 体育新闻学［M］. 北京：高等教育出版社，2005.

体育新闻深度报道，实际上已经成为一个内涵丰富、外延模糊、影响广泛的复杂报道体系。

(三) 受众对体育新闻深度报道功能诉求的变化

20 世纪下半叶，电视的普及与互联网的出现，以及体育的全球化、产业化、社会化等现象使体育新闻报道的内容与方式都发生了革命性变化，这种变化来源于受众对体育新闻报道功能诉求的变化，具体表现在三方面：

1. 对体育新闻报道纵深化的诉求

为了与电子媒体竞争，平面媒体的体育记者不得不将更多的注意力放在挖掘新闻背景与内幕上，在报道策划、报道角度和新闻评论等方面下狠功夫。透过电视、网络屏幕，体育赛场上紧张、刺激的体育比赛主要满足的是受众的感官需求。然而，运动员和教练赛前的默默努力以及赛后成绩"发人深省"的背景、内幕与观点等则成为平面媒体的重点内容。在信息爆炸时期，这些重点内容具有重要的舆论引导作用，且更能满足现代体育受众的心理需求。换言之，受众在观看和阅读体育新闻报道时不仅想知道"发生了什么"，更想了解体育新闻事件和现象的内在原因、幕后真相及其所折射的社会意义等。这就需要体育新闻报道不断地向纵深发展，以满足受众对深度信息的诉求。

2. 对体育新闻报道个性化的诉求

随着新闻媒体的产业化发展，新闻信息的同质化现象十分严重。为了增强体育新闻栏目的市场竞争力，体育新闻的新闻"共性"和体育"个性"的双重属性需要重塑。可以说，个性化特征是目前体育新闻发展的核心竞争力。为了满足受众的信息需要，体育媒体市场建制逐渐进行了细化，如《体坛周报》隶属于体坛传媒集团，该集团旗下还包括《足球周刊》《扣篮》《全体育》《健康女性》《高尔夫大师》《户外》等系列报刊。再如，《中国体育报》的专栏，现今不但有"聚焦体坛人物""体育市场""健身健美"专栏，还有排球、篮球、乒羽、网球等专版。此外，体育新闻报道方式也越来越趋于多样化，形成了区别于其他报道的独特报道方式与风格，如调查性报道和精确性报道等以往体育新闻很少运用的深度报道形式，现在也经常被体育记者采用。

3. 对体育新闻报道对象交叉融合化的诉求

随着受众对体育信息需求的不断上升，现代媒体的体育版或体育节目不仅要报道体育比赛本身和比赛结果，报道体育明星的轶闻趣事，还要报道职业俱乐部或重要体育赛事的管理与资金运作、球员跳槽转会、明星违纪违法等情况。如此体育新闻报道内容的扩展丰富，实际上就是将体育新闻与其他社会新闻、财经新闻、司法新闻等交叉融合了。这样既增加了体育新闻报道的内涵，也拓展了体育新闻报道的外延，更重要的是满足了受众市场多元化的体育信息诉求。

（四）转型期中国体育事业与社会文化发展的客观需求

20 世纪 90 年代开始，我国社会进入转型期。社会转型以结构转换为核心，同时带动了社会体制、行为规范、利益观念、价值标准等诸多方面的调整变化。而这些调整变化，又必然带来社会阶层的冲突，并引发一系列社会问题，甚至由于各种性质对立或大相径庭的社会现象并存、共同作用，会导致大量失范行为产生。这就会使得整个社会面临强烈的信用危机，所以近年来体育领域也频频发生种种信用危机事件。于是，分析阐述进而克服战胜这些危机，正是体育媒体、体育新闻人无可推卸的时代使命，也是体育新闻深度报道面临的重要而艰巨的任务。

（五）体育强国背景下体育文化传播的时代需求

在中国特色社会主义进入新时代时期，我国体育发展被赋予了新的使命。党的十八大报告中肯定了文化建设的各项成绩，尤其强调了全民健身和竞技体育等文化产业快速发展的新成绩。党的十九大报告中将全民健身和竞技体育的全面发展作为思想文化建设的重要内容加以强调，并指出体育文化的全面发展有助于加快和推进体育强国建设。可见，体育文化建设不仅是我国文化建设的重要内容，还是体育强国建设的战略核心。进而言之，加强体育文化建设不但有助于完善公共服务体系，建设民生幸福生活，更成为构建和谐社会的核心要素。随着我国大众传媒的快速发展，与体育文化最为密切的关乎社会文明的体育新闻深度报道的构建与传播，便成了体育文化建设的关键路径，值得我们认真地进行分析总结和前瞻性的实践回应。

从习近平总书记关于体育文化建设的重要论述中，能够解读出新时代"体育文化"建设的重要内容及意义，以此着重分析新时代"体育文化"相应的传播动力及深度报道路径。新时代赋予了体育文化建设新的内涵及意义，同时也给予了体育文化建设更有力的传播动力、更广阔的传播空间。如何充分释放体育文化传播动能，使之成为体育强国建设的巨大动力和引擎，这是建设体育强国亟待研究的现实课题。这是从新闻传播学和文化传播学的视角对当前体育文化转向的一个及时回应，而与体育文化有深刻联系的关涉社会文明体育新闻深度报道则有助于弘扬中国体育精神与体育文化价值。

习近平总书记主要从全民健身意识、体育强国建设、奥林匹克精神、体育文化自信四个维度来进一步确定体育文化建设的新内涵和意义。对于每一个维度的媒介建构或者深度报道都成为当前体育强国发展战略中的重要工作任务之一。从传播学角度而言，互动话语空间的形成、图像转向的体育传播、体育负面事件的凸显等新时代传播特征成为了体育文化建设的重要动力源。因此，以体育文化新内涵为依据，在体育传播的新动力推动下，体育新闻深度报道被赋予了新时代任务，通过构建全民体育意识、加强体育正向传播、注重体育文化传播等关涉社会文明的体育新闻深度报道路径，以此更好地深化体育文化建设，并加快实现体育强国发展战略。

二、关涉社会文明类体育新闻深度报道的功能与价值

(一) 提升受众认知层次

关涉社会文明类体育新闻深度报道，提升了人们对于体育事件的认知层次，扩大了与受众相关联的范围。这就是说，面对纷繁复杂的现实世界，此类报道通过将与体育有关的各种现象、事件、观点及社会思潮置于宏观的时代与社会背景中加以考察，挖掘新闻背后的深意，表现出提升受众认知层次的价值与功能。

比如，竞技比赛中不时突发的"兴奋剂药检"风波事件，一直受到体育界和传媒受众的关注。但是，单纯的体育消息通常只是报告事件的一般经过和处理结果，而忽略了关于药检背后的种种深层次的信息内容。2019 年，7 月底刚结束的游泳世锦赛的"药检风波"之后，8 月初又出现了关于 NBA 落选秀 D. J·库珀为了逃避药检，将自己女友的尿液送去检查，被 FIBA 禁赛两年的丑闻。以此为新闻由头，《体坛周报》于 2019 年 8 月 5 日刊发了《球员躲 FIBA 药检"怀孕" NBA 却没兴奋剂丑闻?》。这篇新闻深度报道从全面新闻背景、历史资料入手，深入了解 NBA 的"药检内幕"，通过"NBA 有没有药检?""NBA 药检严格吗?""NBA 存不存在禁药问题?""NBA 官方什么态度?""为何 NBA 不会遭遇兴奋剂丑闻?"等五个部分的调查分析，全面有效地提升了读者受众关于兴奋剂的认知层次。

读者关注的深度报道主题，除了体育危机的成因或者内幕外，还有各种各样比赛前后的幕后故事。2019 年 8 月 1 日，《中国体育报》就刊发了这样的故事——"备战东京奥运会运动员"系列报道——《钟天使：奥运赛场用实力说话》《陈雨菲：为队伍担起责任》《杜丽：首金重任是压力也是激励》《林超攀：超越自我再攀高峰》《巩立姣：特别想去展现自己》《施廷懋：为年轻队员树立榜样》《辛鑫：信念就是拼尽全力》。这七篇专题报道，是关于场地自行车、羽毛球、女子步枪、投掷、体操、跳水、游泳等体育项目的重点运动员的一组人物深度报道，将他们大赛前的日常训练、心理状态、酸甜苦辣等十分鲜明地展现在

了读者面前。比如："面对第一次担任奥运组教练，杜丽淡定从容地徐徐道来""我不行了，太难了，虽然巩立姣嘴上喊着累，训练却一直没有停下来""训练非常辛苦，游完8000米之后接着一次做两组30个俯卧撑和30个水平拉背，做到第二组时辛鑫眼泪就控制不住地往下流。即使流着泪，辛鑫依旧完成了训练"……这些细节描写，让人物更加立体、生动，且更加贴近读者，有利于让读者了解认识到许多深层次的体育运动知识信息。

（二）文化传播传承功能

根据文化传播内容不同，可以将其划分为纵向传播和横向传播。而就体育文化传播而言，前者主要涉及体育精神、体育价值、体育观念的传播传承；后者主要涉及不同国家或者不同文化源的交流交融。由此可见，体育文化具有很强的张力①，媒介建构要从内、外两方面入手，以达到文化传播"内外兼修"的传播效果。习近平总书记所提出的"重在参与、自强不息、顽强拼搏"的新时代奥运精神，与"撸起袖子加油干""幸福都是奋斗出来的""我们都是追梦人"中所强调的"拼搏、奋斗、自强不息"的精神高度一致，共同凸显出体育精神既是民族精神，也是时代精神，必须加以传播传承。

体育新闻深度报道，应当准确把握如此新时代体育精神，对外坚持体育文化自信，对内顺应体育精神新时代需求，充分发挥传播功能，担负起传承使命。"横看成岭侧成峰，远近高低各不同"，一个看似单一的体育新闻事件，往往可能是社会、政治、经济、文化等多领域现象与矛盾的集合。我们写作体育新闻深度报道时，如果具备广阔多元的视野视角与严密辩证的逻辑思维，就能从体育运动的"点"上升到社会、政治、经济、文化的"面"上，对国家民族的精神文化起到传播、传承作用。

例如，近年来，分别关联冬奥会、亚运会的"北京八分钟""杭州八分钟"文化展播视频，还有中新网的《昨晚，"杭州八分钟"惊艳世界!》，以及《杭州日报》的《八分钟! 杭州再次惊艳世界!》等深度报道，就是中国传统文化与现代体育因素的完美融合，就是中华民族文化繁荣创新、大力弘扬传统精神的一个缩影。再如，2008年第29届奥林匹克运动会在北京成功举办，中国政府将开幕日8月8日定为"全民健身日"，这也是现代体育文化创新传承的重要现象。十年后，2018年8月8日，《人民日报海外版》又刊发了《奥运十年 中国面向世界的变化》一文，文章先对十年前的北京奥运会开幕式进行了回顾——震慑人心的击缶表演、徐徐展开的水墨卷轴、《我和你》的动人旋律……向全世界生动

---

① 刘学. 体育强国的文化解读［J］. 沈阳：沈阳体育学院学报，2014，33（4）：28-34.

展示了中华民族勤劳勇敢、浪漫唯美的形象。"①然后，文章又综合报道了十年来中国通过发展体育运动提升国家形象的光耀历程。从广州亚运会，到南京青奥会，再到北京获得冬奥会举办权再现"奥运光环"……这一系列大制作、大手笔、大气派，向世界深度有力传播了中国文化的自信！"中国后奥运时代取得了体育文化建设与发展的良性循环，中国人能够在世界舞台获得话语权，中华民族能够为世界民族贡献智慧。"②

(三) 舆论监督功能

习近平总书记非常重视新媒体平台所形成的舆论场，多次谈到主流媒体舆论监督的社会责任，提出"把网上舆论工作作为宣传思想工作的重中之重来抓"，③以期将社会主义主流思想舆论、主旋律和正能量进行聚集并无限扩大，以达到凝聚民心、团结社会的作用。美国学者劳伦斯·巴顿也曾指出，"一个不确定并且具有负面影响的大事件可能会对组织、员工、资产和社会声誉造成巨大的损害"④。联系到体育负面事件亦如此，其影响对内会在民族精神建构中产生离心力，对外会在彰扬传统文化中失去自信，所以社会需要新闻媒介在负面事件发生前后，尽早随时介入实施舆论监督。

面对体育负面事件，媒体或各社会组织以往通常采取简单的信息堵塞方式。但如今，电视直播、网络直播已经成为各类重大体育赛事最主要的呈现方式，众多体育负面信息都成为不可控因素，受众与媒体及赛事主办方往往在同一时间内获悉相关危机信息，简单的信息堵塞的方式已然行不通了。因此，引导舆论，尤其对不良舆论进行监督干预，则就成为媒体义不容辞的责任。体育新闻深度报道，之所以大多为问题性报道，原因正在于此。其目的，正在于为公众提供正面观点性意见，为相关决策部门提供警示与策略，促使问题矛盾的解决。当然，这种监督干预并非强制的硬性行政行为，而是借助于引导、辨析、说理方式的媒体所独有的软性纠正行为。

在嘈杂的舆论声中，体育危机事件往往处于"后真相"状态。面对"后真相"，别有用心的外媒或者不明就里的网友则纷纷进行事实的拆分、猜疑、造谣，乃至引发更大的社会危机。因此，对于危机事件进行"真相公布"就成为媒体舆论监督重大的责任。一般情况下，针对体育危机事件，媒体的深度报道撰

① 刘峣. 奥运十年中国面向世界的变化[N]. 人民日报海外版，2018-8-8.
② 刘峣. 奥运十年中国面向世界的变化[N]. 人民日报海外版，2018-8-8.
③ 把网上舆论工作作为宣传思想工作的重中之重[N/OL]. 新华网. [EB/OL]. http//news. xinhuanet. com/newmedia/2013-09/17/c_125400104. htm.
④ 诺曼·R. 奥古斯丁. 危机管理[M]. 北京：中国人民大学出版社，2001.

写具体包括两个步骤：一是迅速对危机事件进行定性判断，进而进行有效的新闻报道策划，及时作出强化预判与正向舆情引导，将危机事件带来的负面影响降到最低；二是迅速掌握信息主动权，也就是让自己成为媒体的第一消息源，主动把相关情况向公众公开，阐明对危机事件的主体态度，争取网民和公众的信任与支持。① 十九大报告中明确提出，在体育事业的思想文化建设中，要倡导主旋律，传播正能量。习近平总书记在天津会见全国群众体育单位时强调，加快体育强国建设，让体育成为社会强大正能量。总之，危机事件是产生负面传播的源头，以有深度的新闻报道理性有效地监督、引导舆论，是维护中国体育形象、促进中国体育文化正向传播的重要路径。

三、关涉社会文明类体育新闻深度报道的区分

根据社会文明发展相关的主要元素，在这里，我们将关涉社会文明类的体育新闻深度报道进一步细分为四种——表现人文型体育新闻深度报道、伦理道德型体育新闻深度报道、传承体育文化型体育新闻深度报道、舆论监督型体育新闻深度报道。

（一）表现人文型体育新闻深度报道

美国体育新闻学者布鲁斯和马克在《体育新闻报道》一书中指出，当代体育新闻与传统的体育报道相比，已经发生了革命性的变化。当代体育新闻的概念，已由传统的体育赛事与活动报道，演变扩展为"体育运动及其相关的一切人或事的报道"。体育，说到底是人的体育，不论何种体育运动，其本质都是人的运动，是人类挑战自身，进行自我健身、健心的运动。所以，对体育的关注归根结底是对体育现象中人的关注。从某种意义上说，表现人文型体育新闻深度报道，是对古希腊"美、价值与尊严"的古奥运人文追求的回归。

随着"十一届三中全会"后新中国"人文主义"思潮的兴起，人物尤其是具有"生存故事"的普通人物成为大众传播的主流样本，社会事件、新闻事件中人物的命运、感情、悲喜成了传者和受众情感共鸣的重要纽带。对新闻要素中"who"进行浓墨重彩的刻画，成为深度报道制胜的"情感接触点"。国家体育总局前局长袁伟民在雅典奥运会结束后曾说：中国现在只是一个竞技体育强国而非真正的体育强国。群众体育发展、体育文化发展、中国传统体育发展等都落后于竞技体育发展。正如转型中的中国社会一样，中国的体育事业发展也处于

---

① 付晓静. 关于构建国内大中型体育赛事媒体公关体系的初步探讨[J]. 广州：广州体育学院学报，2009，29(3)：35-38.

转型期，而竞技体育发展中运动员、教练员以及民间体育工作者等体育人物个人的命运沉浮，是中国"举国体制""三从一大"竞技训练体制等原因所带来的很大问题与困扰，是体育新闻深度报道首先要关注的。

同一般的体育人物报道不同，表现人文型体育新闻深度报道最根本的功能是让受众产生感动、感慨、感悟。驾驭这类报道需要作者具备在竞技体育的"平矿"中发现"人文富矿"的敏锐目光和能力，具备相当的人文素养和媒介专业主义精神，需要头脑中有"大体育"的观念。《人民日报》体育新闻版主编李中文认为，所谓大体育的概念就是"体育报道不能完全跟着竞技体育走，要避免就事论事慢半拍，大体育的概念要求对体育的观察要有一个更宽阔的视野，要关注竞技体育，更要关注全民健身；要关注体育赛事也要关注体育人物。这个人物不仅仅是运动员、教练员，在体育界台前的、幕后的，有过拼搏经历，有过酸甜苦辣的这些人都在我们的视野之内"。

1. 人文型深度报道的特点

体育新闻人文型深度报道包含有大量人物报道。在写作上，其须注意三方面的特点，即非虚构性、非事件性与否定质疑性。

非虚构性。人文型深度报道中的人物不同于文学艺术创作的人物。在文艺创作中，人物形象有的有生活原型，有的则没有原型人物。各类作家会按照文学艺术创作规律，通过一定的想像虚构加以创造，与真实生活中的人物并不完全一致。反之，新闻人物报道则必须按照新闻的规律办事，严格遵循新闻真实性原则，做到完全真实可靠。这就是说，新闻报道对于被报道对象的客观信息必须依据真实情况进行"场景还原"，其人物的言行举止及相关的生活工作环境等都必须要有本所依，不能有任何虚构或者不对称信息。换言之，新闻人物的思想观念、情感品味，都应该通过大量的真实材料去沙里淘金，按其本来面目去描写刻画、突出个性、塑造形象。

非事件性。由于人文型人物深度报道的中心是人物，那么报道就主要是围绕新闻人物来选择材料、使用材料以及安排文章结构。因此，其报道的新闻人物事实往往呈现为片断状态。就体育人物报道来说，一般着力于表现某一运动员或教练员的个人精神面貌——刻苦训练、顽强拼搏、勇于奉献等，相关材料则一般需要从运动员或教练员相当长的人生足迹中细加择取，分类集中使用。换言之，即无论他们的运动生涯长短，短短的一篇报道都难以以一个人完整的人生历程为序而不加剔除地贯穿全文。而既然无法容纳人物的全部事实，那么相关材料取舍的顺序多寡、重次之分就会存在一定的时空距，即所谓"非事件性"。例如，2018 年 5 月，第 54 届世乒赛团体赛在瑞典哈尔姆斯塔德举行。追踪这一赛事，中国国家队除了赛场上运动员们的精彩表现外，值得重点报道的还有首次以比赛解说现身的的原国家队总教练刘国梁。5月16日，新华社围绕刘国梁的退役生活做了一次人物专访，标题是《专访刘国梁：人生下半场，让想法落地》。面对这一主题，报道通过刘国梁回归家庭和尝试赛事解说这两个事件来展现刘国梁退役后的生活。这两个事件并没有时间上的连续性，也没有重要次要之分，但都是刘国梁退役后的人生状态。可见，人物报道不是按照一件完整事件进行行文铺成，而是因报道所需，将某一事件的某一部分进行无限放大、拉长，或者跳跃连接几个相关事件，以便更全面地展现人物的精神面貌。

否定质疑性。人文型深度报道，其人文性还应当表现为敢于质疑，有一定的棱角。即对于现实不能只是盲目地唱赞歌，而是要有质疑精神与证伪意识，讲求敢于批判，有褒有贬，或直斥假丑恶。例如，2019年曼彻斯特世界跆拳道锦标赛上，中国选手、奥运冠军郑姝音在20∶10领先的情况下，被裁判认定十次犯规，冠军直接判给了东道主英国选手比安卡·沃克顿。面对这一事件，环球网记者张闻报道："第一回合的时候，裁判的判罚就有问题，教练当时就对裁判的判罚提出了录像审议，但裁判收走了中国教练的申诉牌，没有作任何回应，之后裁判的判罚更加肆无忌惮"，以此表示了对裁判的强烈质疑。随后，又引用了郑姝音在赛后对记者的回应："我从练体育的第一天起，就知道竞技体育没有绝对的公平，但我练了16年跆拳道，今天才知道比赛还有这样的，我拜托他们能不能公平些？"措辞辛辣尖锐，充分表现出了"否定质疑性"。再如，2019年亚洲田径锦标赛上，中国选手谢文骏以13秒21夺得男子110米栏冠军，打破了刘翔创造的亚锦赛纪录。在网友齐声称赞的同时，某"九头鸟自媒体"报道："全网响起了集体向刘翔道歉的声浪——刘翔是唯一一个在直线跑道上真正打败黑人的运动员，甚至创造了连白人都没做到的纪录。刘翔参加了48次世界大赛，36次冠军，6次亚军，3次季军，然而有些人却只记得他的2次退赛。"这是由谢文骏夺冠引起的对矮化否定刘翔的质疑与批判，也鲜明表现出了体育新闻深度报道的人文性。

2. 人文型深度报道的展现途径

（1）用心讲人物故事。

体育事件中反映出的人性的复杂、人性的力量、人性的光辉是人文性体育新闻深度报道"之魂"。而让受众感动的报道之魂，需要借助"故事和细节"的传播展现。

人是知、情、意三位一体的高等动物。《文心雕龙》的《序志》篇云："夫文心者，言为文之用心也。"叙事者需用心讲述，故事才能有生命。而有生命的故事一定是小人物承载了大命运的故事。《焦点访谈》的三句话说得挺好：选题事件化、事件人物化、人物命运化。① 再者，用心讲故事，一般要求神重于形，即注重人物的内心世界。具体而言，是在人物所处的社会矛盾冲突的大环境中，注重以人物的言行表现人物的思想、性格，由内而外地去刻画人物。

2019 年 8 月 14 日，凤凰网发表了一篇名为《从经济学的角度重温国家游泳队傅园慧》的深度报道。文章从 2019 年光州游泳世锦赛上"孙杨接连被拒握手合影"事件说起，点赞了男子 200 米自由泳决赛后，孙杨在领奖台上对铜牌得主英国选手斯科特吼出的那句："You're the loser. I'm the winner."称其突显了孙杨的个性特质，表现出舍我其谁的豪迈霸气，真正叫痛快淋漓！接着，文章又着重具体联系到了傅园慧在 2016 年里约奥运会上的"行走表情包"与"神回答"——女子 100 米仰泳半决赛中，她以 58 秒 95 排名半决赛第三进入决赛！当记者跟她说起这一成绩时，她一脸惊讶，不敢相信，张大嘴巴，眼珠子瞪得圆圆的，回答道："啊！我有这么快？我很满意！"记者又问："今天这个状态是有所保留吗？"她随即说："没有保留！我已经……我已经……用了洪荒之力了！"而当记者最后问她"对明天的决赛有何期待"时，她竟连珠炮般回答："没有！我已经很满意了！已经是最好成绩了。我用了 3 个月去做恢复，鬼知道我经历了什么！真的太辛苦了。我真的有时候都感觉已经要死了。我的奥运会训练，真是生不如死！今天的比赛，我心满意足啦！"很明显，傅园慧如此应答，必完全不合、根本背离接受采访、登台领奖时的"标准套路"！但是，这些应答恰恰又正是该篇深度报道刻意用来表现人物作风性格的。傅园慧之所以一夜网上蹿红，俘获万千粉丝拥趸，也正在于她的这些发自内心的率真本真的表白。

毋庸赘述，这两个作者用心讲的小故事，强化渲染了以孙杨、傅园慧为代表的国家游泳队新一代选手真实纯粹人性的一面。其内容全无妖化造神的痕迹，而以写实叙述的笔触、白描勾勒的手法、"精缩事件"的方式，深度塑造了中国运动员的如此本真鲜明形象。文章标题所谓"经济学角度"，即在于注重"稀缺属性"的存在。而当今世界泳坛格局之所以频添中华风采，屡现神州儿女，是离不开这"稀缺"的真实纯粹的人性一面的。总之，文章作者通过用心讲故事，反思了竞技运动背后应该具有更多人性本真的一面，强调了这是中国体育特别是竞技体育的发展所不可缺少的。

（2）善于抓意义细节。

常言道：细节决定成败。体育新闻深度报道记者在构建叙事文本时，应当尽可能多地向观众呈现与情感、价值、意义等相关的细节。曾获得普利策新闻奖的美国记者富兰克林说："一个好的故事应该蕴含一系列情节、细节。"一般

---

① 张志安. 报道如何深入[M]. 广州：南方日报出版社，2006：23.

深度报道，记者在叙事时要抓住的人物细节描述主要包括三方面：一是人物的面部表情，二是人物的语言行为，三是人物背景环境。例如，美联社体育记者史蒂夫·威尔斯廷采写的《杰里·夸里：抗争中的生活》，主要讲述了拳击运动员杰里·夸里因击打而患痴呆症、家庭遭破裂的悲剧，揭示了拳击运动对人的健康和生命的伤害。其中，就有许多细节："……大脑严重萎缩，脑室里充满了液体，隔膜中有很深的洞。现在，他只能用脚后跟走路，摇摇晃晃，不能保持平衡。他尖叫着从噩梦中惊醒，在墙上钻孔……"①如此等等，使其退役后的惨淡生活、无助状态与先前赛场上、获奖时的风光场景形成强烈对比，突出了充满人情味的主题思想。

再如，《南方人物周刊》于2019年8月刊发了一篇名为《郝海东叶钊颖　我们的下半场》的人物深度报道。这篇报道的主人翁郝海东和叶钊颖夫妇，一个是极具人气和话题性的"亚洲足球第一前锋"，一个是被称为"女子羽毛球教科书"的世界冠军。他们的过去都非同寻常、炫目闪光，他们的退役带走了很多的疑问，他们的人生下半场充满了传奇色彩，此报道都一一给予了说明、诠释、解答——

　　"郝大炮"笑谈国足归化球员，叶钊颖回忆给龚智超让球，他们人生下半场为什么选择投身农业……

　　叶钊颖多数时候只是温柔地倾听，她笑盈盈地看着郝海东发表对足球运动的见解和对竞技体制的批评，时不时会跟坐在对面的我悄悄交换眼神……

　　我特别感谢小叶，她特别懂我，也特别包容我……

　　叶钊颖退役后变身超级运动家，玩一样精通一样——网球水平在文体明星中数一数二，高尔夫持外卡参加过职业比赛，还曾经成功登顶海拔7546米的慕士塔格峰。为了储备登山的体能，她练起了长跑，跟沙宝亮、孙楠等一起创办了"YES跑团"，吸引了包括郝海东在内的一众文体明星加入马拉松运动……

　　在"郝大炮"的标签上身之前，郝海东打小养成的性格底色其实是警醒谨慎。

　　他10岁就穿上军装，成为了八一足球队第八期少年班最小的队员……

如此等等，报道以多元丰富的人物表情言行、历史背景环境细节的描写，

---

①　史蒂夫·威尔斯坦. 美联社体育新闻报道手册［M］. 郑颖，译. 北京：中央编译出版社，2004：129.

满足了读者的好奇心，突出了人物的"最真实的一面"，深刻揭示了郝叶夫妇俩的内心世界和复杂命运，塑造了有礼貌、高素质的运动员形象。

(二)伦理道德型体育新闻深度报道

在构建新社会主义和谐社会的系统工程中，体育仍是我国社会主义事业的重要子系统，理应根据和谐社会的内涵要求对体育系统内的矛盾以及体育系统与经济、社会、文化等系统的关系进行协调，确立与新社会主义和谐社会总体目标相一致的发展方向。① 随着我国大众传媒的快速发展，大众传媒对于和谐社会的宣扬与构建已成为重要维度。美国政治学家、传播学先驱哈罗德·拉斯韦尔在《传播的社会结构与功能》著述中归纳了大众传播的三大社会功能，其中的"监视社会环境""协调社会关系"功能既在构建和谐社会中得到具体应用，又体现在体育大众传播对体育社会学的"安全阀"理论的宣传解读，以及体育文化的社会软控制理论功能的传播。

所以，如果说一般的体育新闻向受众展示的是体育的和谐之美，展现的是力量、速度、美、情感的和谐共存，那么体育新闻深度报道就应该展示体育与人、体育与社会、体育与自然、体育与文化的和谐之美。这类报道同其他体育报道最大的区别就在于其社会价值与意义的体现，其中伦理道德方面的尤为重要，须详加阐述。

1. 伦理道德型选题及记者素养

此类报道的选题往往聚焦于体育对社会产生重大影响的选题。在相当程度上是体育领域内"领导关注、群众关心、普遍存在"的社会热点问题。这类题材对社会文明发展，具有"以点带面""见微知著"的折射意义。该类型报道往往是体育与社会、经济、文化、政治等其他多领域的交叉融合。该类型报道也可称为非事件性新闻，即着力于反映新闻事实的渐进性、广泛性与常见性的新闻报道，其事实空间较为开阔，时间走向相对宽松，一般不会因为晚报道二三日而失去报道价值。② 在这里，体育事件只是一个新闻由头，它是体育内外更为复杂、更为广阔的社会主题的缩影和引子，因而报道时需要跳出体育，"用第三只眼看体育"，深度挖掘体育中普遍存在的社会问题，在报道手法上多采用调查性报道与解释性报道手法。其中，法律与道德命题是这类体育深度报道最常见的取材角度。

---

① 郭讲用. 体育大众传播在构建和谐社会中的功效[J]. 上海：上海体育学院学报，2006，3(6)：69-73.
② 欧阳明. 深度报道采写概论[M]. 北京：清华大学出版社，2017：35.

改革开放以来，随着体育发展方向逐渐产业化、职业化，与此相关的一些社会问题已经非常突出。比如，中国足球职业联赛于1994年正式开赛以来，一方面运动成绩与市场运作双双陷入低谷，另一方面"假、黑、黄、赌、毒"等行业道德问题层出不穷，已经发生了很多起诉诸司法的案件，包括球员、裁判、教练、俱乐部与新闻媒体之间的各色交叉关联的司法诉讼。2003年，被称为"中国第一黑哨"的龚建平，因受贿罪被判刑10年，这是国内司法部门介入中国足坛的第一案例。由于这类司法诉讼所涉及的是体育界人士，发生在运动场之外，所以关于他的深度报道，一方面扩大了体育新闻的视角，另一方面也有利于体育界人士树立公众人物的自律意识，提高伦理道德、遵纪守法。

例如，搜狐体育于2019年1月23日发表了《韩国体育再曝丑闻事件》一文，文章中披露：1月8日，韩国短道速滑奥运冠军沈锡希曝出自己从17岁就开始遭教练性侵，长达4年之久。之后，沈锡希的前国家队队友匿名举报，揭发殴打和性侵现象在韩国速滑界十分普遍。无疑，如此报道教练严重侵犯运动员人权，将其工具化、私有化等问题，必将引发全社会对竞技体育体制及人性人权、道德法律的重点关注。再如，2015年3月16日，《南方周末》刊发的《中国足球那些年的黑幕》，针对"国足产业背后的黑幕""国足假球背后的规则"等引起广泛关注与争议的现象，采用解释性方式进行了深度报道。作者以李承鹏《中国足球内幕》这本书为线索，对"足球黑幕"中的"黑手段、比赛潜规则、经济假账"等问题，一一向李承鹏寻求了答案，最后李承鹏的一句"让中国足球建立一个健康的游戏规则是最重要的"，引起了社会与业界关于伦理道德的深刻反思。

鉴于选题的多元性和复杂性，如此伦理道德类主题的体育新闻深度报道，对记者的素养提出了更高的要求。它要求记者具有中国传统"士子"的宗教担当精神、骚人墨客的悲悯情怀、理性简洁的史家笔触、吃苦耐劳的勇士气概、明道救世的精英意识、普济众生的英雄志向。当年《大公报》总编张季鸾所定的"不党（以政府利益为导向的国家媒介除外）、不卖、不私、不盲"的立报原则，即使在今天对体育新闻深度报道仍有航标价值。换言之，体育新闻深度报道对记者素养的要求主要体现在深度报道思想方面。具体而论，记者在进行体育新闻深度报道时，其报道思想要具有时代性、导向性、知识性、服务性以及组织性。当然，这种要求不唯对记者，它是对整个体育传媒的普适要求。而就目前此类报道的写作来看，业界还普遍存在三方面问题，须提高素养，要注意避免。具体情况如下。

（1）画虎不成反类犬。

在中国体育新闻深度报道的发展中，一些体育新闻深度报道的记者往往学习、借鉴国外同行的先进理念和采写经验，这是一种可喜的现象。但是需要注意的是部分记者在学习国外同行的报道思想与文本结构、写作技巧时，容易忽视中国与西方政治体制、体育体制的差异，缺乏对西方媒介"小骂大帮忙"的报道意图的深入理解，加之体育较时政、法制等领域的新闻报道，记者、编辑的话语权相对较大，理性、客观、平衡、质疑的意识易减弱，造成报道与事实真相有所偏差，违背了"帮忙不添乱""协调而非破坏"的深度报道立场，造成"大骂帮倒忙"的负面传播效果。所以在当今我国构建"和谐社会"的大背景下，从事体育新闻深度报道的新闻工作者必须熟谙中外体育体制的差异，熟悉我国社会发展和体育事业发展的情况，在参照国外体育新闻深度报道的理论与实践时能真正"取其精华、弃其糟粕"。两种不同的政治体制和文化背景决定了中西竞技体育管理体制和训练体制的差异。在中国，职业运动员的遴选按照从少体校到地市专业队到省队再到国家队的选拔体制进行。运动员在专业队接受教练的严格管理，属国家培养，以国家荣誉和集体利益为第一位。国家按照"举国体制"调动资源发展竞技体育，市场化程度低。对运动员的训练一度采用"从难、从严、从实战出发，大运动量"的"三从一大"原则。而以美国为代表的西方资本主义国家实行的是松散型的管理和训练体制。运动员往往自己聘请教练，靠比赛奖金和拍摄广告生活。西方竞技体育的市场化程度相对较高。在体育大众传播的功能阐释方面，中西方也有所不同。西方以监视体育环境和社会环境为主要功能，中国体育传媒以协调社会关系为主要功能，兼顾监视社会环境功能的发挥。所以，写作社会和谐主题的体育新闻深度报道记者，应当熟谙这些差异，脑中一定要有"帮忙不添乱"的"和谐意识"，如果不加甄别地照搬西方的体育深度报道理念和文本，非但不利于问题的解决，反而会"火上浇油"。如当年关于跳水运动员田亮因拍摄广告与国家队发生摩擦，国内部分体育媒介采用连续报道与追踪报道的手法，忽视中国体育"举国体制"的国情，更多地偏向田亮一方，结果致使事态恶化，造成田亮最终离开国家队。无论是对田亮本人还是对国家跳水队，这都是一个损失。

（2）为揭丑而揭丑。

近年来，我国的新闻报道有一种追求负面报道、"为揭丑而揭丑"的发展趋势。所谓"为揭丑而揭丑"，指的是批评性新闻报道将揭丑作为报道的最终目的与最高追求，而有意无意间忽视了丑恶事实背后深刻的社会原因、社会影响。比如，对于中国足球职业联赛开展以来迅速发展蔓延的"假球""黑哨""黄、赌、毒"等现象，新华社首先揭露发难，国内媒体随之一窝蜂地跟进，把中国足球当成"垃圾桶"，肆意往里"吐痰"，结果导致中国足球的职业化积极意义被全盘否定，形象严重丑化，元气大伤，以致如今"奄奄一息"，将中国的"足球媒介市场"拱手让给了国际足球。

（3）泛主义道德化。

所谓泛主义道德化，是指媒体记者偏爱使用思想、主义、道德观念去打量审视本不属于思想、主义、道德范畴的新闻事件事实。比如，一些媒体常常喜欢将国际体育比赛的胜负与爱国主义挂钩，而弱化、忽略体育比赛的健身、娱乐等意义。再如，2019年8月，在韩国光州举办的游泳世锦赛刚落下帷幕，因为国家游泳队著名运动员傅园慧未能按记者或公众"预想"取得好成绩，媒体报道就频频出现"多次参加综艺影响训练""一夜出名就消极比赛""热心商业活动"等与思想道德挂钩的议论，对傅园慧进行了全民思想道德绑架。由此联系到几年前不少媒体针对刘翔的两次奥运会退赛进行的大肆报道，还有针对林丹出轨事件中"细节"的津津乐道、不断放大，将他们以往的丰功伟绩淹没在思想道德指责声中，实质上都是在误导读者，在侵犯和践踏公民的隐私权与人格尊严。

2. 伦理道德型功能及社会指向

"在体育子系统内部的自我更新以及与外部系统的调节中，体育大众传媒扮演着举足轻重的角色。大众传媒通过强大的传播平台效应对体育系统内外的各种矛盾关系进行利益协调、预警监督、社会控制。同时，在构建全面、协调、可持续发展的和谐体育和培养身心统一、和谐体育观的健康公民方面发挥着重要的指向性功效。"①因而，关涉社会文明类伦理道德型体育新闻深度报道，应在国家建设和谐社会的政治与文化主旨背景下，充分发挥协调社会关系的功能。具体而言，概括起来，欲致力于构建和谐社会，此类深度报道主题主旨的社会功能指向应当包括以下六个方面：

（1）竞技体育报道与群众体育报道的和谐。

按照国内学界的分类，体育分为竞技体育、学校体育和群众体育。但目前我国的体育新闻报道对学校体育、群众体育的报道微乎其微，表现出一种不利于构建和谐社会的大竞技体育传播观。在体育新闻深度报道方面，也局限于竞技体育的"小体育"圈中，缺乏恢弘的"大体育"传播观念。日本福冈大学教授川村英男在20世纪50年代末写成的《体育原理》，认为体育科学体系应包括以下三大类科学：人文科学（含体育哲学、体育史、体育美学）、社会科学（含体育社会学、行政学、经济学、统计学）、自然科学（含体育心理、解剖、生理、卫

---

① 郭讲用. 体育大众传播在构建和谐社会中的功效[J]. 上海：上海体育学院学报，2006，（6）：69-73.

生、工程学以及身体运动学等）。① 作为一级学科，体育学拥有丰富的内涵。正所谓世界有多大，体育就有多大。因而，体育新闻深度报道在题材选择、表现手法等方面应该呈现出一种全视角，在报道的量与质两方面都要注意竞技体育报道与非竞技体育报道的和谐。

在十九大报告中，习近平总书记强调，推动群众体育、竞技体育的协调发展，高度融合是加快体育强国建设的关键节点。可见，体育全面发展是新时期我国体育工作改革和发展的重要目标。因此，在进行关涉社会文明型伦理道德类体育新闻深度报道时，应充分认识我国发展中大国的国情，坚持公平正义原则，正确处理竞技体育传播与群众体育传播、高成本体育项目传播与大众体育项目传播的关系，增加群众体育报道的比重，树立科学发展观，实现体育的全面、协调、可持续发展。

（2）运动项目报道与体育文化报道的和谐。

体育是人类文化不可缺少的组成部分。如果说，一般的体育新闻报道重项目和运动本身，那么体育深度报道的"深度"表现之一就是其应有的文化担当。在人类宏观文化背景下，对体育项目本身蕴涵的思想财富、历史起源、文化意蕴进行解读，引导受众对体育由"形而下的身体运动"的表层理解向"形而上的身心一统、精神和谐"的高级文化感悟迈进。这种理解与升华是社会和谐主题的体育新闻深度报道对国民精神滋养的最好体现。

（3）西方体育报道与中国传统体育报道的和谐。

亨廷顿在《文明的冲突》中认为，世界的冲突从根本上说是各种文明之间的冲突，尤其是中西方文明之间的冲突。在中西文化的冲突中，中西体育文化之间的矛盾和冲突日益受到关注。文化碰撞、冲突的结果带来的并不必然是文化的适应与融合。中国民族传统体育文化源自于中国传统"儒道""和合"文化和印度佛文化融合，其主要功能为保健养生、嬉戏娱乐，强调以人为本、刚健有为、身心一体。奥林匹克文化则承继了古希腊海洋文化和伊特里亚文明，其主旨为参与、竞争、公正、和平以及奋斗，强调"重在参与"的体育精神。两种体育文化皆源远流长，精华与糟粕并存，既有相悖，也存在共通之处。但是，当中国民族传统体育文化和以奥林匹克文化为代表的西方体育文化相遇时，并没有看到两者共同并行发展或相互吸收、兼收并蓄的态势。相反，在中国，西方体育文化霸权已经形成，伴之以中国民族传统体育文化的衰微媾和。目前，国内的体育媒体传播呈现出一种比体育运动本身发展更加令人担忧的"西方体育报道霸权"，这也是关涉社会文明型深度报道应当认真面对的。

---

① 颜绍泸，周西宽.体育运动史［M］.北京：人民体育出版社，1990：446.

我们认为，作为体育新闻深度报道记者，应该比其他人更具有体育文化自觉与体育文化自救意识，加强对中国传统体育项目、体育文化的"议题设置"，积极拓展、开掘体育新闻传播的外延和内涵，优化传播东方体育文化修身养性、以意驭气、内外兼修、身心一体的精神内核，发现我国传统体育现代化过程中出现的问题并提出可行性建议。我国体育媒体传播应当积极应对"西方体育文化霸权"，坚持正确的体育文化自信取向，强化对新社会主义核心价值体系的社会认同。其具体做法包括①：①应用理性的态度看待美国体育文化，积极地做好应对策略。②批判地吸收和引进美国体育文化的先进理念。③坚持正确的舆论导向，对西方体育文化中的极端个人主义、拜金主义要坚决批判，对集体主义要大力弘扬。④加强对青少年、运动员群体的社会主义核心价值观的教育，媒体人员要强化社会责任感。⑤对美国体育文化进行理性报道和宣传。

（4）正面报道与负面报道的和谐。

一般认为，"正面报道"有这样几个特点：它的报道焦点往往集中在社会积极或光明一面；它的基调是提倡和鼓励性的；它倡导某种现象或观念，以保持一定的社会道德水平和社会秩序；它强调"平衡""和睦"和"稳定"。但是，万物都是具有两面性的，既然存在所谓的"正面报道"，也就必然存在与之相对应的"负面报道"。在语义学上，"负面"是指坏的、消极的一面，是反面。因此，从新闻学的角度看，"负面报道"必然集中于那些与现行社会秩序和道德标准相矛盾冲突的现象行为，如道德败坏、刑事犯罪、生产事故和自然灾害等。而体育负面报道的目的则在于揭露体育业界灰暗的一面，如体育领域内的"假球""黑哨""运动员服兴奋剂""教练的不正规训练"等。

这里需要特别指出的是，我们应当注意不要把"负面新闻报道"与"新闻负面效果"混为一谈。两者最重要的区别在于，前者并不涉及新闻报道的社会功能，尽管它在传播实践中必然会产生或正面或负面的社会影响。传播理论学认为，新闻传播效果按社会作用可以分为正面效果和负面效果，而负面效果是指受众接受新闻信息后产生的与传播者初衷相违背甚至对社会产生危害破坏作用的效果。但"负面新闻报道"的效果并不一定是"负面的"，"新闻负面效果"却也可能来自"正面新闻报道"。同样道理，"体育负面新闻报道"也可能产生"正面效果"。

那么，体育负面新闻报道的具体范围究竟怎样呢？根据以上关于体育负面新闻报道本身范畴概念的界定，并以其基本信息内容的不同社会性质为划分标

---

① 舒盛芳，王米娜. 美国体育文化霸权形成的现实基础及对我国的冲击[J]. 上海：上海体育学院学报，2017，41（4）：30-35.

准,体育负面新闻报道大致可划分为三大类,即体育政治性丑闻报道、体育危机事件报道与"黄色、煽情主义"体育新闻报道。①

①体育政治性丑闻报道。

这类报道主要是针对体育领域内权力机关的种种不法行为以及政府官员个人生活作风与腐败受贿行为等进行的曝光报道。在国外的体育负面性报道中,这类报道占有很大比重,这主要源于西方社会将新闻媒介视为除立法、行政、司法之外的"第四权力"。正如普利策在论述现代报刊的社会使命时所说:"报纸的生命就在于'暴露',这种暴露集中在两个方面:一是政府,一是社会问题。报纸应当监督政府官员的表现,对任何一种腐化堕落和错误都进行曝光。一个自由而负责任的报纸应当试图使'政府官员、公务员、社会各机关和司法系统尽心尽职,履行责任'。"②

例如,2019年5月28日西班牙媒体《阿斯报》刊出突发消息——西班牙警方逮捕数名涉嫌操纵比赛并从赌球中获利的人员。韦斯卡主席奥古斯丁以及俱乐部的医疗部门的负责人被逮捕,同时前皇马球员劳尔·布拉沃以及出身皇马青训营的卡洛斯·阿兰也被逮捕。赌球在欧洲是合法的生意,但是足球管理人员、从业人员操纵比赛,以博彩方式谋取私利是被禁止的,属于违法行为。有关赌球、黑球等行业黑幕在之前的很多欧洲国家都出现过,其中最为知名的要数意大利《米兰体育报》扒出的2006年尤文图斯俱乐部总经理莫吉与意甲裁判指定员之间的"电话门"事件。该事件当时震动了意大利整个体育界,不仅促使了多名意大利足协高级官员引咎辞职,并且导致包括那不勒斯、帕尔玛、罗马和都灵等四大检察院开始介入调查。随着事件的深入调查,越来越多的俱乐部高级管理成员和球员被揭发卷入其中。最后,意大利足球联盟介入此案,对涉案的俱乐部及相关人员进行了严厉处罚,为"电话门"事件画上了句号。不用说,《阿斯报》《米兰体育报》等媒体在此类新闻事件进展中功不可没。这一过程集中反映了媒体在现代社会中具有不可低估的社会影响力,突出反映了媒体报道的"深度效应"。

②体育危机事件报道。

危机是指对社会、组织或群体产生显性或隐性重大威胁,且后果在短时间内难以消除的,同时也蕴含着重大转机的、具有不确定性的突发事件。体育危机事件的成因与内核,主要有球迷骚乱滋事、球星言行失当、体制僵化滞后,以及服用兴奋剂、黑哨问题等。而关于它们的报道环节,具体来说,则包括危

---

① 关慧. 负面报道的困境与前景[J]. 商情(教育经济研究),2008(1):46-47.

② http://baike.baidu.com/view/73987.html.wtp=tt

机的孕育、发生、发展，危害的防治、消减等过程。

由于社会转型期经济利益和社会价值认同上存在矛盾与分歧，体育界的危机事件频频发生，在全社会范围内引起了强烈震动，已成为干扰我国建设和谐社会的一个不可忽视的因素。另外，随着各种运动的日益普及，体育明星越来越受到人们的追捧，体育运动对社会生活的干预和影响逐步加深，体育危机事件的舆论引导便成了体育界、新闻界共同关注的问题。传播学上的"沉默的螺旋"理论告诉我们，舆论的形成是大众传播、人际传播和人们对"意见领袖"的认知心理三者相互作用的结果。大众传媒强调的意见具有公开性、广泛性，容易被当作"多数"或"优势"意见所认知。这种认知所带来的压力或安全感，会引起人际接触中"劣势意见沉默"和"优势意见大声疾呼"的螺旋式扩展过程，并导致社会生活中占压倒优势的"多数意见"（即舆论）的诞生[1]。在体育危机事件中，媒体要及时进行危机公关与处理，通过"及时止损"的态度做好相关事件的真实信息的深度调查，给受众以明确的事件认知，这也是对社会别有用心者"添油加醋"、无中生有最好的反击。近年来，体育领域的危机事件频发，但国内诸多媒体普遍缺失危机公关理念，或者表现出较为滞后的危机公关处理的意识与方式。

例如，2012年伦敦奥运会上，16岁的叶诗文在女子400米混合泳决赛中打破世界纪录并获得金牌，更令人惊讶的是，叶诗文最后50米冲刺仅用28秒93，比同类项目的男子组冠军还快0.17秒。这立即引起了外媒的"炮轰"与指责，"怀疑""兴奋剂""丑闻"等词汇充斥于外媒报道中。然而，外媒的所有指责报道中，都未能以确切的数据信息来证明叶诗文违禁，叶诗文及中国体育却陷入了舆论危机之中。而由此反观中国媒体，则尽显反应迟钝，话语权尽失。7月28日叶诗文获奖，7月30日至8月1日，《人民日报》共发表6篇相关报道，其主题都是"夺金夺冠、为国争光、祝贺嘉奖"等。直至8月2日，《人民日报》才首次针对此次无端风波事件发声，发表了《叶诗文坦然面对"质疑"》《无端贬损凸显偏见与无知》两篇报道。由于危机公关时机已过，叶诗文与中国泳坛形象受到了严重影响。

无独有偶，如此无力无效的危机公关并非罕见。2014年5月17号，孙杨在全国游泳冠军赛期间尿检呈阳性。最终，孙杨被判定为误服禁药，可从轻处罚，中国游泳协会将其禁赛三个月，禁赛期为5月17日至8月16日。但这一判罚被隐瞒了半年方对外公布，结果舆论大哗！原本一桩并不大的事情，却因管理部门及全国媒体的一起噤声，酿成了负面影响很大的危机事件。有负面事

---

① 郭庆光. 传播学教程[M]. 北京：中国人民大学出版社，1999：219-224.

件不可怕，可怕的是试图掩盖负面事件。新华社评论道：这是一次再失败不过的危机公关——说好的新闻发布会临时取消，游泳中心领导对记者说"你们问中央去"，游泳队领队则说此事可公布可不公布。许多年来，体育管理部门和主流媒体一起"共谋"，运用习惯性思维和传统的"回避、堵塞"做法，对负面事件遮遮掩掩，致使质疑声不断，传言满天飞，对中国体育的形象造成了极大的损害。

面对体育危机事件，体育组织与媒体应该进行事前准备、预警、事中安排、事后维护等方面的危机公关准备活动，以加强媒体公关的有效性。尤其危机事件发生后，负责媒体应当实现"两个迅速"，一是迅速对危机事件进行定性判断，并以此编撰出有效的公关新闻稿。换言之，媒体应该详细了解相关情况，并及时作出强化预判与正向舆情引导，将危机事件所带来的负面影响降到最低。二是迅速掌握事件信息主动权，即让自己成为第一消息源，主动把相关情况向公众公开，阐明危机主体的态度，争取公众和其他媒体的信任与支持。①

③"黄色、煽情主义"体育新闻报道。

体育及其新闻报道经历了"工具论"时代，经历了"友谊第一，比赛第二"阶段和"金牌至上"的发展阶段。在传媒高度市场化的今天，体育新闻的休闲娱乐功能正在被充分挖掘和展现。现代体育本身的游戏本质及其表演、宣泄功能，是体育新闻休闲娱乐化的前提和基础。但当前的问题是，为了吸引更多的眼球，争取更多更大的广告商，大众媒体体育新闻报道一味追求娱乐、刺激，提倡矫情、煽情，滋生了浓重的"色情倾向"和"暴力倾向"。特别是各种都市生活小报，无不热衷于运用煽情的标题、性感的图片、似是而非的隐语或暗语等报道手段，对体育明星的恋情、婚姻甚至于性爱津津乐道，把曝光他们的私生活作为吸引读者、提高发行量、增加广告收入的法宝。其中最有名的当属英国《太阳报》中的"三版女郎"，该报每天的第三版都刊登一张无上衣女郎的大幅照片。足球赛时，《太阳报》做足球宝贝系列；网球赛时，就做网球宝贝系列。应当指出，此类"黄色、煽情主义"体育负面新闻报道，其传播效果也基本上是负面的。而且，这种负面传播效果，既体现于社会受众层面，也体现于大众传播媒体与传播者自身层面。2003年，扛起体育新闻报道休闲娱乐大旗的《南方体育》，在苦苦支撑了5年后，最终还是落得停刊的命运，便是一个鲜活的实例。

不过，对此类体育负面性报道，也并不需要一律禁绝。如果不去低俗地

---

① 付晓静. 关于构建国内大中型体育赛事媒体公关体系的初步探讨[J]. 广州：广州体育学院学报，2009，29（3）：35-38.

迎合受众，不以展示龌龊、激化矛盾为目的，其中一些素材仍然可以作为批评性、引导性的材料加以利用。只要体育记者深度地揭露其错误性质，指明其社会危害，也是能产生"正面效果"的。所以，对于体育新闻深度报道工作者而言，准确把握"正面报道与负面报道的平衡"，是体育新闻深度报道必须予以重视，且不可掉以轻心的。这样的平衡既体现于记者的采访报道视角，又体现于选稿组稿、编排制作的编辑手法中。如果正面报道与负面报道失衡，那么向受众提供的就是一个"失真"的体育现实。当下中国的各项体育事业都还处于发展的初期，需要媒体的扶持。所以，正面报道应该是主流，负面报道也应是有助于解决问题，而不是颠覆性、破坏性的报道，不能"落井下石"，而应"雪中送炭"。

"日有阴阳，月有圆缺"，任何事物都有两面性。对于惯常意义上的"负面新闻"，体育新闻深度报道者应该有更为客观全面的认识，以发展的历史观对待。所以，在报道前，应该做好政治思想评价、道德伦理评价、新闻价值评价、社会效果评价等"新闻把关"，提炼出"负面报道"的"正面价值"。在体育新闻深度报道实践中，其实许多负面报道来源于记者的偏激思想——"非锦上添花、即落井下石"。这种偏激思想违背了马克思的辩证唯物主义原则，中国足球现状与体育新闻报道的"胜则捧、败则批"的作派紧密关联。比如，2002年世界杯之后，中国足球开始进入中超年代，同时也是一个历史性低谷期的到来，各媒体纷纷炮轰足协。中国足球新闻中"假球、黑哨、嫖娼、赌球"等字眼频频出现，以某种角度视之，铺天盖地的负面新闻葬送了中国足球，这种极端的纯负面报道无疑对"奄奄一息"的中国足球又插了一刀。此外，许多媒体在年终都会推出"体育界大事件盘点"。对于体育事业体制、现状的反思是必要的，但内容往往都集中在负面新闻上，显然对于读者是极大的误导。受众透过新闻媒体所了解的体育界一片黑暗，而这绝不是中国体育的真实面目。总之，对于体育记者而言，应该着力于正确的价值引导，注意正面报道与负面报道的平衡，以期在中国体育事业发展中起到积极作用。

（5）竞技体育比赛胜负报道的和谐。

关于体育比赛的胜负，我们应当正确认识到：失败者的失落与胜利者的欢欣同等重要，是胜利者与失败者一起构成了让人激动而感动的体育。所以，作为体育新闻深度报道的撰写人更应当具备"超越胜负"的报道观，坚决摒弃"胜者王败者寇"的不良意识。雅典奥运会报道中，同杰西·乔伊娜同时代的42岁女子100米选手奥蒂因为未能获得奖牌而不被媒介关注，其实奥蒂身上最能体现奥林匹克的"奋斗精神、参与精神、竞争精神"，她背后的新闻故事，她对体育的理解与热爱等都是感动受众的"亮点"，很适合于体育新闻深度报道。须知，这样的胜负报道不和谐，对社会文明进步与体育运动本身都是很大的损害。再如，也是雅典奥运会期间，中央电视台对中国女子射击选手赵颖慧、女子万米选手孙英杰赛前的重点大肆宣传，与赛后的不闻不问甚至"落井下石"同样形成了鲜明对照。女子万米决赛结束后翌日，央视体育频道播放了对马俊仁的采访，说孙英杰的水平和邢慧娜根本不在一个档次上。然而，赛前央视体育频道对冠军邢慧娜却十分冷落，没有制作准备任何资料，与其赛后的追捧形成鲜明对照，可谓体育新闻深度报道"胜负失衡"的典型反面教材。

（6）爱国主义与奥林匹克精神报道的和谐。

众所周知，现代奥林匹克从诞生之日起，便确定了其以奥林匹克精神教育人、培养人，达到人类"求健、求美、求乐"之目标的精神内核，这种精神的最终体现是对人的关怀。[1] 作为人文形态的体育精神是身体运动技能和优秀的人类品质通过人体得到的一种思想升华，她是人类体育发展的"核心价值"。[2] 国际奥委会前主席萨马兰奇也曾说"世界上有五种通用语言——金钱、政治、艺术、情爱和体育"，这指出了奥林匹克精神具有跨文化继承意义与价值。因此，彰扬奥林匹克精神应是体育新闻深度报道永恒的主题追求。但这当中，须注意与宣传爱国主义情怀的相融性、和谐性，避免与狭隘民族主义的矛盾冲突。

2019年世界游泳锦标赛结束第三比赛日争夺，中国代表团以6枚金牌领跑奖牌榜。大众网体育栏目于2019年7月15日发表的《游泳世锦赛奖牌榜：中国6金领跑，韩国造尴尬纪录》报道中写道："这个比赛日还诞生了一项尴尬纪录，由东道主韩国制造，在女子水球小组赛中，韩国队0∶64惨败匈牙利女队，这是水球比赛历史上分差最大的比赛。即使韩国队是首次参加世游赛女子水球比赛，0∶64这一比分还是太刺眼。"如此自我夸赞显摆，还以贬损羞辱他人为衬托，那民族自豪、爱国情怀似乎有了，但尽失奥林匹克精神与人文人本，实在是很不足取！此外，又如2016年里约奥运会中国女排夺冠之后，中国媒体铺天盖地对中国女排"神话"的报道，也明显反映出这一问题。

大众传媒应当认识到，狭隘的"地方主义""极端的民族主义"思想，可以说是新闻报道中最为忌讳，最应避免的思想。对于目前体育报道与传播过程中区别对待本国与别国体育事件、体育人物的极端民族主义意识、大国沙文主义意识、种族主义意识，体育新闻深度报道都应该引以为戒。总之，新闻深度报道

---

[1] 郭讲用，沈祎. 体育人文精神的有限回归：中央电视台雅典奥运会报道得失[J]. 体育文化导刊，2005（1）：28-30.

[2] 宋继新. 竞技教育学[M]. 北京：人民体育出版社，2001.

要以史学家的心态，公平、公正地报道体育新闻事件与体育新闻人物，这对于爱国主义与奥林匹克精神的和谐发展至关重要！这是体育新闻深度报道尤其是关涉社会文明型题材深度报道的采写圭臬。

（三）传承体育文化型体育新闻深度报道

关于体育文化研究，海外学界普遍从多学科、多领域出发。比如，人类学研究将体育视为文化的重要组成部分，通过比较不同媒体报道体育赛事的经济支出、参与人数、体育项目风格等内容，深入探讨体育与社会、文化仪式的关系[①]；文化学研究则注重体育的社会价值，由此深入探讨体育的文化贡献、社会象征意义以及国际文化霸权形式等[②]。梁漱溟先生认为，文化是人类生活的样法。那么，体育作为伴随人类而生的文化类别，是人类体育生活的样法。它本身具有健身、教育、审美、伦理等众多功能。体育文化学的研究，使体育脱离了简单的"运动"和"身体训练"范畴，具有了更多的社会和精神属性，同时也促进了体育同哲学、美学、伦理学、民俗学、传播学等各种学科的交叉融合。

美国传播学者赖特在拉斯韦尔传播"三功能"理论的基础上提出了大众传播的"四功能说"——监视社会环境、传承文化遗产、协调社会关系、提供娱乐。该理论在大众传播实践中被作为主要理论指南。在体育大众传播中，传承文化遗产既包括对现时代主流奥林匹克文化的传承，也包括对自己国家与民族优秀体育文化的传承。

1. 传承奥林匹克文化的体育新闻深度报道

体育新闻深度报道在传承奥林匹克文化前，首先要厘清奥林匹克文化的内涵。著名学者熊斗寅先生曾用一个简单的公式来表述奥林匹克运动与体育的关系："奥林匹克运动=体育+文化+教育。"奥林匹克文化的内涵非常丰富，可以把奥林匹克文化分为广义和狭义两大部分："广义的奥林匹克文化包括理想、奥林匹克精神以及所有的奥林匹克活动如奥林匹克运动会、大众体育、奥林匹克文化活动、奥林匹克教育和奥林匹克商业活动等。狭义的奥林匹克文化是指与奥林匹克运动有关的文化艺术活动以及各种形式的视觉形象，以及奥运会开闭幕式，奥运会期间举行的文艺表演、科学报告会和奥林匹克大众传播等等。"[③]而根据不同文化的表现特征，奥林匹克文化又分为"竞技类奥林匹克文化"和"非竞技类奥林匹克文化"两种形态；根据不同的文化内涵，"奥林匹克文

---

① Dyck, N. (Ed.). Games, sports and cultures[M]. Berg Publishers, Chicago, 2000.

② Jarvie, G. Sport, culture and society: an introduction[J]. Rutledge, 2013.

③ 熊斗寅. 奥林匹克文化[J]. 体育学刊, 2005(1): 15-18.

化"还可分为"奥林匹克视觉文化"和"奥林匹克文艺文化"两部分。体育新闻深度报道不仅要阐释"竞技类的奥林匹克文化",更要深度解读"非竞技类奥林匹克文化"。

奥林匹克视觉文化是奥林匹克运动的视觉识别,是奥林匹克运动重要的文化标志。概而言之,社会公众通过各种媒体接触到奥林匹克理念、行为和视觉传达符号,经过思维与情感的整理与分析而形成对奥林匹克运动的总体评价和印象。同时,奥林匹克视觉文化是奥林匹克区别于其他社会组织和社会现象的文化识别要素之一,是奥林匹克文化内涵的外在表现,是运用平面设计或视觉传达设计的方法对奥林匹克理念的全面整合和艺术性表达。[①] 奥林匹克视觉文化载体主要包括奥林匹克标志(五环)、旗帜、奖章、招贴画、格言、徽记、奥运会火炬、奥运会吉祥物、奥林匹克纪念币、奥林匹克邮票等。

奥林匹克文艺文化,是通过文艺表演集中展示的体育文化,其主要的载体就是奥林匹克众多的文艺文化活动。比如奥运会开闭幕式、奥运会期间的文艺表演、文化艺术节以及以奥运为主题的各种歌会、综艺晚会等。当然,其中最能体现奥林匹克文化和主办国民族文化、在国际上影响力最大的,还是奥运会的开闭幕式演出。可以说,开闭幕式是奥林匹克文化的集中展示。相较于电视转播和一般的体育新闻报道,体育新闻深度报道应该从奥林匹克发展的历史钩沉、文化演变、民族性格、价值追求等方面进行"形而上"的报道。

近年来,现身奥运会开幕式及闭幕式的"北京八分钟""杭州八分钟"等,将中国传统文化与现代奥林匹克因素的融合,是全民族文化创新的一个缩影,坚持了对外体育文化传播的创造性转换和创造性发展的思维。可以说,这些通过视觉文化的形式展现中国文化的开幕式、闭幕式,电视直播作为其第一落点,随后的媒体深度报道则作为其第二落点。

2018 年 2 月 25 日,2018 年平昌冬奥会闭幕式在平昌奥林匹克体育场举行。24 名来自北京体育大学的轮滑演员和 24 个带着透明冰屏的智能机器人,象征着第 24 届北京冬奥会。他们借助高科技实现的影像变换,在舞台上滑出漂亮的曲线轨迹,与智能机器人相映成趣,带来了一场融合科技与文化的视听盛宴。其中,智能机器人、大熊猫、中国结、万里长城、鸟巢、国家大剧院等标志性事物和建筑一一闪过,展现出中国新科技、新文化、新成就。北京冬奥组委官网发布《中国智慧点亮"北京八分钟"》一文,对这一视觉盛宴进行了高度赞扬,指出技术创新和科技助力是本次闭幕式上最大的亮点。这一表现一方面体现了我国科技的发展,另一方面体现了中国人民的智慧结晶。文章还通过解

---

① 逯维娜. 全球化、文化全球化与文化主权[J]. 理论导刊,2002(3):40.

释性报道、调查性、精确性等体裁，以表演背后的制作团队、研发团队为切入点，以访谈、细节描述、背景资料的穿插等方式进行了通俗而深刻的报道。比如——"演员的服装要求轻薄，要能让他们灵活地做各种动作。同时，无论是排练场地还是平昌闭幕式现场，天气都很寒冷，石墨烯服饰可以起到很好的保温发热效果""石墨烯团队负责人、深圳烯旺新材料科技股份有限公司李月秋说，根据环境要求，服饰也可以做出相应的调节。最初，对我们的设计要求是在零下5度的环境中持续发热8分钟，后来考虑到候场等因素，调整到在零下20度的条件下，发热4小时。"①这两段文字强化突出了我国制作团队的专业性及对此次演出的重视程度。

目前，我国关于奥林匹克文化的体育新闻深度报道数量还较少，更多的报道是对开闭幕式演出的简单描述，缺乏通俗而深刻的"文化深加工"。如《"为了永不熄灭的圣火"奥运工程建设系列报道之二——刚柔相济"水立方"》《现代夏季奥运会会徽设计的民族文化内涵研究》《里约奥运开幕式的"巴西"诠释》等深度报道，则主要由一些学术期刊组稿，而学术期刊小范围的传播并不适合奥林匹克文化的广泛传承。

2. 传承中国民族传统体育文化的体育新闻深度报道

在世界近现代历史演进中，中国传统体育文化在东西方体育文化碰撞中从主角变成配角，从古代体育的主流变成现代体育的边缘。在相当长的时间里，伴随中国竞技体育的迅速突起与群众体育的发展，有着悠久历史和广泛社会基础的民族传统体育文化，正在不断地被遗忘和抛弃②。中国民族传统体育文化虽然"尚柔主静"、缺乏竞争性，但其中蕴涵的"礼、仁、宽、和"因子有效契合了"天人合一、知行合一、情境合一"的中国哲学和谐思想。它强调修身养性、以意驭气、内外兼修、身心一元，是以辩证和整体思维为特征的伦理型中国传统文化和谐本质的体现。

随着2008年以后中国后奥运时代的到来，中国民族传统体育文化的价值与使命必将重新得到审视，其目的之一即是运用传统体育文化中的宝贵资源为构建社会主义和谐社会服务。中华人民共和国第十一届少数民族传统体育运动会于2019年9月8日至16日在河南省郑州市举行，这是全国民运会第一次在中部地区举办。这次全国民运会以"奋进新时代，中原更出彩"为主题，9月8日在河南郑州举行了开幕式。其会徽主体图形由腾飞向上的龙、凤及两侧的色带组成：龙凤形似阿拉伯数字"11"，恰为运动会的届次，又寓有"龙凤呈祥"之

① https://sports.qq.com/a/20180225/012724.htm
② 体育科学研究现状与展望. 第八届体育科学大会资料汇编, 304.

意；两侧旋转成半圆的橙色与蓝绿色的色带分别代表着黄河与长江，寓意天南地北各民族的团结凝聚。会徽轮廓与汉字"中"的轮廓相似，龙凤相依相伴腾飞之势，突出了"中华民族一家亲、同心共筑中国梦"的主题。吉祥物是名叫"中中"的龙娃，穿着中国传统服饰。胸前的装饰图案取自郑州出土的商代经典青铜器"商鼎"，体现举办地郑州深厚的历史文化积淀。"中"是河南的特色方言，郑州自古就有"天地之中"的美誉。

幅员辽阔的地域结构和 56 个民族共生的文化结构造就了中国民族传统体育文化的丰富多样，其中蕴涵了传统体育文学艺术、传统体育审美观念、传统体育宗教意识、传统体育道德伦理等诸多内涵。中国体育文化精神主要体现在对力量与勇气的赞美、对技巧与才智的推崇、浓厚的道德色彩、讲究礼仪形式、注重体育与艺术的结合等方面。中国传统体育文化是在儒家思想文化的熏陶下独自发展形成的。①

传播传承中华民族优秀传统体育文化，是当今我国体育新闻深度报道义不容辞的责任。相对于监视社会环境、协调社会关系的功能发挥而言，目前关于我国传统体育文化尤其是民间体育文化传播传承的优秀体育新闻深度报道作品堪称鲜见。其中最主要的缘由，在于报道者（含媒介与个体）对体育蕴涵的文化元素认识不够，缺乏文化传承的社会责任感，同时对民族体育文化报道的社会效益与经济效益缺乏信心。这一点应当在今后的体育新闻深度报道实践中得到改变与完善。

（四）舆论监督型体育新闻深度报道

1. 舆论监督型体育新闻深度报道的意义及范围

19 世纪末，美国经济的高速发展带来了一系列的社会问题，如资本垄断、社会不公平等。美国新闻界也因此掀起了一场著名的"扒粪运动"。这场浩浩荡荡的"揭黑幕运动"，不仅没有使美国的政体瓦解，反而促进了美国的制度完善、法律健全、社会公正、舆论监督的发展。可以说，当时的美国新闻界成为美国社会最有力的监督者，为社会和谐秩序作出了重大贡献。

传播学奠基人之一的拉斯韦尔于 20 世纪 40 年代提出了大众传播的三功能：监视社会环境、传承文化遗产、协调社会关系。其中监视异常现象、对国家和民族的发展实施指向性引导的"监视社会环境"理论一直是西方新闻界进行新闻报道的主要功能标准。普利策曾对此这样阐释：倘若一个国家是一艘航行在大海上的船，新闻记者就是站在船头的瞭望者。他要在一望无际的海面上

---

① 唐春芳，刘传信. 儒家文化对中国体育文化的影响[J]. 理论月刊，2007（1）：65-67.

观察一切，审视海上的不测风云和险滩、暗礁，及时发出警示。①

但近几年，由于"新闻舆论监督"性深度报道的急剧增多，导致了泛化现象。一些媒体过度热衷于寻求刺激性、轰动性的新闻题材，产生了一些逆向的负面效应。因此，如何正确利用大众传播的"监视功能"来构建社会主义和谐社会，则成为传播学的重大议题。就体育领域而言，要保持体育子系统内部及其与经济等外部系统的和谐，是离不开体育大众传播的预警监视的。体育大众传媒对社会环境的监督可分为体育系统内和体育系统外两个空间领域。体育系统内监督的主要问题包括体育社会资源的分配不公，体育公共设施资源短缺，重竞技体育、轻群众体育和休闲体育，农村体育发展滞后，竞技体育异化，等等。其中尤其值得警惕的问题是不利于构建和谐社会的重竞技体育大众传播，轻群众体育和休闲体育大众传播。

体育系统外监督的主要课题包括体育社会伦理学领域的兴奋剂问题，体育经济学领域的体育产业化和体育商业化问题，体育管理学领域的体育管理体制问题，体育教育学领域的运动员文化素质低下问题，等等，其中监督的重点是体育产业化和体育商业化的异化问题。关于上述问题监督的体育深度报道皆属于舆论监督型体育新闻深度报道。

新闻报道的真实包括细节真实与宏观真实两个方面。正面报道与负面报道的共存是体现体育新闻宏观真实的关键。中国新闻界历来奉行的原则是"正面报道为主，负面报道为辅"。我国的体育事业的发展有经验也有教训，有成功也有失败，体育界有光明也有黑暗，体育比赛有公平竞争也不可避免地存在丑恶现象。辩证法告诉我们，任何事物都有两面，不可能有绝对的好或者绝对的坏。这是宏观真实，体育新闻报道也应当将这些内容全面地反映出来。继"假球黑哨"报道后，舆论监督类的体育深度报道涉及题材日益广泛，数量也日渐增多，这对于中国体育事业的规范发展起到了积极作用。

2. 舆论监督型体育新闻深度报道的类别

目前，关于我国体育系统内外领域的舆论监督类体育新闻深度报道，从对象内容上看，主要有两大类：一类是关涉因现存国家体育管理体制机制欠完善带来的负面性事件的报道，一类是关涉因运动员教练员人文素养不够高带来的不文明行为的报道。

（1）关涉竞技体育管理体制机制。

关于体育管理体制机制方面的问题，如对中国职业足球联赛中的假球、黑哨、赌球等丑恶现象的调查、揭露、批评，是舆论监督类体育新闻深度报道最

---

① 刘建明. 舆论传播［M］. 北京：清华大学出版社，2001，276.

先尝试的。其中，最典型者当属2002年初媒体关于中国足球"黑哨"事件的调查。这一报道在社会上产生了强烈震动，并最终推动了执法部门的介入，对有受贿嫌疑的裁判提出了司法诉讼。这是中国职业体育记者通过调查报道对社会作出的贡献，对中国体育事业和新闻事业都产生了深远影响。这一报道的过程分别记录在《黑哨——足坛扫黑调查手记》①和《黑哨调查》②这两本书中。

近年来，国中关于职业足球联赛的"丑闻"也是不胜其数。比如，青岛海利丰是山东省的一所足球俱乐部，2001年底通过收购广东宏远足球俱乐部获得参加甲B联赛的资格，从而迈进全国甲级俱乐部行列，2010年却因涉及假球案被取消中甲联赛资格。此丑闻事件源于2009年9月中甲联赛，青岛海利丰的球员接二连三把球踢向自家的球门，被人称为"吊射门"，引起社会和球迷的强烈不满，中国足协对在联赛中有参与假球和贿赂行为的三支俱乐部加以严重处罚。新浪体育2012年1月5日发表深度报道《"足夜"回顾海利丰案　老板怒斥球员连假球都不会踢》，长篇引用《足球之夜》主持人刘建宏的感慨评说："青岛海利丰这个俱乐部已经退出中国足球的舞台，但是这个名字将会以耻辱的方式长久地存在于中国足球的历史档案中。像青岛海利丰事件这样，虽然经媒体监督揭露已经受到处罚，但在中国足球整个反赌打假的过程当中，对赌球丑行我们至今仍没有有效加以遏制，赌球对于中国足球乃至世界足球的危害仍是非常严重的。在这一点上，今后必须找到一个有效的方式加以解决，否则中国足球恐怕长期受到赌博的威胁。"③也正因为此，《焦点访谈》、腾讯新闻等主流媒体都对这一事件进行了深度跟踪报道，发挥了媒介对体育的监督功能，触及的是体育管理体制机制内的腐败问题，涉及体育伦理和社会伦理与法规等多个领域，折射出整个社会体制内腐败的大问题，引起了巨大的社会反响。

（2）关涉运动员教练员人文素养文明行为。

除了职业足球体育管理体制机制内的腐败问题外，近年来有关竞技运动员文化素质低下的问题也成为媒体和社会关注的焦点。运动员形象可以超越政治、民族等因素，为各国人民所接受，也常成为国家文化交流的使者，凸显国家文化软实力。在大型体育比赛中，体育运动员的一言一行都受到了全国甚至全球的关注。因此，高超的技能和阳光、诚恳、朴实的形象会受到公众的喜爱。反之，尽管技能高超，不文明的行为或不光彩的形象也会受到公众谴责，也应当成为媒体进行监督批评的重要对象。

---

① 杨明. 黑哨：足坛扫黑调查手记[M]. 北京：新华出版社，2002.

② 方益波. 黑哨调查[M]. 杭州：浙江人民出版社，2002(2).

③ http://sports.sina.com.cn/c/2012-01-05/20335895635.shtml

　　例如，2019 年 5 月 29 日，"熊猫杯"国际青年足球锦标赛颁奖仪式后，一名韩国球员居然脚踩在熊猫杯奖杯上，并做出了带有侮辱性的动作。随后，在 2019 年的足球亚冠 1/8 决赛的首回合，在结束了广州恒大 2 : 1 山东鲁能这场中国足球的内战后，韩国运动员金珍洙绊倒杨世元被裁判出示黄牌后，不满判罚的金珍洙趁主裁判转身之际，竟然对裁判做出竖起中指的放肆举动。面对两次丑闻事件，中国媒体给予了深度关注。《韩国足球又曝丑闻！继熊猫杯事件后与中国足球比赛又做争议举动》一文，对韩国运动员的不雅举动进行了深度剖析，指出韩国运动员的举动有辱体育竞技道德。同时，通过案例、数据的形式，以解释性报道体裁对韩国运动员素质低下的问题进行了深度解析，并以此来警醒中国运动员。

　　再如，在 2019 年 7 月光州游泳世锦赛的颁奖典礼上，几位运动员因举止不当、行为过激也受到了相应的惩罚。澳大利亚游泳选手霍顿拒绝和孙杨一同站上领奖台领奖，并鼓动其他运动员与他一致。此外，孙杨面对英国选手斯科特的"拒合照"，表现出了愤怒的情绪，并辱骂了对方。面对三位运动员的不文明举动，国际泳联官方都给予了惩罚。新华社针对这一问题，发表了《孙杨、霍顿、斯科特　被警告已是最轻处罚》一文。文中以《国际泳联章程》《国际泳联行为准则》等官方文件为依据，对国际泳联对三者的警告进行了解释性报道，为受众提供更为准确的信息依据，以减少猜疑、质疑等负面影响。同时，文中还以背景资料的穿插加上《全球反兴奋剂条例》的权威信息依据，进一步解释由于听证会与世锦赛有时间差才导致孙杨遭遇"领奖台风波"的真实原因，起到了权威媒体对负面事件舆论传播的积极监督引导作用。

第三章

体育新闻图片报道的深度效应

第一节 | 图片的历史及发展

所谓图片，一般是指运用绘画、摄影、雕刻等表现形式，以机械或化学方法印刷或复制的单幅出版物，"图"是一种符号，"片"是一种物质形态。简单地说，图片就是承载着视觉信息的一种平面载体。由此可见，现当代图片的传播需要一定的技术手段作为基础条件。但是，在没有纸张、胶片以及印刷设备的原始社会，图片这种客观物质形态也是存在的，只是其不具备现代技术手段。而对图片的研究，须从这里起步，因为原始社会的图像化信息传播，正是图片传播的原始生态，是人类最原始的信息传播方式之一。

一、古代图片渊源寻踪

1. 岩画

在人类发明语言和文字之前，作为一种用图像来记录信息或表达观念的方式——石刻文化，就已经出现了。岩画是刻画在山崖、大型岩石或山洞壁面上的各种图案的总称。

大约在人类旧石器时期末至新石器时期开端间，岩画的分布渐广，如图3-1-1、图3-1-2出现了复杂的狩猎、战争及各种崇拜仪式的场面。到了青铜时代及早期铁器时代，岩画上又增加了家畜、房屋或村落，还有各种宗教活动。在古希腊，奥林匹亚阿尔菲斯河岸岩壁上留存有三句著名的铭文——"如果你想聪明，跑步吧！如果你想强壮，跑步吧！如果你想健康，跑步吧！"1979年，在江苏省连云港发现的"将军崖岩画"，也正是这类岩画的典型代表。而早在北魏郦道元《水经注》中就提及的内蒙古阴山岩画，上下越万年，绵延数百里，可谓世界奇观，令人惊叹不已！

图 3-1-1 岩画

图 3-1-2 岩画

　　由李奎编撰、汕头大学出版社出版的《岩画：远古岩画之美》（图3-1-3），以归类细分的形式或约定俗成的方法，将每册冠以别具深意的主标题和明确直观的副标题，全景式地反映了整个中华文化的博大规模，凝聚性地体现了整个中华文化的厚重精深，堪称全面展现中华文化的大博览，非常适合广大读者阅读和学习。

图3-1-3　岩画

2. 象形文字

象形文字是指利用图形来作文字使用，传达信息。而这些文字在形状上又与所代表的东西很相像。一般而言，象形文字是图画，也是最早产生的文字。它用各种线条（即笔画），把要表达物体的外形特征简明具体地勾画出来（图3-1-4～图3-1-6）。

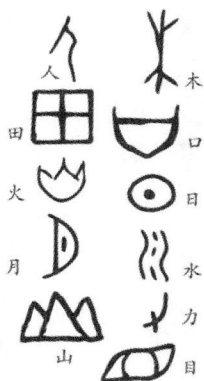

图 3-1-4　象形文字

图 3-1-5　丽江纳西族东巴文——象形文字的活化石

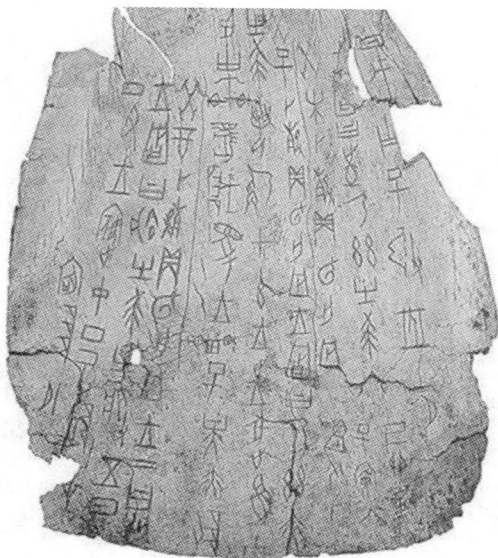

图 3-1-6　甲骨文

3. 《山海经》

在我国古代出版物中，《山海经》（图3-1-7）乃奇葩一朵。它成书于远古时期，最早由司马迁提及，被鲁迅称为"古之巫书"，或视为地理、神话著作，是一部成熟的图文并重、并茂的经典性著作，是伟大中华民族最早的有图有文的文化结晶。

关于《山海经》的内容，一般认为，主要是民间传说中的地理、神话知识，包括山川、民族、物产、药物、祭祀、巫医等，以及夸父逐日、女娲补天、精卫填海、大禹治水等许多脍炙人口的远古神话传说和寓言故事。

图3-1-7　山海经

4. 《二十四孝图》

《二十四孝图》（图3-1-8）源自《全相二十四孝诗选》，由元代郭居敬编撰，辑录了自远古至宋代备受称颂的二十四个孝男孝女的故事。后世选印本多配以图画，目的在于"用训童蒙"，受到社会普遍欢迎，《二十四孝图》遂流传九州民间。"百善孝为先"，鲁迅《朝花夕拾》收有评议专论，指出其儿时"收得的最先的画图本子，是一位长辈的赠品——宣扬儒家思想及孝道的《二十四孝图》"。此图流传至今，广为人知，著名的有曾参啮指痛心、仲由百里负米、王祥卧冰求鲤、陆绩怀橘遗亲、老莱戏彩娱亲等。

图 3-1-8　二十四孝图

5. 壁画

壁画，通常认为与"岩画"有一定的渊源，在概念的外延上，两者有一定的交叉关系。有人认为，最早的壁画可上溯到岩画诞生的新石器时期。但现今学界所称壁画，多指兴起于 14、15 世纪间伴随着宗教发展出现的绘制于建筑墙壁穿顶上的图画。此类图画大都为宗教仪式活动题材，用以增加建筑与环境的严肃、神圣性。中国自汉魏到唐宋，佛道两教盛行，寺院道观多有壁画，甘肃省"敦煌莫高窟壁画"（图 3-1-9）乃其中杰出代表。而在古埃及，金字塔墓穴中风格奇异独特的"浮雕壁画"至今辉煌犹现；欧洲文艺复兴时期，意大利米开朗基罗久负盛名的《创世纪》（图 3-1-10），其恢宏场面则永远震撼人心！

图 3-1-9　九色鹿　莫高窟 257 窟　北魏

图 3-1-10　意大利　米开朗基罗《创世纪》

二、读图时代精华拾萃

1. 读图时代的概念

1998年，广州出版社编缉钟洁玲策划出版了由《国际互联网》《后现代主义》《凯恩斯》《女性主义》《史蒂芬·霍金》《遗传学》等组成的《红风车经典漫画丛书》。这一套从中国台湾引进的欧洲原版丛书，通过图文并茂的方式，将当代诸多流行的思潮与风云人物精彩介绍给广大读者。此丛书由钟键夫作序，名曰《读图时代》；由杨小彦题跋，名曰《读图时代之我见》。现今学界普遍认为："读图时代"之说由此而生。

"读图时代"之说，准确而形象地反映了当今社会对于图片传播的推崇。当今社会，视觉文化盛行走俏，人们在阅读文字时越来越青睐图片，通过图片获得信息及感官上的享受。人们接受图片的载体大大增加，除了大众媒介外，移动电话、服装鞋帽、汽车火车等众多产品都可成为图片的载体。人们接触的图片种类也不断增多，三维动画、视频录像、摄影图片等，不一而足。此外，图片的数量更是大大增多，在信息传播过程中图片呈迅速蔓延之势，所占据人们接受信息总量的比例与日俱增。

2. 读图时代的历史

（1）"读图时代"的发端。

须指出，我国"读图时代"之说虽产生于20世纪末，但学界普遍认为，其发端应在清末民初，始于新闻报纸在文字表述之外大量借助图画图片之时。

清朝末年，大城市迅速形成，人口密集，市民阶层壮大，大众文化出现高潮。当时不少报纸流行随报奉送一种石印的画页，其页面上大都是时事新闻图片，一目了然，连不识字的穷人也一样看，富有情趣，广为传播，颇受欢迎。据记载，辛亥革命前，此石印画页已多达七十余种。

图 3-1-11

近年，由上海古籍出版社整理出版的八大卷《图画日报》（图3-1-11），乃早期画报的经典集成，称得上是晚清时上海乃至全国缤纷斑驳的社会众生相画库，其民族历史文化的认识价值，是同期其他文字记载不能替代的。

《图画日报》是中国最早出版的画报类日刊,1909 年 8 月 16 日(清宣统元年七月一日)创刊,上海环球社编印,设有十余个栏目,大多与社会时事有关。栏目中《大陆之景物》、《社会小说》(《续海上繁华梦》)、《新智识之杂货店》、《新闻画》等贯彻始终。后期新辟而连续刊印时间较长的栏目包括《庚子国耻纪念画》《上海曲院之现象》《鸦片烟毒之现象》《俗语画》《一笔画》等。该杂志以写实的绘画和文字,反映社会生活和民间习俗,时事性强,并保留了大量关于上海的史料。该刊于 1918 年 8 月停刊,共发行 404 期。1999 年上海古籍出版社影印重版,共 8 册。

同时期,上海另有《点石斋画报》(图 3-1-12),是中国最早的旬刊画报,由上海《申报》附送,每期有画页 8 幅,光绪十年(1884)创刊,光绪二十四年(1898)停刊,共发表了四千余幅作品,反映了 19 世纪末帝国主义列强的侵略行径和中国人民抵抗外侮的英勇斗争,揭露了清廷的腐败丑恶现象;此外也刊有大量的娱乐和社会新闻内容。当时参与创作的是一支以吴友如、王钊为代表的 17 位画家队伍,多用西方透视画法,构图严谨,线条流畅,简明美观。

上海《点石斋画报》,主要由"奇闻"、"果报"(因果报应)、"新知"、"时事"等四者构成。这四部分内容都为迎合大众趣味而设置,文字和图画虽然有时过于夸张,甚至失误,但其突出反映了当时西学东渐的盛况,是晚清社会文化文明标志性事物之一,无论在知识界还是在普通民众中都受到广泛欢迎。这种图文并茂,雅俗共赏的"画报"体式,开创了读图时代、图文传播的先河。

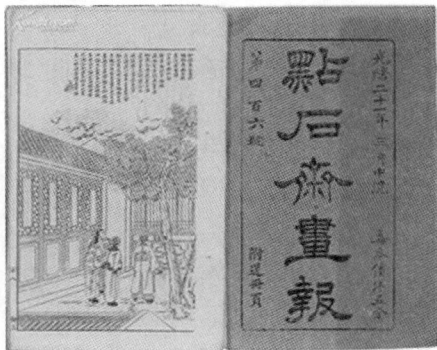

图 3-1-12

从 1883 年到 1898 年 8 月终刊的 15 年间,《点石斋画报》共刊登了 4000 余幅带文的图画(图 3-1-13)。受《点石斋画报》成功范例的鼓舞,晚清出现过一股画报热。据统计,截至 1919 年底,我国共刊行过 118 种画报,真正是"读图时代"的良好发端。

(2)"读图时代"的发展。

清末民初之后,我国的"读图时代"从初期的拓荒发端阶段,直至 20 世纪末叶"读图时代"之说提出时的繁荣昌盛阶段,其间还经历过延续的漫长发展阶段。而此发展阶段,又包含有几个重要年代及其标杆性读物。

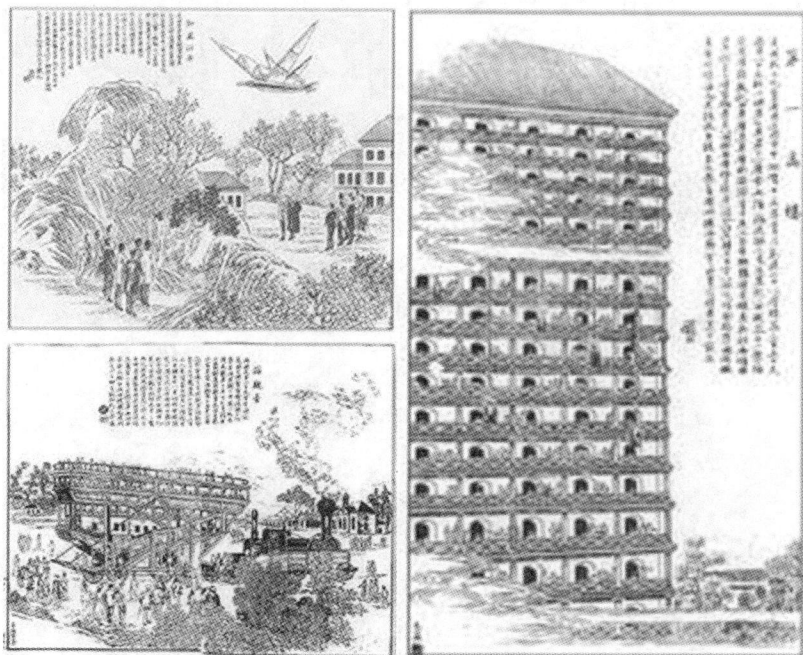

图 3-1-13

①20 世纪 20 年代《良友》。

《良友》画报，1926 年诞生于上海，由"中国画报之父"伍联德先生创办。作为中国第一本综合性大型画报，以图片为主、文字为辅，并以图文并茂著称。它不遗余力地传承文化，传播新闻，提供娱乐，深受海派中产阶级市民的欢迎。它的发展历程，与当时诸多明星、名人密切关联——《良友》创刊号面世，登上画报封面的是《胡蝶恋花图》。胡蝶日后风生水起，尊为"电影皇后"，当不无得益于此；国中文学巨擘，鸳鸯蝴蝶派主将周瘦鹃，曾受聘担任数期《良友》主编；1928 年 2 月，新文化旗手鲁迅先生，也曾破例为画报拍摄写真（图 3-1-14），并同意发表为《语丝》社所写"自叙"。而如若联系起体育运动，值得一提的是，《良友》的封面女郎队中，还留下过

图 3-1-14

胡蝶为马术、高尔夫作秀的倩影（图3-1-15），可视作替洋人贵族绅士运动宣传推广了一回。另有对1934年5月于菲律宾马尼拉举行的第10届远东运动会的报道，被誉为"美人鱼"的杨秀琼极大胆地穿上了一件分体式泳装，仪态万方（图3-1-16）。

图 3-1-15

图 3-1-16

20年间，《良友》画报的影响不断扩大，不仅在国内拥有众多的读者，在海外也享有很高的声誉。如在美国、加拿大、澳洲、日本等许多国家，《良友》的忠实读者群体，都把它作为了解中国的窗口。时至1945年10月，《良友》停刊，总计出版172期。

②20世纪40年代《晋察冀画报》。

20世纪40年代，在晋察冀边区，中国共产党着眼抗日救国，顺应影像媒介趋势，创办了我党我军第一家新闻摄影画报社，出版了《晋察冀画报》（图3-1-17）。它是抗日根据地第一份以刊登新闻照片为主的综合性画报，1942年7月在河北平山县碾盘沟创刊，由晋察冀军区政治部主办。

图 3-1-17

《晋察冀画报》以战争新闻照片为主，兼登通讯、漫画和文艺作品。从 1942 年至 1948 年，共出画报 13 期和 1 期试刊号，另出丛刊、画刊、摄影新闻等 60 余期。创立"摄影武器论"的沙飞，是画报主创者之一。他拍摄的长城具有现代"观念摄影"特色，很巧妙地将长城与抗日军队相互映衬，融为一体，富有象征意义地表达了中国将士的不朽爱国精神（图 3-1-18~图 3-1-20）。该画报还具有走向世界的强烈民族自信，正如创刊号发刊词抒发的豪情——"现在让我们向全中国，向全世界，展览它们，朗诵它们吧！"

图 3-1-18　　　　　　　　　　　　　　图 3-1-19

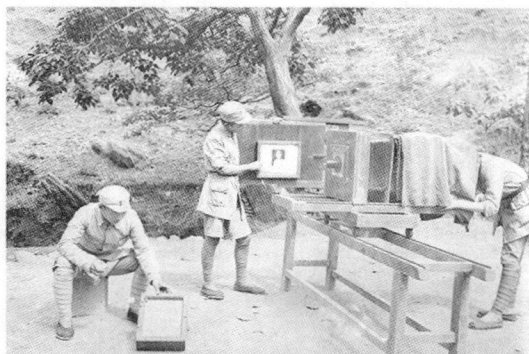

图 3-1-20　晋察冀画报

③20 世纪 50 年代《人民画报》。

1950 年 3 月，中央人民政府新闻总署新闻摄影局正式挂牌成立。7 月，在新闻摄影局的领导下，新中国《人民画报》在北京府前街石碑胡同甲 22 号诞生，毛泽东主席亲笔题写刊名。它是新中国出版的第一本面向世界的综合性摄影画报。

　　至 20 世纪 80 年代末，《人民画报》在中文版外，相继出版了英语、俄语、法语、日语、西班牙语、德语、印地语、阿拉伯语等 20 种外文版，发行到世界 150 多个国家和地区。印刷总数即突破 100 万册，创造了中国期刊发行的历史之最。内容上，其主要栏目有《视觉中国》《特别聚焦》《人民肖像》《旧影新说》《金镜头》《目击》。它秉承办刊宗旨——"大国脸谱、人民记忆、中国情感、世界胸怀"，囊括了所有文明领域——政治军事、经济生产、科学技术、文化教育、艺术体育等，以及人民生活、自然风光、历史文物（图 3-1-21）……特别是改革开放以来，它形象精准地记录中国翻天覆地的变化，向世界各国展示了进取的中国和中国人民昂扬向上的精神风貌！

（a）

（b）

（c）

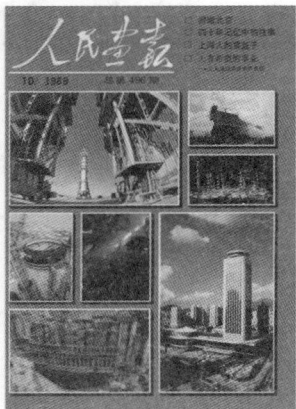

（d）

图 3-1-21　《人民画报》封面

④20 世纪 50 年代《新体育》　21 世纪初《体育画报》。

关于中国体育杂志、画报的渊源历史，正如"读图时代"概念的提出与欧洲版《红风车经典漫画丛书》不可分割一样，其表述则须回溯到二十世纪三四十年代美国的《体育画报》(Sports Illustrated)。但是，万事起头难，该画报曾两度折载、沉没商海，以失败而告终。直至 20 世纪 50 年代，美国媒体大佬、《时代》创办人亨利·鲁斯注意到这一现象，并在华纳集团旗下接手打造，方一步步发展壮大，创造辉煌！现今该刊网站已拥有超过 300 万注册用户，高攀全球体育杂志发行量之首，两次荣获美国国家杰出杂志大奖。而其 1964 年创编的直属《泳装特刊》(图 3-1-22)，更因为广受欢迎而独立拥有电视节目、视频和年历等附属产品。半个多世纪来，美国的《体育画报》已成为世界体育新闻报道写作和职业竞技赛场摄影的典范与标准制定者。而"他山之石，可以攻玉"，中国《新体育》、《体育画报》的问世与发展，应当说在世界新闻图片报道的文明、环境、价值视角下，也是与《体育画报》不可分割的。

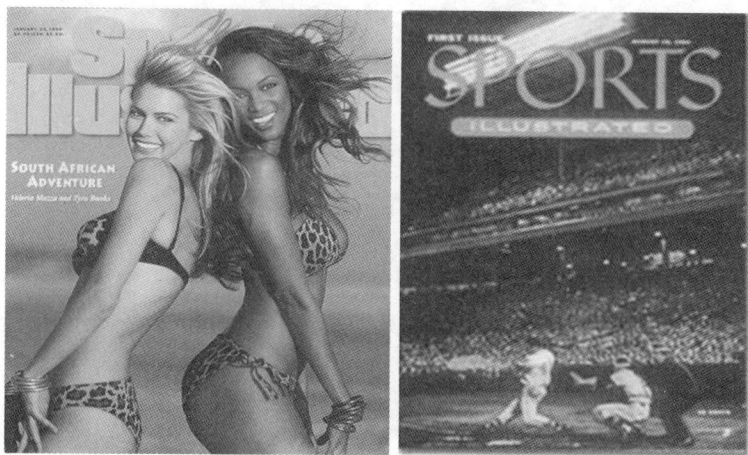

图 3-1-22　美国《体育画报》

《新体育》(图 3-1-23) 半月刊杂志，创刊于 1950 年，毛泽东主席题写刊名。《新体育》，隶属于国家体育总局，直属中国体育报业总社，为中国体育界的门户杂志，国内外发行，因文革曾停刊 6 年，20 世纪 80 年代改革开放后进入黄金发展时期，最高发行量一度突破百万。半个多世纪以来，它在文字表述报道的同时，还以大量、丰富、鲜明、生动的体育新闻图片记录了新中国体育走向世界的光辉历程。

1952 年，毛泽东主席为中华全国体育总会成立大会题词："发展体育运动，增强人民体质"，《新体育》以整页篇幅刊登发表。这一题词，体现了中国共产党为人民服务的最高宗旨，明确了新中国体育事业的根本目的和发展方向。历史上，总编缉郝克强，在贺龙、陈毅、荣高棠等国家领导人关怀支持下，坚定坚持并模范执行了这一目的方向。此外，值得一提的是，《新体育》与名列国粹的智力型围棋运动具有不解之缘，有不少佳话流传——1979 年，创办"新体育杯"围棋赛，并连续举办了 14 届；1984 年，与中国围棋协会、日本棋院联合发起主办了 NEC 中日围棋擂台赛；1985 年，与中国围棋协会携手创办了《围棋天地》杂志，至今受到社会棋士棋友的广泛欢迎，为中华体育文化经典的传承发展作出了卓越贡献！

图 3-1-23 《新体育》封面

《体育画报》（图 3-1-24）是中国体育报业总社出版的中国境内唯一的体育

图片杂志。2006 年创刊，属新生代年轻通俗读物，如今已拥有近 40 万读者，成为中国三大画报之一。它与美国、德国、法国以及中国香港、中国台北等国家和地区的体育画刊具有密切合作关系，大量报道了奥运会、世界杯足球赛、亚运会、全运会以及其他重大国际赛事和体育明星。现在，《体育画报》已成为具有国际影响的体育类画报之一，其图片被海内外报刊广泛采用，有些甚至还被国际足联等世界体育组织选为指定年历图片。

图 3-1-24   中国《体育画报》封面

第二节 | 深度报道中的体育新闻图片

一、体育新闻图片的特点

新闻图片，是通过视觉手段来传达信息的新闻报道形式，是新闻的一个重要组成部分。

体育新闻图片的深度表述，是人类文明精神的体现。从体育新闻图片中，受众可以欣赏到人体青春活力的释放，竞技赛场超越自我、精彩纷呈的拼搏，还有人与人之间的交流、理解、关爱和友谊。同时，它也将体育人生中的奋斗、抗争、困难、失败、痛苦、胜利、喜悦浓缩在图像里，让读者获得多彩的人生感悟。

体育新闻深度表述的图片、摄影作品中，蕴涵着丰富而强烈的信息，如运动速度、肌体力量、观众情绪、赛场氛围……特殊的品质决定了体育摄影的专业特点——以现场抓拍为主,要有强烈的现场感觉与冲动;除了形象直观丰富外,还须表现为题材的广泛性、生动的瞬间性及强烈的动感美。

(一)题材的广泛性

现代体育摄影在传达竞技体育信息之外,越来越注重运动员内心世界与精神面貌的揭示。运动员在竞技比赛中表现出的顽强意志、拼搏毅力以及丰富情感,都通过照片引起读者的强烈共鸣。因此,体育摄影既可展示运动场上的大场景,以精彩、惊险、激烈的瞬间震撼读者,又可抓拍与比赛有关的某些"小细节",以趣味性、故事性吸引读者。比如,运动员的一个怪异表情、一个独特庆祝动作等,都可能是体育新闻摄影不可放过的珍贵镜头。此外,广大受众的兴趣爱好,与教练员、裁判员、运动员的专业背景及日常生活的花絮等,也都为体育新闻摄影提供了丰富的深度创作源泉。而随着全民健身运动的深入开展,在竞技体育范畴外,参与人数众多、活动形式多样的群众体育活动,更是为体育新闻图片摄影的题材广泛性提供了保障。

(二)生动的瞬间性

摄影可将对象稍纵即逝的瞬间情态定格为"永恒"。体育新闻摄影图片的瞬间性,即指镜头记录的是新闻事实发生时的一霎那间特定情景。例如,在第56届世界新闻摄影比赛中,中国摄影师魏征拍摄的照片《花样游泳》(图3-2-1)获得在荷兰阿姆斯特丹颁发的体育动作类单幅三等奖。该

图3-2-1 《花样游泳》 魏征 摄

照片呈现的是一名选手在英国伦敦奥运会上参加花样游泳比赛时跃出水面的瞬间。此图片中,那花样游泳运动员的表情与升腾的水花,完美呈现了跃出水面瞬间的爆发力,展示了一种成功情绪的释放,观众能明显感受到比赛现场运动员的专注与唯美,具有生动的瞬间性与超强的感染力。

(三)强烈的动感美

一幅优秀的体育新闻照片,不仅应当内容具有较高的新闻价值,而且形式也要具有较高的美学价值。在表现新闻事实真实、典型的前提下,体育新闻照片的形式越有个性,其生命力就越强,社会影响就越大。而所谓动感,是体育

新闻摄影最为突出的特点。恰当运用好动与静、虚与实的对比手法，强化运动的速度、力量、变化，能大大提高作品的表现力。上面说明"瞬间性"的《花样游泳》，那靓丽的花游女运动员，若惊鸿戏水，不也带给我们"动感美"的享受？

二、体育新闻报道图片的功能

(一)美化报道版面　增强易读性能

我国现代著名新闻学家戈公振，曾对图片在新闻报道中的应用功能有过精彩的阐述。他说："图片是新闻之最真实者，不用思考研究，就能够直接印入脑筋。且无老幼、无中外、无文字深浅、无程度高下之障碍，均能够一目了然。"很显然，这很好地阐明了新闻图片在新闻报道中独特的"易读性"优势及功能。同时，由此我们还能感受到，"易读"功能效应之产生与体育新闻摄影图片对报道版面的美化是分不开的。

(二)感受真实细节　冲击视觉神经

在体育新闻报道中，相较于文字而言，穿插应用的摄影图片显得十分醒目，通常会使受众重视图片信息的暗示。受众浏览新闻报道，接受这种暗示的过程，其实是新闻信息的传递被强化的过程，很多容易被忽略的信息往往会因为配图而变得具有视觉冲击力，从而强化了信息，引起人们的关注。

2013 年 3 月 22 日，在湖南长沙进行的 2015 年亚洲杯足球预选赛第二轮中国对伊拉克比赛中，天降大雨，中国队球员于海有一精彩的雨中头球抢点攻门情景，新华社在报道中配发了抢拍到的照片（图3-2-2）。不用说，如果单用文字描述，肯定很难将现场情况描述清楚。而报道中的配

图 3-2-2　于海(右二)雨中抢点　新华社郭勇 摄

图，则将球员们雨中奋战、专注忘我、勇猛拼搏的情景渲染得淋漓尽致……让受众好似亲眼目睹，体验视觉冲击，如临赛场般领略竞技体育运动之美！

如此，其图片的深度表述效应是不言而喻的。因为图片佐证了这场足球赛事新闻报道的信息，凸显了令人信服的比赛场面摄人细节，从而大大增强了报道的真实性真实感，深化了人生奋斗拼搏的主题。

(三)助力受众阅读提高理解效率

新闻摄影图片，具有一定的叙事性，并且往往比文字描述更容易让人迅速理解内容含义。很多时候，体育新闻摄影图片，可以很好地全面概括甚至代替关于体育人物思想言行的文字描述，明确新闻主题，提高新闻受众的阅读和理解效率。此点与前文所说第一点即"易读"功能具有交叉性，是对更具体复杂事件的进一步分析。

例如，2014年1月25日，李娜在澳大利亚网球公开赛颁奖仪式上亲吻冠军奖杯的新闻图片(图3-2-3)。须知，这是她继2011年法网登顶后再次夺得四大满贯赛冠军，也是亚洲人首度夺得澳网单打冠军。凭借这个冠军，她在WTA的世界排名跃升至女子单打第二。读到这一图片，广大读者，尤其是中国的网球迷、李娜粉丝，能够立即欣喜而明确地获得诸多信息——铁板钉钉，大满贯鳌头李娜又占！好个"娜姐"，法国初问鼎决非偶然！千辛万苦，永不言弃者终有破浪时！千般磨难，历尽坎坷，人岂不泪满衫？由此可见，新闻图片的主题信息是多么丰富，而借图片确能提高新闻受众的阅读理解效率。

图 3-2-3 图源：新华网

(四)形象释放情感 增强传播效果

体育新闻图片，相较于一般文字报道，其功能除了前所说及的"易读性"、"真实性"与提高阅读效率外，还有与其本身特质更直接的一点，即生动形象地再现竞技现场与人物情感释放，从而增强新闻报道的感染力与传播效果。

具体而言，体育新闻图片能够再现体育新闻人物的肖像外貌、精神气质，和体育新闻现场的时空位置、建筑风格等。当摄影师筛选捕捉到其中所需亮点并定格特写展现时，其感染力倍增、效果特佳自不待言，新闻受众当能从中获得深层次的审美体验。例如：国家乒乓球队女单领军人物之一刘诗雯，2019年4月于匈牙利布达佩斯获得世界乒乓球锦标赛女子单打冠军。比赛结束后，由于此前她长期受伤病困扰于低谷徘徊，又年近30岁，似已英雄迟暮，却不料阔别10年再执牛耳问鼎,于是情绪非常激动,几乎不能自持——拿下赛点瞬间竟掷拍于地,并双臂高举,倾情宣泄(图 3-2-4)!继而,又不禁以手掩面,泪洒赛场(图 3-2-5)。试看下面这两张照片,新华社记者抓取浓缩了这两个场面,连那站立的球拍、美化的指甲似乎也在述说,岂不是"形象释放情感,增强传播效果"?

图 3-2-4　新华社记者韩岩 摄

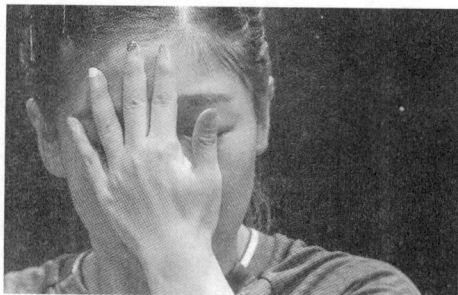

图 3-2-5　新华社记者逯阳 摄

三、体育摄影记者的"新闻眼"

新闻摄影图片的质量高低、成功与否,当然与记者的拍摄技术密切相关,但更重要的是新闻图片的信息量与信息价值。图片所传播信息的量越大,价值越大,图片的质量就越高,图片就越成功。

关于这一点,新闻界有些人的认识还不很明确,认为做摄影记者,只要在新闻现场按下快门,拍几张照片就 OK 了。事实绝非如此!大量实践经验证明,要做好摄影记者,要拍摄一张有意义、质量高的新闻照片,就须认证采访、细致搜寻,并具有独立敏感思维特质,能迅速判断预期新闻价值,才可能拍得高质量成功照片,获得理想效果。

于是,这里需要提出一个"新闻眼"的问题。所谓"新闻眼",即记者对新闻事件要有瞬间的洞察力,对新闻价值要有敏锐的判断力。这实际上是对新闻摄影记者提出了一个很高的要求。须知,好的"新闻眼"绝非与生俱来,也不可能是凭一时灵感,说是"碰上了"或"偶然逮住了",而肯定是新闻摄影记者长期文化知识的积累与临场观察、临场经验结合的结果。那么，要具有"新闻眼"，须从哪些具体方面积极努力呢？

(一) 提高思想水平　了解体育精神

爱国之心，人人皆有。而对于新闻摄影记者来说，爱党爱国爱民的前提尤为重要，因为新闻摄影作为党的新闻事业的重要组成部分，这样的爱心与自觉，是对新闻摄影记者最基本的原则要求。只有具备了这一条，所谓"新闻眼"才能够有正确方向的保证，而不致昏昏然误入歧路。此外，因为是体育新闻摄影，所以了解、把握人类体育文化体育精神，全面深刻认识其精髓本质，也是不可或缺的。

(二) 发扬艰苦作风　忠于职业使命

著名美籍匈裔战地摄影记者罗伯特·卡帕有句名言："如果你照片拍得不够好，那是因为你离炮火不够近。"这就是说，新闻摄影记者的艰苦作风与庄严使命感，决定着新闻照片的水准与质量。一位体育新闻摄影记者，能否把工作当作一份事业去做，是否具有强烈责任感与献身精神，对于"新闻眼"的锻炼培养，无疑将起有决定的作用。罗伯特·卡帕，曾被誉为世界最伟大的摄影家，他践行了自己的箴言与理想，41 岁不幸丧身越南战场，以其独特深邃的"新闻眼"创作了系列经典战地摄影作品，为新闻摄影事业树立了历史的丰碑！他是值得我们体育新闻摄影记者学习效法的光辉榜样！

(三) 培养视觉敏感　学习经典作品

经典性新闻摄影作品，总是充满着强烈的思想情感力量。近年来，新闻照片含蕴的思想情感力量，越来越引起业界的重视，特别是具有这一力量的人文关怀表现，成了各新闻摄影专题研讨会上的热门话题。因此，大家获得共识，须深入新闻摄影实际进行学习研究，特别是针对那些投射人文关怀意识与思想情感力量的优秀作品。体育新闻摄影，应当像普通新闻摄影一样，也应当具有"新闻眼"，树立自己的典型，打造自己的经典，学习推广自己的"大眼睛"！

众所周知，新闻摄影是以形象来反映时代、写就历史的。优秀经典的摄影作品能够超过文字记载而成为时代的记忆、历史的见证。如著名摄影家解海龙的那幅《大眼睛》，就是党和国家兴起于 20 世纪 80 年代"希望工程"的标志性照片，8 岁的安徽金寨女孩苏明娟成为被救助儿童形象代表，拨动过千万人的心弦，发挥过独特而巨大的社会作用。然而，在体育新闻摄影领域，也曾出现过自己的《大眼睛》，例如——记录展示栾菊杰的《祖国好》(图 3-2-6)，还有《王军霞夺得奥运会金牌之后》(图 3-2-7)等。

图 3-2-6 《祖国好》

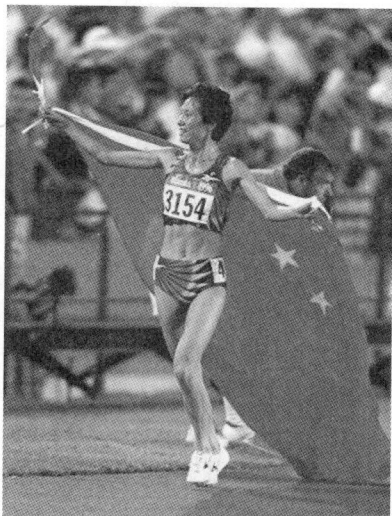

图 3-2-7 《王军霞夺得奥运会金牌之后》

栾菊杰，号称"全民偶像"、"东方第一剑"，20 世纪 70 年代最早突破欧美传统项目"禁区"，1984 年洛杉矶奥运会女子花剑冠军，中国乃至亚洲第一；王军霞，有"东方神鹿"美誉，1996 年亚特兰大奥运会女子 5000 米冠军，杰西·欧文斯奖获得者，首批入选国际田联名人堂 12 人之一，中国乃至亚洲唯一。毋庸赘述，栾菊杰和王军霞都是充满奥林匹克精神和人文情感力量的人，两张照片记者颇得"新闻眼"真谛，对此全面深刻把握，并在竞技赛场凭借视觉敏感，攫取到映现如此精神力量的闪光瞬间——栾菊杰以 50 高龄由加拿大返乡参加北京奥运会，赛后激动真情展现红色横幅"祖国好"……王军霞赴美尽显中华儿女风采，登顶后身披五星红旗绕场奔跑欢庆……试问，这等情景，岂不分明是两团炽热明艳的火焰？如此洋溢人间大爱的高质量高价值体育新闻照片，不正是我们的《大眼睛》、值得我们深入学习研究的典范吗？

(四) 夯实知识技术基础　确保新闻眼力功效

"工欲善其事，必先利其器。"从事体育新闻摄影创作，在培养锻炼"新闻眼"之初，在提高增强新闻事件价值洞察力判断力的同时，我们还应当注意到筹备相关物质保障，夯实知识技术基础，以确保取得并扩大新闻眼力的功效。这些基础保障主要有以下三方面。

1. 熟悉竞技运动专项

竞技运动，分为许多专项，其比赛又各有特定详细的比赛规则。作为体育新闻图片摄影师，与运动员教练员一样，也必须了解所拍摄专项及其比赛规则。只有这样，才能以行家的眼光看待训练比赛，提高自己的反应灵敏度，才能对赛事的过程发展，诸如何时比赛会出现高潮或意外，何时观众会情绪波动或反应过激等，提前迅速作出预判，做好准备，实施"抓拍"，从而产生高水准高质量的摄影作品。

2. 选择精良高效器材

在竞技体育比赛现场，很多时候摄影师不能随便进入赛场，摄影师需要提前选位，预先"埋伏"。这时侯，摄影器材的选择就显得非常重要。著名摄影师代亚杰指出：高速连拍在体育摄影当中非常重要，而佳能 EOS-1D X 最高约 14 张/秒、自动对焦追踪时最高约 12 张/秒，在跟焦拍摄时，也不会错过任何精彩的瞬间（图 3-2-8、图 3-2-9）。再如，场外拍摄运动员时，由于距离的遥远和运动员不停变化位置，镜头一定要选择好，如，EF 200-400mm f/4L IS USM 镜头能够应对频繁更换镜头的拍摄场景，不仅变焦范围宽广，还具备等同于定焦镜头的高画质。而 EF 70-200mm f/2.8L IS II USM 作为中远焦变焦镜头也是拍摄运动场景时经常用到的，不同的场景还可以选择配不同的镜头拍摄。

图 3-2-8　Canon EOS-1D X ISO
4000 1/3200 秒 F8 焦距：380mm

3. 把握关键快门技术

激烈的竞技体育比赛，让运动员全情投入到赛事当中，时而奔跑，时而跳

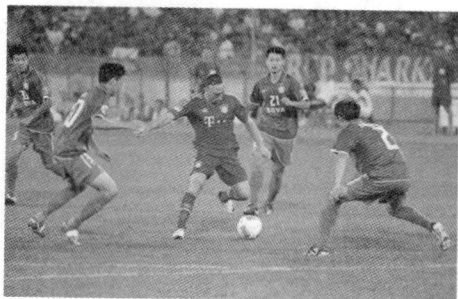

图 3-2-9　Canon EOS-1D X ISO
800 1/1200 秒 F4 焦距：240mm

跃，时而急停，运动的方向变换多，节奏、速度非常快。这时候，把握好快门技术就显得非常重要。因为，快门除了能改变曝光外，快门速度还可以改变运动呈现的形式，高速的快门可凝固快速移动的物体。许多竞技体育比赛是在体育馆举行，现场光线可能达不到高速拍摄的要求，这时就需要注意使用快门优先模式拍摄，快门速度不低于 1/1000 秒（图 3-2-10）。在使用长焦距镜头高速拍摄时，还需要另外使用三脚架固定好相机，来保持稳定性。在选择快门优先模式时，为了保证快门速度，可考虑将感光度调高，以保证画面亮度。此外，作为体育新闻摄影记者，你可能做好了自己能想到的各种准备，但不可能预想到赛场可能发生的突发情况，就像你不可能预想到竞技体育比赛的结果一样。但本职工作需要你能够把各种不利因素降到最低程度，甚至将一些劣势转化为优势，这也是我们之所以必须注意把握关键快门技术的原因与道理。

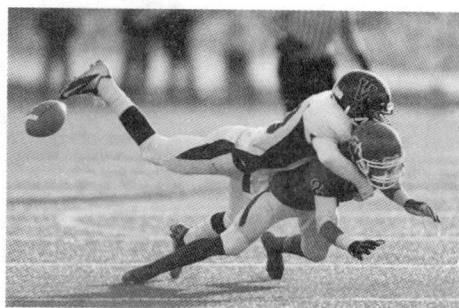

图 3-2-10　Canon EOS 5D Mark III ISO：200 1/1200 秒 F8

第三节 | 体育新闻深度图片的类型

一、图片深度准则

体育新闻图片是体育新闻报道的一种表现形式。体育新闻图片以其直观、形象、真实、简洁的特点，在体育新闻的报道中占得先机。特别是在网络与新媒体高度发达的今天，体育新闻图片更是体育新闻报道中不可或缺的组成部分。在媒介竞争日趋激烈的大环境下，体育新闻图片已经不仅仅停留在好看好玩的娱乐点缀作用层面上，摄影记者个性思想特色的显示越来越受到重视。一幅幅突出报道主旨、体现记者志趣，即遵循深度准则的体育新闻图片，大大拓展增强了体育新闻报道的宣传效应。

在当今媒介以"思想与深度"为生命线的竞争背景下，拓展增强体育新闻图片的深度宣传效应，是提升纸质媒体竞争力的必然要求。一幅好的体育新闻照片，应当具有很强的视觉冲击力和鲜明的新闻主题，能使大多数读者产生强烈的"想看"愿望，并进而达到"耐看"的水平。凡是耐看的体育新闻照片，常常是抓住了极具形象说服力的瞬间，抓住了揭示主题的典型形象，达到了一图胜千言的传播效果。这就是体育新闻图片的深度准则，或者说作为体育新闻深度报道的另一重要形式的深度表现。那么，体育新闻图片是如何表现体育新闻事件深度的呢？本节拟按体育新闻图片的不同类别加以剖析。而根据体育新闻图片显示深度的不同方法与途径，可将其划分为对比型、象征型、侧面表现型、组合型、漫画型等五类。

二、五大特色类型

1. 对比型体育新闻图片

在一幅图片中，人或物表现出截然相反或明显不同的状态，便产生了对比，图片中包含的对比的信息量增多，就自然会产生深度。对比强烈的图片在体育新闻图片中比较多见，这是由竞技运动的残酷性所决定的。比赛的胜者往往欣喜若狂，而失败者则常常沮丧失意。摄影师如果能够抓住同时表现双方相反状态的瞬间，将会产生强烈的对比效果，增加体育图片的报道深度。

中国"网球一姐"李娜，与后来的游泳"洪荒妹"傅园慧相比，其表情包毫不逊色，而且更加幽默。无论是法网还是澳网，她都曾成功上演过答记者问脱口秀，引得观众一阵阵欢呼。2014年1月13日，在澳大利亚网球公开赛女单第一轮比赛中，李娜以2比0战胜克罗地亚选手孔祖(图3-3-1)，晋级下一轮。

图片中李娜赢得比赛后兴奋、激动的表情与孔祖沮丧、落寞的神情形成鲜明对比。从图片中，受众完全能够充分鲜明地感受到比赛结束的那一刻两位选手之间的情绪落差。

图 3-3-1　李娜以 2 比 0 战胜克罗地亚选手孔祖　图源：新华网

中国摄影记者鲍泰良在巴西世界杯中拍摄的一张照片，获得了世界新闻摄影大奖。球迷一眼就能看明白这张照片的内容——世界杯决赛，阿根廷 0:1 负于德国。大力神杯就在巨星梅西面前，然而梅西只能是眼巴巴的看客。根据鲍泰良的介绍，这张照片的名字是《一步

图 3-3-2　《一步之遥》　鲍泰良 摄

之遥》(图 3-3-2)。照片中，众多媒体记者的长枪短炮都对准了胜利者德国队，阿根廷球员的表情则显得很是失落。萨巴莱塔低着头；梅西盯着近在咫尺的大力神杯，眼神似乎很迷茫，内心的沮丧非常明显；FIFA 主席布拉特、秘书长因凡蒂诺在奖杯的两旁，胜利者的狂欢，失利者的消沉，形成了鲜明的对比，具有很强的视觉冲击力。

2019 年 7 月 21 日，在光州游泳世界锦标赛上，中国奥运冠军孙杨作为七朝元老，勇夺男子 400 米自由泳第四冠，这也是他在此舞台上收获的第十金！但在颁奖仪式上，却受到了不礼貌不友好的对待，澳大利亚名将霍顿拒绝站上领奖台与孙杨合影，并全程"黑脸"。如图 3-3-3，这是一种潜在的别有一番意味的对比，是与人们心目中的熟悉情景——微笑、握手、拥抱、相互致意——形成了鲜明的对比，无怪乎霍顿受到了舆论的一致批评。

图 3-3-3　图源：新华网

2. 象征型体育新闻图片

在图片中，通过具体的事物来寓意隐藏在该事物后的某种含义，这就是象征型的体育新闻图片。象征型体育新闻图片的典型手法是以小见大。

德国摄影师 Dominik Obertreis，用镜头记录了在北京西城区某少年体校内训练的一群体操儿童。摄影师在图注中一针见血地指出：在中国，少年体校学生面临着沉重的成绩压力与严苛的训练环境。图中孩子的眼神看起来很单纯，他们好像不知道为何要练体操，只知道每天有一起练体操的好伙伴而已。

图 3-3-4　德国摄影师作品

同样的题材，王铁军的作品中文名称为《汗水铸就中国梦》（图 3-3-5），英文为 *Sweat Makes Champions*。作品拍摄于中国徐州某训练中心，内容是 4 位体操女娃娃靠在墙边做着 30 分钟的脚趾压力训练。

图 3-3-5　《汗水铸就中国梦》　王铁军　摄

由此，我们确实应该反思：在奥运梦想的背后，孩子们真的开心吗？他们的童年是否应该这样？这两张图片，堪称富有社会文明深度，实质上都是象征性地对我国参与竞技运动训练少年儿童的成长环境表示了忧虑，对我国少年儿童的教育训练体制提出了批评。

再如，新华社记者吴晓凌拍摄的《柔道——血染赛场》（图 3-3-6）——画面中的血滴让人过目不忘。《人民摄影报》曾高度评价这幅照片道："血滴使静态画面具备了好照片的很多内涵，小中见大，小中见情，具有不可名状的悲壮美！跪下的腿和支撑的手代表着力量，暗示着坚持坚强；缠绕白色绷带的手与血滴相映，隐含着失败、艰辛和挣扎等丰富的含义；皇冠状的血滴更是传达了'只要努力拼搏，失败者也是无冕王者'这一奥运精神。"这张照片把细节运用到了极致，达到了尽善尽美的境界，尤其是能拥有如此深刻的象征意义，真是让人为之既"颤抖"又振奋。

图 3-3-6　《柔道——血染赛场》　吴晓凌　摄

3. 侧面表现型体育新闻图片

体育新闻图片所表现的未必都是赛场上的激烈场面。换个角度，从体育比赛的其他侧面，如看比赛的球迷，报道比赛的媒体记者，比赛场馆的情况和裁判的神情等角度，同样可以表现体育的魅力。这种从侧面切入的方法给读者耳目一新的感觉，大大增加了体育新闻图片的可读性。此类图片即侧面表现型体育新闻图片。

2019年4月28日，在布达佩斯会展中心举行的第55届世乒赛男单决赛中，中国乒乓球选手马龙以4∶1战胜来自瑞典的法尔克，夺得三连冠！虽然中国队身处客场，难得的是在决赛现场依旧出现了为马龙加油的美女球迷粉丝团，这成为现场一道亮丽的风景线。"粉丝"们身着统一的服装，并高举加油横幅，至马龙赢得赛点，有女"粉丝"喜极而泣（图3-3-7）……如此的加油助威让欧洲也惊艳到了，这就是一张成功的含蕴丰富的侧面表现型体育新闻图片。须指出，虽然说中国乒乓球队人才辈出，技压天下，但是对年过而立的马龙而言，他已经不再年轻，2020年的东京夏季奥运会，很可能是他的最后一届，将上演告别收官大战。那美女粉丝的喜极而泣，激动无比，岂不正侧面表现了对马龙可能会结束的运动生涯的留恋？对马龙东京奥运会卫冕的期盼与祝福？

图 3-3-7　美女粉丝团

图 3-3-8　越野障碍赛

再如，捷克摄影师 Roman Vondrous 拍摄的《越野障碍赛》（图3-3-8），获得了2018年国际新闻摄影大赛（荷赛）奖体育动作类组一等奖。照片赛事背景为"大帕尔杜比采"，这是中欧最古老最具挑战性的马术越野障碍赛。自1874年起，这项赛事就开始在捷克举行，一般在每年10月份，距离长达6900米，对参赛选手来说是艰巨挑战。摄影师通过灰暗的色彩、急驰的骏马、飞溅的泥浆等几个侧面的夸大渲染，充分表现了此项古老比赛的挑战性，赛程的危险性，以及运动员无所畏惧、勇往直前的英雄气概。

4. 组合型体育新闻图片

李楠曾在《中国记者》著文指出："将一系列图片组合在一起表现某个主题，截取图片中相同主题的部分，从而达到反复的'修辞'效果，可以在版面上形成整合价值，大大增加版面的信息量。"这样的新闻图片报道自然也更加形象生动。但如此组合，须对参与组合的各个画面构图进行剪裁处理，其特点是：故意忽视其构图上的不完美，取其内容上最能表现主旨的一点，将其交错排列，从而在版面上形成高潮。

图 3-3-9　非洲组合照片

图 3-3-9 这幅组合型照片，记录的故事发生在非洲的塞拉利昂，家中有 38位亲属成员因为埃博拉病毒肆虐而去世的 Erison Turay 组织起一个足球俱乐部，以慰藉其他的埃博拉幸存者。这组照片没有太多炫技的地方，只是很平实地记录了这个俱乐部的日常情景。然而，因为紧扣埃博拉病毒这一全球性话题，所以具有鲜明的时代特征，反映了严峻的社会问题。而最重要的是，这组照片展现了人们在死亡笼罩的环境之下，依然微笑、乐观地面对生活，依然热爱运动。照片所传递出的正能量是其获奖的关键因素之一。这组照片充满爱意与自信地告诉我们——再困苦艰难的日子也不要忘记微笑、忘记体育运动，体育运动是人们永恒的快乐源泉。

5. 漫画型体育新闻图片

近年来，漫画这种人们喜闻乐见的图片形式，越来越多地出现在体育新闻报道中，并且起到了挖掘深度的"奇兵"作用。"漫画"是日本最初创用后传入中国的一种介于文学与绘画之间的艺术体裁，其特点是能将图片的夸张和讽刺作用扩大，从而深化报道的主题。它不但能直接表现新闻人物、新闻事物的外形，而且能以文配图的形式表现新闻人物的思想和心理，特别适用于体育新闻评论。

新蓝网播博论坛网友的原创漫画《大大与足球》（图 3-3-10），描述了足球之间有趣的事情。漫画从爱足球、治理足球乱象、足球从娃娃抓起、大大的足球梦等四个方面，以其生动的"萌系"画风赢得网友纷纷点赞。从这组萌系漫画中能形象地感受到习大大与足球之间的情谊。（新闻来源：新华网）

图 3-3-10 《大大与足球》漫画

再如，2017—2018 赛季 NBA 常规赛金州勇士对阵波士顿凯尔特人，最终勇士以 109:105 险胜凯尔特人。此役，库里火力全开，他 24 投 16 中，三分球 13 中 8，得到 49 分 5 助攻 4 篮板，其中 49 分也创造了他本赛季个人单场的得

图 3-3-11　漫画

分新高。而欧文 18 投 13 中，三分 6 投 5 中，砍下 37 分 2 篮板 4 助攻。漫画中（图 3-3-11）以谐谑的方式呈现了库里与欧文两人的战后状态，库里开心到飞翔起来，而欧文面对神一样的对手库里，实在无奈，只能发出疑问："你可能不是个人吧？"虽不乏自嘲的意味，但风趣幽默间，竞技体育的无限神奇与魅力尽显其中，宣扬现代文明与体育文化的主题也就得以深化（图源：搜狐体育　刘守卫漫画）。

最后，还有一组微信公众平台"互联网+体育"2017 年发布的原创手绘漫画（图 3-3-12）。该组漫画通过诙谐幽默的方式，将 2016 年体育明星大事件生动形象地呈现给受众，使受众一看就能知道是哪个体育事件，其中包括"中国女排时隔 12 年再次夺冠""傅园慧用尽洪荒之力""张继科快醒醒这可是奥运会啊！""詹姆斯总冠军夺冠"，等等。这些年度热门话题，通过漫画形式的渲染，既具有较强的娱乐性，又表现出较深的启发教育意义，令人感到余味无穷。

图 3-3-12　漫画

三、图片文字说明

前文阐述了体育新闻深度图片的五大特色类型。然而，无论何种特色类型，都普遍有一共同的结合搭配文字说明的问题。一般地说，图片与文字应当成为有机的整体。图片往往只是固定了新闻事实的一个或几个瞬间，必须与文字相互配合，密切协调，才能产生互补、互融，互证的效应，从而准确、全面、得体地表述新闻事实的全貌与本质。换言之，体育新闻深度图片只有与文字说明相辅助共发挥，才能高效完成平面媒介传播信息、引导舆论、娱乐生活、监督社会的使命。不过，考量文字说明，当有简短精炼的标题式与具体周详的小节式之分，而后者更是写作问题，故以下拟对前者的五种常见修辞艺术技巧加以分析。

（一）比喻

比喻，俗称打比方，是把一事物比作另一事物。比喻人人会用，但用得是否精当得体，惟妙惟肖，那差别是很大的。2008 年北京奥运会上，中国选手江钰源在女子自由体操决赛中，被记者拍得一张照片用于报道，标题为《金鸡独立》(图3-3-13)。你看,那鲜红金黄的衣衫,那靓丽挺拔的形体,活脱脱一只昂首啼鸣的金鸡!

图3-3-13 金鸡独立

(二)引用

图片标题的引用修辞,是指运用借用名言名句、经典典故,以增添图片艺术魅力。中学语文课本上,有一篇《"飞天"凌空》的精美散文。但实际上,它是许多年来被新闻界视为典范的体育新闻特写,由《光明日报》记者夏浩然、樊云芳采写于1982年印度新德里亚运会。当时,南京体育学院著名跳水选手吕伟在决赛中夺得女子10米跳台冠军,特写描述的就是她最后锁定第一时的"飞天"瞬间情景——"她那修长美妙的身体,犹如被空气托住了,衬着蓝天白云,酷似敦煌壁画中凌空翔舞的'飞天'(图3-3-14)。"这"飞天",作为特写及配图标题,是记者的得意之笔。它是对固有神话形象(图3-3-15)的"引用",而同时作为喻体,让受众产生吕伟与仙女并蒂绽放,融为一体的幻像,并体验享受唯美无比的体育美人性美。

(三)仿用

所谓仿用,即故意更换现成词语中的字词,仿造出有特别含义的新词语。比如,中央电视台体育频道的专题栏目《豪门盛宴》《武林大会》《篮球公园》等,就都是仿用修辞。还有湖南电视台体育频道的"乒羽先锋""乒羽争锋""谁羽争锋"等说法,也都有仿用的含义与痕迹。另外,21世纪初,体育新闻足球语境下流行的"气勿生"一词，则为戏谑搞笑，对某知名教练姓名的仿用，亦其人物漫画的标题。

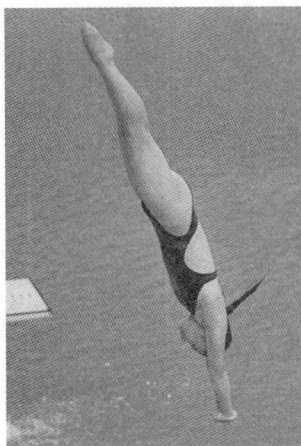

图 3-3-14 "飞天"凌空　　　　　　　　　　　图 3-3-15

图 3-3-16 标题"春风得意马蹄轻"，显然是仿用苦吟诗人代表孟郊的名句"春风得意马蹄疾，一日看尽长安花"。此一"轻"字之易，凸显诗化了走马环境的宜人幽雅。

图 3-3-16

（四）双关

双关修辞，即利用字词的谐音、多义，让一字词兼有双层意思，但偏重于某一层。例如，百度图片里，遇有一特别现象：许多幅配图有同一标题，或者说同一标题有许多幅配图。图3-3-17标题为："郅在必得"。乍看不免摸不着头脑，再一瞧那配图里人物有王治郅，则豁然明白，"郅"与"志"谐音，意在双关，是点赞这篮球明星呢！

图 3-3-17　《郅在必得》图

王治郅，人昵称大郅，原国家、八一男篮前锋，现任八一南昌队主教练。20世纪90年代，他独步CBA，火候人气超旺；本世纪初，他赴美国发展，曾三度入选NBA劲旅。上述图片标题"郅"与"志"读音相谐，字义双关，旨在力挺宣扬大郅有志气、有能耐、大手笔、大作为！平心而论，对照起大郅骄人光耀的篮球生涯，对照起图片中自信阳光的须眉形象，此"双关"赞美效应可谓发挥到极致！

（五）移就

所谓移就，就是把适用于甲事物的词语，别出心裁地运用到乙事物上去。这是一种超乎常格的语言现象，具有创造性。曾有一足球赛射门瞬间图片报道，画面上攻防各有一名队员，呈短兵相接之势，而另有一人隐身画外，只见一足直插进来、狠命一蹴……图片下的标题是——《第三者插足》。不用说，这就是移就，诙谐幽默之外，又平添凸显了竞技的变幻、激烈与忘我。另外，还曾有一体操裁判，赛前在赛场旁点眼药水，记者看到随即抓拍下来，并标题——《粮草先行》，这移就的是传统军事术语。

下面，再看一幅摄影师孙永拍摄的乒乓球双打比赛中的《难解难分》图（图3-3-18）。我们知道，表现竞技的动感，是体育摄影最重要的特色。恰当运用好动与静、虚与实的对比，能够产生强烈的视觉冲击，突出速度之迅疾，

图 3-3-18 《难解难分》图

渲染气氛之炽热，从而深化坚韧顽强的体育精神主题。而将表现展示双方实力水平上抽象的"难解难分"，运用到双方球台前身影动作上形象的"难解难分"，这也是一个绝妙成功的移就范例。从这难解难分的形体画面上，我们岂不更深切地体会感悟到了体育精神主题？

第四章
体育新闻深度报道案例赏析

　　传播媒介的技术变革和体育社会影响力的提升，对体育新闻深度报道的受众消费习惯产生了深刻影响。尽管受到传播媒介的移动化和视频化、受众媒介消费的碎片化和浅层化、体育活动的市场化和社会化的影响，体育新闻深度报道在内容题材、呈现方式、话语表达方面都有了新的发展，但其满足受众的深度信息需求、探寻体育发展本质、立体化展现体育生活的基本属性并没有改变。反映体育社会的深刻主题、立体化展示体育人物故事、全方位记录体育事件……一篇篇体育新闻深度报道全景地记录了体育故事，反映了体育社会属性。本章精选了 15 篇不同时代、不同类型、不同风格的体育新闻深度报道范本，并配以鉴赏分析，同学们在深刻感受这些经典体育新闻深度报道魅力的同时，也能提升体育新闻深度报道的创作能力。

[案例一]　世界运动会中华选手刘长春昨日安抵上海

教练宋君复及郝更生夫妇等偕来，于希渭在大连被日人监视不能来

我国第一次参加奥林匹克运动大会选手刘长春及教练宋君复，前东北大学体育专修科主任郝更生及其夫人高梓女士，昨日下午六时许搭平沪列车安抵沪上，将于八日启程赴美。

北火车站欢迎甚盛

在站欢迎者有协进会代表周家骐、施肇康、各报记者及郝宋刘之亲友等，其况甚盛。郝等虽因长途劳顿，仍与欢迎者或握手言笑，或欣然作答，随后他们一同驾车而去。

郝更生谓可贺可喜

郝更生离平时发表谈话，称此次我参加奥林匹克能成为事实，不胜可喜。他说道，此次我主张于、刘两位选手参加世界运动会的动机有二：①世界运动会各国实力状况可撇开不谈，从国际关系而言，我国太落后，参加大会早应设法。②日本以我国选手作伪国代表向大会报名，为伪国做宣传，世界各国对此表示接受与承认。此次我国有一选手参加，可打碎日人此种卑劣手段。

济南三日电

郝更生、高梓、刘长春与东北大学教授宋君复今过济赴沪、刘宋定八日乘轮船赴美，参加世界运动会。郝谈此次参加运动会的意义：①使满洲伪国不得参加、不得在国际上得地位。②刘为东北人，可乘机向全世界宣传日侵我国东北真相。③开创我国运动史上新纪元，让国旗飞扬于世界运动会场上。④促进我国体育发展，胜败非所计。

威尔逊总统轮今晨送刘长春宋君复赴美参加第十届世界奥林匹克运动会

上午十时新关码头前来欢送的民众千余人，他们高呼"中华万岁"！中华体育协进会董事王正廷博士偕夫人到场举行授旗典礼并致欢送词："我国此次派君参加世界运动大会，为开国以来第一次，实含有无穷之意义，余今以至诚之心，代表中华全国体育协进会授旗予君，愿君用其奋斗精神，发扬于洛杉矶市奥林匹克运动场中，使中华民国之国旗，飘舞于世界各国之前，是乃无上光荣

也。"刘长春作答道："我此次出席奥运会，系受全国同胞之嘱托，我深知责任之重大，当尽我所能。"

（1932 年 7 月 4 日–8 日上海《申报》）

[赏析]

从北京两获奥运举办权说开去

2008 年，百年奥运，中华圆梦。8 月 8 日晚 8 时，著名导演张艺谋执导的开幕式，在世界的惊呼声中，在"鸟巢"中央舒展开史诗般的中华历史长卷，焰火组成的巨大脚印，从中轴线南端，跨过明清两朝巨大的帝王建筑群落，停留在中轴线北端一组以"鸟巢"为代表的奥运建筑群上空。刹那间，五千年的中华古老文明与百年奥运激情相拥。十六天精彩赛事，来自 204 个国家和地区奥委会的运动健儿们在光彩夺目的场馆里同场竞技，用他们的精湛技艺搏得了世界的赞叹。时任国际奥委会主席的罗格先生在评价本届奥运会时说，这是一届真正的无与伦比的奥运会。1908 年到 2008 年，一个世纪的轮回，中华民族对奥林匹克运动的热切盼望冲过重重磨难，从奥林匹亚山迢迢而来的奥运圣火，终于来到中国的土地。在北京夏奥会的记忆日渐模糊的时候，2015 年 7 月 31 日，经过 85 位国际奥委会委员的不记名投票，北京以 44∶40 的票数击败对手阿拉木图，赢得 2022 年第 24 届冬季奥林匹克运动会的举办权。北京也将成为第一座同时举办过夏奥会和冬奥会的城市。短短十几年，奥林匹克两次来到中华大地，不仅让世界更全面地了解发展中的中国，也是中国国际地位提升的最好证明。

本文赏析的是 1932 年 7 月间，上海《申报》关于中国赴美国洛杉矶首次参加奥运会的连续报道。为什么要说到 70 多年后的北京奥运会呢？这是因为两者之间有着相同的问题，从理论上有助于辨析清楚体育本身具有一定的政治功能。上海《申报》的连续报道深度正是体现在对当时奥运政治风云的理性审视剖析之上。

1932 年，适值日本发动"九一八""一·二八"事变，扶持清废帝溥仪成立伪满洲国政府不久，奉行"攘外必先安内"政策的南京国民党政府忙于围剿中央革命根据地，借口时间仓促，竟宣称不派选手参加奥运会。而日本为骗取世界各国对伪满洲国的承认，却积极筹划派运动员刘长春、于希渭以"满洲国"的名义参加奥运会。1932 年 5 月至 6 月间，日本人控制的大连《泰东日报》先后发表《世界运动会，新国家派选手参加，刘长春、于希渭将赴美》《奥林匹克大会复电承认"满洲国"的建议，且要求"满洲

137

国"速交国旗与国歌》等报道。消息传出，举国哗然，国人纷纷向国民党教育部和中华全国体育协进会提出抗议与责问。5月末，刘长春借《大公报》记者采访之机，在《大公报》上发表严正声明："伪报所传，纯属虚构谎言。我是中华民族炎黄子孙，绝不代表伪'满洲国'出席第十届奥林匹克运动会。"这就是 1932 年中国参加洛杉矶奥运会的政治历史背景，日本国和伪满政府要分裂中国正是问题的实质。上海《申报》自然不乏这样的政治和新闻敏感，它连篇累牍，不厌其烦，反复渲染强化这一问题的实质。无论是在北平，还是在济南、上海，其追踪报道不曾须臾偏离此事关乎国家民族之主旨，不断引用郝更生、王正廷等相关重要人物的言论，揭示日本侵略者妄图分裂中国的狼子野心！而且，报道还突出了大众百姓的热烈反应。从"北火车站欢迎甚盛"，到"新关码头前来欢送的民众千余人""高呼'中华万岁'"，都说明了系列深度报道的社会效应和国民的爱国热情相得益彰。

［案例二］　走近中国滑雪运动先驱单兆鉴

文稿内容有删减，具体可见节目视频：

http://tv.cctv.com/2018/05/14/VIDEqPJSm87d68YxIOvrOb5o180514.shtml

http://tv.cctv.com/2018/05/21/VIDEjmfolWg7pp6sFaFoMnLm180521.shtml

【串词】作为中国滑雪界的传奇人物，单兆鉴老人不仅仅是一名体育工作者，还是一位孜孜以求的发现者，中国大地上几乎所有的滑雪场都和他有关。现年 80 岁的单老不但发现了人类滑雪起源地的阿勒泰，还发现了 2022 年冬奥会举办地之一的竹林滑雪场。

【同期】我第一个滑雪场的作品，是在亚布力滑雪场。全国的大型滑雪场基本上我都参加了，最后落脚在现在的崇礼。

【解说】上世纪末，中国的滑雪场只有几家，全部集中在东北地区，远不能满足极速增长的滑雪人口，尽快开辟一个有国际水平的大型滑雪场，成为单老的全新课题。1985 年的春天，时年 47 岁的单兆鉴把目光投向了河北省张家口的崇礼区。

【同期】为什么选在这个滑雪场，为什么对这个地方感兴趣呢？当时我总结了七条原因。第一，崇礼区距离全国最大的滑雪客源地北京市比较近；第二，崇礼区自然资源山体比较好，陡峭的山峰不行，平地也不行，正好崇礼地区是一种大的丘状的山体；第三，它的生态环境比较好，森林覆盖面积广，滑雪兼具自然属性、旅游属性和体育属性，它的自然属性比较好。

【解说】此外，当时的崇礼是河北省垫底的国家级贫困区。无论政府，还是百姓，对改变山区的贫困现状有着强烈的渴望。

【同期】就是这种水资源，基本上满足了滑雪场开辟的需要。同时它的气象条件比较好，降雪量大，能营造出来滑雪的氛围，因为滑雪应该是大自然的项目，冰天雪地，林海雪原，高山峻岭当中开辟出来的滑雪道才合乎生态环境和体育属性。崇礼就具备这样的条件，在崇礼区建了第一个窗口项目塞北滑雪场。

【解说】当时的省领导把这七点原因论证称为"单七条"，在当地的媒体笔下，是单老为崇礼规划的第一条雪道，为崇礼带来了第一副滑雪板。这之后万隆、长城里、多乐美地、云顶、丽苑、太武、福荣、翠云山等多家滑雪场纷纷建成，在国内无论是规模还是档次，崇礼稳居滑雪第一大区。

……

【解说】单老今年80整，直到现在他仍然乘坐公共交通，为滑雪而忙碌。画面中的人都是来自全国各滑雪场的设计者和研发者，像这样的技术沟通已经是单老的生活常态，他说他为自己制定了新的85计划，在85岁之前，他要再为自己完成一个心愿。

【同期】我有很强烈的愿望，如果2022年冬奥会的火炬点燃的话，如果在希腊点燃，那落脚在中国的第一站，应该落脚在中国新疆的阿勒泰。我作为一个滑雪的老兵啊，我作为阿勒泰人类滑雪起源的研究组的组长，能给我一个机会，我去跑第一棒。这是我一种期望，也是一种梦想。

【串词】今年的3月23号，中国的一位滑雪老前辈在美国的斯阔谷荣获了国际滑雪历史协会颁发的终身成就奖。他是中国乃至亚洲获得该荣誉的第一人。这位被称为中国滑雪之父的80岁的中国老人就是单兆鉴。

【解说】这是他10岁的时候。

【同期】天怎么能下雪啊？

【解说】这是他19岁的时候。

【同期】是谁发明滑雪？这个运动咋这么好呢？

【解说】这是他80岁的时候。

【同期】这个滑雪到底从哪里来的？谁发明的？这个人怎么这么聪明啊？

【解说】运动员、教练员、裁判员、体育官员，凡跟滑雪有关的事，老爷子全都干过。2018年，他登上了自己生命的珠穆朗玛，被表彰的原因是在中国新疆阿勒泰，他发现了人类滑雪最早的起源地。

……

【解说】俄罗斯的教科书，日本的图书馆，挪威的学术专著，都留下过相似记载，把人类滑雪起源地指向阿勒泰的广大地区。

【同期】第一要看看这个岩画，人物下面的脚有没有延长物。第二点，看看他这个人是不是基本呈站立的状态，不是趴在那个地方，或仰卧在那儿，不是那样。

【解说】第三点要考察滑雪者身体是否有动态呈现。第四，要看看周边人物、动物的参照关系，比如是否在狩猎、在运输。

【同期】我们现在在阿勒泰发现的岩画，发现了多幅岩画，其中一幅最长的，我们初定的(时间)是一到三万年，旧石器时代晚期。我们给它取了个下限，距离公元前至少一万年。

【解说】2006年和2015年，单老和他的团队先后两次发布了阿勒泰宣言，最后，18个国家30多个中外专家对单老的研究成果达成了共识。

【同期】阿勒泰地区是人类滑雪的摇篮，我觉得直到这个时候，我的心里头才完全踏实了。

【解说】几十年的研究推进，单老经历了很多，比如马匹受惊，他在雪地被拖拽20多米；比如寻找沿访途中，以雪水代替干粮充饥。而最难的，还不止这些。

【同期】最大的困难我说是在哪，是没有经费，没有立项。我所有的考察研究，原来是借助于没有退休之前的公出、出差的任务，退休完了以后，很多时候这考察推介，都是我们自费的。

【解说】关于奖励，65年间，单老都是从体育组和机构获得，而2018年，为他颁奖的这个国际组织却大有不同。

【同期】因为这个协会是历史协会，它不是国际雪联，它不是搞竞赛的，搞奥运会的，它是搞文化的，搞历史的。当主席把奖牌递到我手中的时候，我那瞬间感觉我很伟大。因为我为我自己画上了一个句号，大句号，也为我们国家，为中国的滑雪界，争了一块难得的非常有意义的一块奖牌。

【解说】奖状上包含着单老几十年的含辛茹苦，也铭刻着国际组织对阿勒泰这一人类滑雪最早起源地的高度认定。

[赏析]

感人的主题　巧妙的叙事

中央广播电视总台制作的体育人物纪录片《走近中国滑雪运动先驱单兆鉴》共分上、下两篇，以单兆鉴老先生为中国建设滑雪场、探究滑雪起源过程为主线，介绍了单老先生为中国滑雪运动作出的重要贡献。该纪录片通过精妙的故事内容、独特的故事讲述方式、丰富的视听语言元素，刻画了老一辈体育人无私奉献的精神，不但让更多人了解滑雪运动，也表现了中国人民为世界滑雪运动作出的贡献。

一、感人的故事内容

单兆鉴是中国第一位滑雪冠军，世界滑雪历史研究终身成就奖获得者。他从事滑雪运动 50 年，现任中国滑雪协会技术顾问、全国场地器材技术委员会副主任、塞北滑雪场总教练；曾担任原国家体委滑雪处处长、中国滑雪协会秘书长、中国滑雪队领队、亚洲冬季两项滑雪联盟技术部主任，现致力于滑雪技术理论及滑雪场建设规划研究。单老经历丰富，可讲述的故事颇多，但该片选择单老对滑雪运动起源研究和建设中国第一座滑雪场作为讲述重点，用浓重的笔墨讲述了单老为证明滑雪运动起源于中国阿勒泰地区作出的努力。阿勒泰地区满足滑雪运动产生的五大条件，古老的马皮滑雪板彰显了古老的阿勒泰地区人民的智慧，现代滑雪板制作从中获得灵感。从滑雪词根来源、相关学术专著记录寻找，到阿勒泰地区岩画考证，在单老团队共同努力下，形成了滑雪运动起源于中国新疆阿勒泰地区的《阿勒泰宣言》，这项颠覆性研究成果获得了不少中外专家的认可，冲击了滑雪运动起源北欧的主流观点，使纪录片有着强烈的戏剧性矛盾冲突，观赏性强。

二、巧妙的故事讲述

该部作品是一部人物纪录片，主要围绕单老先生从事滑雪运动起源研究和克服困难规划设计滑雪场为主线展开，充分展示了单老儿时对滑雪运动的兴趣、青年时期对滑雪运动的热爱，再到中老年时期对滑雪运动起源研究过程的责任。全片讲述详略得当，重点为观众讲述单老研究滑雪运动起源、规划设计中国第一座滑雪场时遇到的困难，并依靠对滑雪运动的热爱和推动中国滑雪运动的社会责任感，不断克服各种困难，实现推动和普及中国滑雪运动梦想的感人故事。纪录片上半部分主要讲述单老对滑雪运动起源的研究，他亲自展示了古代阿勒泰地区人们使用的滑雪工具，期间不断穿插阿勒泰地区的地形景观，使其研究不但可信而又具有强大的社会意义；第二部分主要讲述单老在建设滑雪场时的不易与艰辛，通过历史影像资料向观众展示当时修筑中国第一座滑雪场时的困难。本片用鲜活的事例来展示单老先生的奉献精神，虽然年满 80 仍然在为中国滑雪事业奔波。影片前后呼应，故事结构完整。

三、丰富的视听语言元素

编者通过蒙太奇手法，运用画面叙事，穿插运用滑雪、老照片、制作滑板、岩画的各类镜头给观众以强烈的叙事感。该片大量运用广阔的冰雪单人全景，配合解说中对主人公单老的艰辛历程，增强了观众的情感共鸣。开头老照片和人物访谈中剪辑的画面交叠，形成跨越时空对话的错觉，故事开头给人以宏伟之感，令人心生敬意，引起观众好奇心。主人公对严峻环境的描述和大雪纷飞的画面相结合，背景音乐中高亢浑厚的藏族男声，给人以庄严肃杀之感，令人备感主人公及其事业的不易与艰辛，刻画了人物形象，形成多层次的丰富的视听效果。主人公对滑雪板的讲解，画面中近在眼前的圆木、马毛、冰雪，给人以身临其境之感，使观众逐渐深入主人公的故事之中。滑雪镜头与访谈镜头动静结合，能增强观众的理解，更能融入主人公故事，画面叙事通过两段画面的结合达到了丰富的效果。在主人公叙述滑雪历史时，画面配合以广阔的冰雪山川全景和滑雪全景出现，给观众以庄重浑厚的历史感。滑雪老照片一张张浮现，也昭示着滑雪起源地探寻结果的逐渐明朗。随着主人公的娓娓道来，岩画的近景缓缓拉过，不仅使观众对滑雪起源更感兴趣，更使观众对主人公产生敬佩之情。

［案例三］ 吉祥物诞生记

文稿内容有删减，具体可见节目视频。

视频内容网址：http://tv. cctv. com/live/cctv5/？ spm ＝ C28340. PTEIZZ4GiRby. S13356. 41

【字幕】北京市垂杨柳中心小学

【同期】我觉得可以是红色的龙，可以是冰人和火人；我觉得是一只灰色的兔子；我感觉应该做一个鸽子；2022 年的吉祥物是一只彩色的鹿；是一只蓝白相间的海豚；我觉得应该是熊猫骑着滑雪板，因为熊猫是我们国家的国宝。

【解说】这是 2018 年 5 月，北京一所小学的主题班会，孩子们对于 2022 年冬奥会的吉祥物有着质朴的期待。而专业人士则需要考虑更多的因素。

【字幕】黄永素：2018 年平昌冬奥会和冬残奥会组织委员会设计总监。

【同期】希望能将 2022 年的吉祥物打造成一个同时展现出传统文化和现代文化，以及融合文化的媒介。

【字幕】谷口凉：2020 年东京奥运会及残奥会吉祥物设计师。

【同期】我期待能够看到真正由本国人民设计的展现本国特色的吉祥物，吉祥物应该能真正代表中国文化。

【字幕】卢拉：2016 年里约奥运会和残奥会组委会品牌总监。

【同期】展现中国人民最好的一面，而另一方面吉祥物还应该让全世界理解和接受。

【字幕】2018年8月8日全民健身日

【字幕】蔡奇：北京市委书记。

【同期】我宣布北京2022年冬奥会和冬残奥会吉祥物全球征集启动。

【解说】吉祥物征集方案启动之后，组委非常重视，马上部署了相关工作。首先是在全国中小学生中，开展了"我心中的冬奥吉祥物"主题活动，传播奥林匹克精神，吸引大家关注与参与。与此同时，针对吉祥物特征的网上调查也同步开展。结果显示，中国传统形象最受网友们欢迎，数量上大部分人倾向于两个，颜色上有超过一半的人选择了中国的传统色彩。此外，奥组委专家还分别前往北京、上海、沈阳、长春、西安等地的艺术院校，进行吉祥物的征集工作。

【同期】吉祥物要体现民族性、时代性、创新性和艺术性，专业的水准和受群众欢迎都是缺一不可的。这些专业院校的老师和学生们对奥林匹克精神，对冬奥会也不是完全地了解。所以我们就组织了两个组到全国选了十几个艺术院校，作宣讲。

【解说】此次宣讲的内容不仅包括奥林匹克往年的相关情况，也涉及了冬奥会的相关历史和知识，这些院校的师生获得了一次难得的机会来了解冬奥会，后来的结果也证明，正是这次大范围有针对性的宣讲，在吉祥物征集中起到了关键作用。

【解说】2018年10月的一天，是吉祥物征集的截止日，许多设计者在这一天来到北京冬奥组委递交自己的作品。

……

【解说】方案交上去之后，江宇帆很快就忘了这件事，到了学期末忙着考试，然后就回家过年了，直到有一天接到吴老师的电话。

【解说】1月25号，江宇帆跟着老师来到了冬奥组委，听取进一步的修改意见。其他作品作者也来到组委听取意见。

【解说】广州艺术学院有5幅作品入选。而最后需要重点修改的是这幅冰糖葫芦。

【同期】虽然我们地处南方，尤其是广东的孩子，几乎没见过冰雪，但我看来，恰恰是因为他们没见过冰雪，所以他们对于冰和雪的想象力，会更加丰富一点。

【同期】我每次出差问我女儿要什么礼物，她都会说糖葫芦或者驴打滚。

【解说】时间紧迫，大家开始着手修改，春节也都没有休息，但是当时谁也没有预料到，这些作品此后会经历翻天覆地的变化。春节过后，正式上班的第一天，北京下起了大雪。递交来的作品并不让人满意。

【同期】这个中国结其实真的不好弄，因为还得站得住，它们的身体为什么是长的，实际上我们拆了中国结。

【解说】冰糖葫芦作品是把冰糖葫芦的冰凸显了出来。虽然还是显得单薄，但是却也激发了后续的想象。现阶段摆在面前的可能性还有很多，为了提高效率和针对性，决定专门成立一个修改小组。

【同期】为了能够把这个形象做好，我们就特意选择了专业水平很高的，而且对奥运会、冬奥会了解，还有对相关的景观设计熟悉、字幕以及新媒体这方面比较熟悉了解的专家。我们组成了一个修改小组。

【解说】修改小组成立之后，集中研究了各个方案可修改的方向和可能性。在这一阶段，候选方案的作者们因为没有接到进一步的信息都非常忐忑。

【同期】就有这么 10 天左右吧。没有声音，我们紧张了，没戏了。

【解说】直到 3 月 2 号傍晚，身在广州的曹雪接到了组委会的电话，传达了重要的修改意见。

……

【解说】7 月底，北京冬奥组委带着冰墩墩和雪容融来到了国际奥委会和国际残奥委会，这两个形象也得到了高度认可。

【同期】非常好，祝贺你们，既然我这么喜欢它，我 17 号会去参加发布仪式。

【解说】不知不觉间，时间已经来到了夏末。这一天，两个团队再一次来到了北京冬奥组委，他们被告知这一次是要传达重要修改意见，并且还要求双方的领导出席。虽然预感到不一般，但是谁也不敢多讲。

【同期】经过严格的专家评审、广泛的群众评议以及规范的工作程序，我们广州美院为 2022 年冬奥会吉祥物设计的作品已经确定为 2022 年北京冬奥会的吉祥物。就感觉眼泪止不住地在眼睛里面转，但没流下来，可能多多少少也想会不会有那一天，这一天的到来，亲耳听到这样的结果，但是想的都是一个很虚的东西，不像今天画面这么真实，特别高兴、特别激动，也特别振奋。

【同期】我们学校集中了最优秀、最专业的力量组成团队，很团结、很敬业，而且很高效，这整个过程应该说得到了咱们奥组委领导、各位专家大力支持、充分信任，还有许许多多的指导和鼓励，所以我们才能够走到最后。

【同期】吉林艺术学院为北京冬残奥会吉祥物设计的这个作品，已经确定为 2022 年北京冬季残奥会的吉祥物，在此也向校长、老师和同学们表示祝贺。

【同期】毕竟这个事情大半年了，我们这个团队十几个人在这大半年里投入了大量的精力，大家很希望能成功，这种压力、这种困难得到了认可，我想其他的团队成员和我心情一样,都非常激动。

【同期】表面淡定,内心激动,心都要跳出来了,其实这十个月是快进的十个月,比我上这几年大学学的东西都多,很感谢团队里面的每一位老师,如果没有这些老师在背后这样默默地付出,是没有现在的吉祥物的。

【同期】今天也是一个特别激动的时刻,特别重要的时刻,我已经知道我们的对方是你,冰墩墩、雪容融,一红一白,冷暖都有了。

【同期】这个是两个团队第一次看到完整的冬奥会和冬残奥会吉祥物的组合形态,这两个吉祥物放在一起,一个是未来的、一个是传统的;一个是科技的、一个是文化的;一个体现冰、一个体现雪;然后一个是非常运动的、感觉非常有能量的,一个是包容的、温暖的、温馨的、非常可爱的,所以这两个吉祥物在一起,有互相补充的作用。

【同期】一冷一热,冬天里的一把火,把冬天的那种热情都表现出来了。

【解说】红的热烈、白的单纯,这正是冬奥会、冬残奥会的一个精神标记。

【同期】这次的吉祥物应该说是我们冬奥组委和中国人民,给奥林匹克运动和世界赠送的一个珍贵的礼物。

【同期】我们想要表达的是新时代中国的形象、发展成果和中华文化独特的魅力,还要表达中国广大的民众特别是广大的青少年朋友对冰雪运动的热爱和对北京 2022 年冬奥会、冬残奥会的热切期盼,同时还要表达中国推动世界文明交流互鉴、构建人类命运共同体的美好愿望。

【解说】一个出自南方、一个来自北国,十个月的时间,每一个参与其中的人都经历了一场身与心的磨练,又仿佛是一场大梦,借由这两个落入凡间的精灵,梦想成真。

[赏析]

多视角利用素材 全方位展现过程

2019 年 9 月 17 日 19 时 25 分,在北京 2022 年冬奥会和冬残奥会吉祥物发布仪式上,冬奥会吉祥物"冰墩墩"和冬残奥会吉祥物"雪容融",正式与公众见面。中央广播电视总台制作的《吉祥物诞生记》讲述了 2022 年北京冬奥会、冬残奥会吉祥物出炉的全过程,该新闻纪录片详细地记录了2022 年北京冬奥会、冬残奥会吉祥物诞生过程和背后的故事,是一部细节具体、记录翔实、结构完整的叙述性体育新闻纪录片,可看性强。

一、多角度叙述故事内容

该片是一部新闻纪实类纪录片,主要由新闻事件来串联,从组委会开始向社会征集北京冬奥会、冬残奥会吉祥物开始，到吉祥物最终成型向社会公布，历时近一年时间，故事简洁而曲折，叙事条理清晰。首先，详细记录吉祥物出炉过程，故事随着时间顺序进行。从吉祥物征集动员开始，到挑选最终入围作品开始修改，到最终确定成型。节目穿插组委会人员、创作团队及其他相关人员采访，故事全面完整，条理清晰。其次，反映了工作人员的认真和辛苦。纪录片展示了2022年北京冬奥会、冬残奥会吉祥物从最初设计理念到最终确定的过程中，所有人员的付出和努力。为了设计最完美的吉祥物，组委会组织相关人员历时近一年时间修改完善，最终定稿，凝聚了无数参与者的心血，组委会在设计上的专业素养和流程安排让人敬佩。三是展现了中国文化传统与科技发展的融合理念。以熊猫和灯笼为原型的设计创作具有鲜明的中国传统文化风格，将熊猫形象与富有超能量的冰晶外壳相结合，体现了冬季冰雪运动和现代科技特点。头部外壳造型取自冰雪运动头盔，装饰彩色光环，其灵感源自于北京冬奥会的国家速滑馆——"冰丝带"，流动的明亮色彩线条象征着冰雪运动的赛道和5G高科技。

二、丰富的细节刻画主题

这部纪录片以吉祥物的诞生为故事主线，画面的叙述以人物采访为主。经过专家们的审评，由广州美术学院团队设计的冬奥会吉祥物"冰墩墩"和吉林艺术学院设计的冬残奥会吉祥物"雪容融"最终胜出。纪录片从采访北京小学生开篇，小朋友们自由想象、发挥，描绘自己心目中的吉祥物，不但增加节目的可看性，也呼应了吉祥物要受青少年喜爱的设计理念。该纪录片从开始征集素材到后期对候选作品的修改、提升，将生硬的动作形态转化为活泼可爱的卡通形象。从起初的头绪不清、进度缓慢到最终团结一致设计出令人满意的作品，节目以丰富镜头语言和细节内容，全程记录下吉祥物诞生的全过程，不仅让观众详细了解北京冬奥会、冬残奥会吉祥物的设计流程和理念，同时也有助于传播和推广奥林匹克精神，节目最后呈现的吉祥物宣传片，使纪录片更加完整，令人回味。

三、制造悬念推动故事发展

该部新闻纪录片全长近50分钟，多角度运用了各类新闻素材，整部纪录片行如流水，剪辑到位，该片主体突出讲述吉祥物的设计、修改过程，内容清晰、节奏张弛有度，增强了节目的艺术表现力和感染力，满足观众的审美需求。该片主要通过设置悬念的方式来调节纪录片的内部节奏，将细节以及事件发生的始末娓娓道来，让观众在接受信息时并不会产生视角疲劳。"广州美院正在水深火热地改稿，而另一边吉林美院却按兵不动"，制造的悬念让观众不禁想知道究竟灯笼吉祥物有没有入选，难道就这样被pass了吗？在节目的讲述过程中，这种悬念设置比比皆是，这种悬念设置不但会增强观众的收视欲望，也推动了故事情节的发展和讲述。

［案例四］ 女排姑娘

文稿内容有删减，具体可见节目视频。

视频内容网址：

http://tv.cctv.com/2018/08/22/VIDEkLXicbMsUP11wGfjrMH7180822.shtml?spm=C55924871139.PGHhECZjcTkS.0.0

【同期】缘分的一种感觉吧。拿到那个排球的时候就感觉很想去摸一摸它，然后就打一打它。

【同期】虽然说拿了奥运冠军了，但是我才22岁。我给自己定的目标是每天进步一点点。

【同期】希望能够在体育的基础上面给大家带来更多的贡献。

【同期】赛场上的呐喊：朱婷。

【同期】我觉得女排精神就是一天天积累的。

【同期】大家看不到的每一天都是非常艰难的。

【字幕】2017年5月10日 南京 江苏省体育局训练中心

【同期】这个不适合我，打得我好疼。

【解说】江苏女子排球队队长，此时她在备战四年一度的全运会。她是江苏乃至中国女排近十年最优秀的几名排球运动员之一。

【同期】加油……

【解说】2016年惠若琪曾以队长的身份带领中国女排获得里约奥运会冠军。

【同期】二传应该还是会给2号位，张常宁发球，球发得不错，漂亮，球打中了。惠若琪探头把球打死。12号队长，惠若琪，来自江苏。

【解说】里约奥运会惠若琪打入制胜一球拿到奥运会冠军的画面是那一年中国体育最感动的画面之一。只是很少有人理解她为什么哭得如此伤心。在距离奥运会开幕只有几个月的时候，惠若琪经历了人生的第二次心脏手术，这次手术让她直面生死。

……

【解说】26岁对于排球运动员正是职业生涯的巅峰期，但对于惠若琪除了要维持正常的训练，还要付出别人几倍的努力。

【同期】在赛前时候的训练，我很努力才能达到我之前的训练水平。然后训练太累了之后身体恢复不过来，我需要一两天的缓解的时间，我也是在每天很纠结当中度过的，我觉得精神压力会特别大，然后甚至有的时候练得非常累的时候就会觉得很不舒服，会有一点点难过的感觉，所以我觉得这其实是在消耗自己的身体。

【解说】江苏女排在全运会的最好成绩是第四名，两个月后四年一度的全运会又将开赛。江苏是惠若琪的成长之地，她要在职业生涯的最后阶段和队友一起为江苏女排取得一个像样的成绩。顶着伤痛以及随时可能复发心脏病的压力，惠若琪带领江苏女排走上了领奖台。惠若琪以中国女排队长的身份在拿到奥运会冠军之后，又以江苏女排队长的身份拿到了这一届全运会的冠军。这样的成绩几乎是所有女排队员心底的梦想。奥运会和全运会球迷们看到了阳光积极的惠若琪，但这背后的艰辛也只有她自己才能体会。

【同期】在全运会的赛程当中很多比赛，其实我已经打不了了，我需要褪黑素来促进自己的睡眠。我到全运会医疗站里面专门去做检测，医生也跟我说，他说坚持坚持就不要再打了，因为你这真是在玩命了，如果一直这样坚持打球的话，他说你现在这个功能状态能把这个比赛打下来，其实已经算是一个奇迹。

【解说】全运会后惠若琪将开启自己转型后的生活。体育场内她赢得了辉煌的荣誉，但离开球场一切都将归零。26 岁，惠若琪不得不离开赛场面对未来。

【同期】对于我来说，也是在摸着石头过河，我觉得就是走一步，然后去思考自己可预见性的未来。

【解说】2018 年 7 月 1 日上午 10 点中国女子排球国家队正在准备当晚对巴西队的比赛。本次世界女子排球国家联赛总决赛是今年世界女子排坛最重要的赛事之一。在惠若琪退出国家队之后，河南女排的朱婷接过了国家队队长的重任，逐渐成长为中国女排的旗帜与核心。

【同期】我想朱婷她因为也经过了一个周期的磨炼，特别是这两年当我们的一些老队员退役以后，她责无旁贷地担起这个责任。这两年又在国外打了很高水平的联赛，她在技术上和球场上的核心作用是非常突出的。

【解说】朱婷成长于河南女排，是当前世界女子排坛的第一主攻手。她是迄今为止唯一在世界最顶级排球俱乐部效力的中国球员。

【同期】读万卷书不如行万里路，可能每个地方有每个地方打法。欧洲来说的话，现在这几年土耳其联赛是比较高水平的，很多优秀运动员都去那边了。

【解说】朱婷个人已经拿到了太多荣誉，然而在东京奥运周期作为新任队长要带领中国女排再次获得荣耀，这是朱婷未来几年最重要的任务。

【同期】其实女排精神不仅仅是体现在比赛场上，更重要是大家看不到的每一天，我觉得每一天是非常艰难的。

……

【字幕】2017年10月19日青海省西宁市

【解说】全运会后，惠若琪决定退役。

【同期】很尴尬了，车陷到泥里了。

【解说】辉煌的职业生涯，让她在退役后，有很多不错的选择。但她却选了一条并不好走的路。

【同期】有压力的地方就是，其实公益事业现在来说，是挺敏感的一个词。很多人想做公益，但是有的时候做出来，会遭到很多人的质疑。

【同期】同学们手要伸直。

【解说】由于还没正式宣布退役，球迷还在期待，惠若琪早点回到球场。她们并不知道惠若琪的身体已经很难再坚持高强度的训练。

【同期】如果感到幸福你就拍拍手。

【解说】惠若琪退役后没有去做教练。而是将围绕排球的公益事业作为自己的未来职业。她的选择有些出人意料。

【同期】我觉得别人的评价对于我现在来说都是小事情。知道自己现在在做什么或者我做的这些事情是有意义的，我就觉得是更让我觉得高兴的。对于我来说体育是一份事业。不管你是不是永远在一线，在冲锋陷阵地为国争光的集体当中，你在别的领域同样可以作出贡献。希望自己在一线的这个场地上面贡献完之后，我还可以同样地能够在体育的基础上面，给大家带来更多的贡献。

【同期】你跟我一起发肥皂，你发洗手液，然后你发衣服。衣服从这面发，这面够多少就多少。你给小的朋友一人几袋洗手液。有玩具吧？有玩具啊，这还有衣服呢。这里有两百个。

【同期】她来这里并不是说给我们物资的多少，而是给孩子们带来了精神上的力量，一种精神上的支持。

【同期】我们再来教一下大家传球的动作。那传球呢，我们把两只手先张开来，对，做成一个球状包住这个球。然后两个大拇指对着自己的眉心，就是眉毛往上一点，对，往上一点点，对这个地方，手型特别标准。

【同期】希望通过这次活动，能够让大家更加喜欢学习，更喜欢运动。好，我们喊一个一二加油！好不好？声音要大啊，一二加油！

【解说】在孩子们的世界，这个漂亮的大姐姐，带来了他们从未见过的玩具，多年以后他们也许不记得惠若琪这个名字，但也许记得曾经被一个个子高高的大姐姐温暖过。离开球场的这段时间，惠若琪很享受与这些孩子接触的时光。

【同期】行程最忙的时候，八天的时间，我往返了北京三次。

【解说】离开青海，惠若琪又去了很多学校开展公益项目。体育场外的工作，对于一名刚刚退役的运动员，一切都要从头学起。

【同期】我经常说我感觉还是打球简单。因为你不擅长的你会觉得很难很难。但是我觉得，每一个运动员都会有这样一个过程吧。真正到这个过程来的时候，或者是你有一些想法，但是当真正到落地的时候，你就会发现，没有事情是这么简单的。然后有时候我跟我的队友说，你们好好珍惜你们现在打球的时光吧。我跟你说，以前的时候我也不相信，打球是最简单的。我现在告诉你们，真的，打球是最简单的。

【解说】转型的道路并不容易，惠若琪就像在球场一样，稳稳地，勇敢地，不断突破。

……

[赏析]

历经风沙洗礼　眼神依然坚定

由中央广播电视总台制作的《女排姑娘》，讲述了里约奥运会夺冠之后，中国女排几名主要队员的生活和训练情况，生动地表现了惠若琪、朱婷以及张常宁等中国女排姑娘的奋斗人生。赛场上下，每一位女排姑娘都在坚守和捍卫心中的热爱，让观众感受到"女排精神"延续和传承。

一、新时期女排精神的主题阐释

球场上，进攻、防守、拦网，每个环节都在"绝处爆发"，这成为中国女排的写照。节目选择了在中国女排队伍中，作用不同的几位人员，来讲述中国女排故事，阐释新时期中国女排的精神。惠若琪作为前国家女排队队长，对她来说目前所要面对的不是技术的提升、不是如何带领队友去比赛，而是退役后的转型之路。正如片中所讲述的那样，惠若琪已经对未来赛场外的生活做着各种尝试：拍广告、做志愿者、组织公益活动，与排球场上相比，这样的生活需要很长一段适应期。与惠若琪不一样，朱婷、张常宁以及刘晏含是中国女子排球队的核心，新的奥运周期需要她们继续出战。朱婷作为目前世界排坛最为知名的运动员，同时担任中国女子排球队队长，被赋予众望，她最大的难题是在比赛负荷达到身体承受极限的情况下，如何在新奥运周期带领中国女排继续前行。张常宁和朱婷面临着同样的困惑，作为新一任江苏女排队长，第一次以队长身份参加比赛的她并没有带领队伍获得好的成绩。刘晏含一直是国家队常客，但都是边缘人物，她不断刻苦训练、提高自己的球技，希望在比赛崭露头角，能在国家队站稳脚跟。在女排姑娘们心目中，女排精神体现在她们艰苦训练的每一天中。

二、多线叙事模式

《女排姑娘》通过多线叙事讲述了几位女排姑娘的故事，以朱婷、惠若琪、张常宁、刘晏含为代表，讲述这群青春、阳光姑娘身后所背负的压力与挑战，展现她们赛场背后的训练或者退役生活。该片叙事主要是按照时间顺序，讲述 2017 年 5 月 10 日到 2018 年 7 月 1 日之间的故事。四位处于不同阶段的新时代典型女排姑娘，从不同角度、不同定位来表现她们不同的生活。纪录片分段讲述了惠若琪、朱婷、张常宁和刘晏含的故事，从失败到成功、从训练到生活、从现役到退役，种种滋味、种种情绪、种种人生，让观众能从中国女排姑娘身上体会到人生百态，感悟到女排精神的真谛和可贵。观众看到的不仅是成功女排姑娘们的光鲜，也看到她们饱受挫折、沮丧、失落、无助。节目中穿插的比赛画面和同期采访，包含平时训练以及教练对她们的评价与看法，是隐藏表现中国女排精神的暗线，使观众更加深刻地认识到女排精神的内在含义。

三、细节刻画人物性格

这部片子结构清晰，除了已退役的惠若琪，其他三人都是现役女子排球国家队的主力队员。节目拍摄和剪辑有生活质感，几位女排姑娘人物鲜活，故事贴近实际，对话生动有趣，细节丰富，平和有张力。在对其他人的采访中表现人物性格，然后让观众熟识主角，让观众对女排姑娘有立体的印象和思考，用平凡的细节感染观众。在画面叙事方面，四位主人公都是通过第三方视角来叙述，惠若琪支教的时候，主要是描述了她与其他工作人员的互动、孩子的神态，让观众身临其境，从客观视角倾听人物心声，更加有感染力；刘晏含被称为"大哥"，张常宁常常和队友一起看比赛，像朋友一样提意见和建议，个性化的对白和自白，都使得观众对她们更有亲切感，更能懂得她们的不易。"每一位女排姑娘都在坚守和捍卫心中的热爱，也正是几代女排姑娘的这份坚守和热爱，让每一位中国人想起中国女排，都能感受到荣耀和自豪。"

[案例五]　永恒的经典　历史的丰碑

——写在北京第 29 届奥林匹克运动会闭幕前夕

"鸟巢"上方，熊熊燃烧了 15 天的奥运圣火即将熄灭。

这将是一个令人难忘的时刻。充满生机与活力、传递激情与梦想的北京第 29 届奥运会，将以空前宏大的规模、精彩纷呈的竞技、绚丽多姿的文化、海纳百川的胸怀，定格在人类奥运史册上，化作一部永恒的经典，留下一座历史的丰碑。

中华儿女可以自豪地宣告：我们没有辜负国际社会、国际奥委会的信任与重托！世界人民可以欣慰地回应：选择中国、选择北京是一个正确的决定！

——2008 年 8 月 8 日到 8 月 24 日，人类文明史将收录、珍藏、传诵这辉煌的十七天！

这是一届创造奇迹、超越梦想的奥运会。迄今已创造了 38 项世界纪录，蒙古、多哥、阿富汗、塔吉克斯坦等代表团实现了各自国家金牌、奖牌的历史性突破，菲尔普斯独得 8 金并打破 7 项世界纪录，博尔特包揽男子 100 米、200 米这两颗奥运会"皇冠上的明珠"并双破世界纪录，中国代表团历史上首次跃居金牌榜首位……一项项优异的成绩，一个个辉煌的瞬间，让人类骄傲，让世界沸腾。

这是一届彰显人性、迸发真情的奥运会。俄罗斯选手帕杰林娜和格鲁吉亚选手萨鲁克瓦泽在女子气手枪决赛结束后相拥相吻，让人类追求和平的天性尽情展现。从一群年龄只有自己一半的小女孩手中夺得一枚银牌，德国体操女选手丘索维金娜"高龄"参赛，为自己的儿子筹措治病费用，伟大的母爱感天动地。颁奖仪式上，德国选手施泰纳把亡妻苏珊的照片和奥运举重金牌高高举起，展露出一份催人泪下的爱情。南非残疾姑娘杜托伊特在游完 10 公里马拉松后直言："我从来没想到过自己少一条腿"……

"同一个世界、同一个梦想"。热情好客的中国人民为了北京奥运会的成功倾注了心血，诠释了这个古老而青春勃发的民族对奥运理念的认识。人类共有的理想，超越了肤色、信仰、文化、语言的障碍。一句句问候、一次次握手、一个个微笑，多少年以后，也许人们会忘记金牌的归属，但崇高的人性光辉，将被永远地珍藏。一位位英雄的问世，一幕幕经典的诞生，一个个奇迹的出现，一份份情感的涌动，多少年以后，人们也许各自天南海北，但同一份美好的记忆，将被深深地镌刻。

——在中华民族伟大复兴的征程中，北京奥运会是永恒的经典、历史的丰碑！

中华民族曾有过辉煌的历史，骄人的文明，也曾遭受磨难、饱受屈辱。但不屈不挠的民族追求复兴的梦想和步伐从来没有停止。

中华人民共和国成立，中国人民结束了"东亚病夫"的历史。伴随着改革开放的进程，中国人民昂首进入奥林匹克舞台。申奥成功7年来，中国人民呕心沥血，不负众望，向全世界奉献了成功的奥运会。正如北京奥运会开幕式上展现中华民族五千年灿烂文明的"中国长卷"那样，中华民族有灿烂的过去，有辉煌的今天，也必定有光明的未来。

北京奥运会让中国成为全球的焦点。全世界如此真切和集中地感受到中华民族的进取心、创造力、责任感和追求和平、和谐、友谊的国家品格和民族特性。几代人百年来梦寐以求的壮举，在我们手中完成！

——在社会主义中国改革开放的伟大进程中，北京奥运会是永恒的经典、历史的丰碑！

我们兑现了对国际社会的郑重承诺，认真履行了国际义务，以空前开放的思维和务实的举动，集北京之力、举全国之力办好奥运。正是改革开放30年所积累的物质财富和精神财富，使我们成功实现了举办有特色、高水平奥运会的目标。北京奥运会的成功，展现了中国30年改革开放以来的丰硕成果。

这是中国的机会，北京奥运会推动了中国的进步！通过举办奥运会，中国人民进一步增强了民族自豪感和凝聚力，增强了对社会主义中国和平发展的信心，也使全世界进一步了解、正视、尊重中国的社会制度和发展模式。通过举办奥运会，中国加快了开放的步伐，使全世界清晰地看到一个发展进步、友好和谐、重诺守信、尊重国际规则的中国，有助于中国进一步走向世界。通过举办奥运会，我们留下了"鸟巢""水立方"等一大批中外建筑大师精诚合作而创造的标志性建筑和城市基础设施，为提升城市实力、改善民众生活打下了良好的基础。通过举办奥运会，"绿色奥运、科技奥运、人文奥运"的理念深入人心，极大地提升了全社会的环保意识、科技意识、文明意识、人文意识和公民意识；活跃在奥运赛场内外的上百万志愿者、拉拉队和观众，既为中国选手和热点项目加油助威，也为外国选手、非热点项目呐喊击掌，这份真诚、热情和包容让全世界动容，彰显了中国人民的善良和责任感，彰显了改革开放的中国自信成熟的胸襟。通过举办奥运会，作为西方文明的奥林匹克精神与中华文明有机融合，奥林匹克课程惠及中国亿万民众，规则意识、参与意识和公平竞争意识，成为奥林匹克带给中国的宝贵精神财富。北京、中国，使国际奥委会7年前"北京奥运会将给中国和世界体育运动留下独一无二的遗产"的预言变成了现实。

——在奥林匹克运动百余年的历史上，北京奥运会是永恒的经典、历史的丰碑！

这是世界的机会，北京奥运会推动了奥林匹克运动的发展。历经112年的奥林匹克运动作为一种现代文明，奥运会作为一项全球盛会，五环旗作为一面全人类共同的旗帜，只有来到占世界人口五分之一的东方文明发源地，才具有更加完整的定义。经过中国人民、国际奥委会和全世界的共同努力，奥运圣火终于在古老而现代的中国熊熊燃烧，这使奥林匹克运动更加具有广泛性和全球性，也使这项源于西方的文明由于融合了东方中华文明的精髓而具有更加博大精深的内涵，具有更大的感召力、影响力。这是中国给奥林匹克运动作出的巨大贡献。

中国需要世界，世界需要中国。奥运会上以"团结、友谊、和平"为主旨的交流有利于世界各国和地区消除隔阂、摒弃歧见、化解矛盾、增进了解，从而达到建设和谐世界的目的。这不仅是中国的愿望，也是全世界的憧憬。北京奥运会，使全世界看到了一个执着追求富强、民主、开放、和平、友谊的大国形象。这是中华民族通过北京奥运会献给世界的一声最真诚的问候，一份最珍贵的礼物。

8月18日晚，俄罗斯女子撑杆跳高名将伊辛巴耶娃以5米05的成绩第24次打破世界纪录后说："只有天空是我的极限！"

把横杆架设到天空上，让奥运的激情和人类的梦想在无垠的宇宙中翱翔吧！伟大而崇高的追求永无极限、瑰丽无比！

（新华社北京 2008 年 8 月 22 日电）

[赏析]

情、事、理，一个都不能少

饱含激情的文字、镌刻历史的事例、细密谨严的逻辑构成了这篇新华社集体智慧的结晶：《永恒的经典　历史的丰碑——写在北京第 29 届奥林匹克运动会闭幕前夕》。不得不说新华社社评、人民日报任仲平文章有顶天立地的文字与缓缓流淌的情感，这高屋建瓴的立意和恢弘磅礴的气势，让人无不有振聋发聩之感。新华社的这篇社论从情、事、理多方面剖析，定格了这一难忘的时刻，也为将来留下了这座历史丰碑。

一、饱含激情的文字抒写缓缓流淌的深情

这篇文章没有描写赛场激烈的竞争和博弈，而是将文字聚焦在一个个无比打动观众的人物上。从"一句句问候、一次次握手、一个个微笑"写出了崇高人性的光辉；从"一位位英雄的问世，一幕幕经典的诞生，一个个奇迹的出现"写出了一份份情感的涌动；从"今天的赛场拼搏奋斗"，写到了"多少年以后，人们也许各自天南海北，但同一份美好的记忆，将被深深地镌刻"。优美的语言伴随着绻绻的情感温暖着健儿的内心，点点的关切化作一个个跳动的字符抚慰着每一位读者的心灵。无论是一篇气势宏大的评论文章，还是千字篇幅的短小通讯，都应熟练调动、抓取并运用"情感"因素，将饱含热情的文字送入每一位读者的心房。

二、典型事例的甄选浓缩奥运盛会的博大

奥运盛会之博大，不仅仅在于其参与人数之多、涉及国家之众、比赛规模之大，更在于它在全球范围的影响力、海纳百川的包容力。文章通过对众多事例的逐一甄选，体现了真正的奥运精神。俄罗斯选手帕杰林娜和格鲁吉亚选手萨鲁克瓦泽在女子气手枪决赛结束后的相拥相吻，体现了人类追求和平的天性。德国体操女选手丘索维金娜"高龄"参赛，只为给自己的儿子筹措治病费用，母爱的伟大让天地为之动容。颁奖仪式上，德国选手施泰纳把亡妻照片高高举起，无不让人潸然泪下……这一个个典型事例的选取，从侧面展现了奥运盛会的博大和包容，让我们更深刻地领会了奥运精神。

三、完美递进的逻辑凸显高屋建瓴的立意

一缕缕情感的流动，一幕幕典型的甄选无不让人惊叹作者背后的奇思巧意，但串联起这些剪影，让这篇文章真正活起来的无形的手，一定是背后高屋建瓴的逻辑结构。文章从这 17 天的奥运盛会写起，回顾了中华民族为了这一天的到来做出的不懈努力，继而讲述社会主义中国改革开放为理想的实现插上现实的翅膀，最后让中国的奥运梦想在奥林匹克运动百余年的历史上恣意翱翔、让人类的探索在无极限的宇宙中尽情挥洒。整篇文章逻辑严密又一气呵成，作者既能仰望星空之无垠又能细嗅脚下之蔷薇，让人不得不佩服！

[案例六] 最后的背影 最好的李娜

20 年前《北京人在纽约》里那句用来描绘纽约的名言，稍加改编便可以用来形容李娜——如果你爱上李娜，她便是你的"天堂"；如果你恨李娜，她也可以是你的"地狱"。

150 年前狄更斯在《双城记》中留下的概括法国革命时代的经典名句，稍作改变同样可以用来描述李娜——她可以是最"好"的李娜，但也可以是最"坏"的李娜。

长久以来，李娜就是一个兼具多个侧面且让我们既爱又恨的复杂对象，这或许正是她的魅力所在，也正是我们对她难以割舍的原因。但 2014 赛季的李娜，却与以往任何一年的她都不同——从年初到年末，她一直都是一个最好的李娜，而我们对她的爱意与理解也在不断增加，直到在一场突如其来却又无比温暖的告别中达到顶点。

澳网女单冠军

在 2011 年法网赛夺冠的 966 天之后，李娜在澳网赛赢得她的第二个大满贯冠军。有时候，你不得不相信命运的安排——在巴黎，李娜连续击败了四位世界前十后终获桂冠；在墨尔本，她全程不必面对一位世界前二十位的球星。

第三次打入决赛终获桂冠，也完美结束了李娜与这座城市多年来喜爱与怨念的杂糅纠缠。从此，她终于可以满怀笑意地宣布，她在自己一直最为喜爱的大满贯赛事中成为了冠军。在 32 岁生日到来前一个月夺冠，也令李娜成为 40 年来最为年长的澳网女单冠军，同时也是首位获得澳网桂冠的亚洲球手。这个冠军为中国体育在 2014 赛季开了个好头，当我们站在这一年的最后一天回望，这仍是中国体育今年赢得份量最重的一项桂冠。

这个冠军令李娜脱离了"一满贯奇迹"的球员行列，令其职业成就得到再度提升，并将成为网球名人堂成员。与此同时，她在颁奖仪式上对姜山说的那句"你很幸运娶到了我"，以及夸赞经纪人的"感谢你让我变得富有"，再次以她的坦诚与幽默，打破了很多西方人心目中对于中国运动员的固有印象。

首登世界第二

澳网夺冠在排名榜上体现出的效应稍稍晚到了一些，2 月中旬，李娜首次升至世界第二。2 月份的多哈站，李娜首次在 WTA 超五赛事中位列头号种子；3 月份在印第安维尔斯，我们第一次在皇冠级赛事签表的顶端看到了李娜的名字。

尽管排名仅在一人之下，但李娜当时的积分只有小威的一半。中国球迷与媒体兴奋地计算着李娜成为世界第一的时间表与可能性，直到年中温布尔登赛前卡洛斯说出了那个大家已经渐渐看清却又不太愿意接受的事实——"李娜还没有为成为世界第一做好准备，她已错过了太多机会。"

尽管如此，世界第二仍是亚洲球员的排名巅峰。如果你相信缺憾带来美感，就让李娜终究未能成为世界第一，成为她几乎完美的 2014 赛季中一个小小的缺憾。

职业生涯最后一战

在法网首轮输给排名百位之外的梅拉德诺维奇之后，李娜期待在温网反弹，但她连续第二项大满贯赛事未能通过首周考验。一个艳阳高照的周五午后，巨大的圆形一号球场，见证了李娜职业生涯的最后一战；她的温网第三轮对手是斯特里科娃，落败方式是屈辱的双抢七。

温布尔登并非李娜取得最高成就或是最有感情之地，但在她职业生涯的最后两年，这里却成为她的宿命——2013 年温网她一路发球上网冲入 8 强，事后我们才知道，如果她那一届温网赛上表现再不尽如人意，就打算干脆退役。这延迟执行的退役为她赢取了获得第二座大满贯冠军奖杯的时间，但一年后，她的告别战仍在温布尔登上演。

几天之后，便传来卡洛斯与李娜结束合作的消息。人们开始第一次认真地揣摩：李娜的终点，是否就在不远？

《我的退役告别信》

李娜从来就是个说到做到的人，就像之前已经暗中流传的那样，这一天她果然在微博上公布了退役的决定。唯一一个小小的非受迫性失误，只是发帖时间比原本传闻中的上午 11 点提前了 3 分钟。她是不是已迫不及待将这个决定告知全世界？

一个说话做事从来就不追求面面俱到的李娜，在这封情深意长的感谢信中事无巨细地多达 21 次表达"感谢"。她的感谢如此密不透风，以至于让我们没有机会让她暂停一下，只为了有机会也对她真诚地说一声——感谢！

泪别

一年前，李娜和德约科维奇的性别大战赋予中网一个欢乐的开始；一年之后，她在中网举行的退役告别仪式给了大家一个感伤而温暖的秋夜，也为自己辉煌、跌宕并且充满话题的职业生涯画上句点。我们意识到，李娜就是这样一个总是让我们悲喜交加的女人，爱她，或者恨她，但你无法做到对她无感。

在 WTA 的高度评价中，在科维托娃等好姐妹的送别中，特别是在满场球迷的掌声与呼喊中，李娜一层层地剥去了这么多年来出于自保或是被人强加的面具，她泪如雨下，让我们看到，一个球场上那般强硬的李娜，在放下球拍之后，也可以是如此柔软。

李娜的人生新篇章就此打开，但一个时代也随即结束。国际网坛从此没有了李娜，而中国网球也必须适应再无李娜的日子——在那样一个北京秋夜之后。

（2014 年 12 月 31 日《体坛周报》张奔斗）

[赏析]

优美的语言让情感自然流淌

《体坛周报》的深度报道文章是体现其专业性的窗口，网球专项一般由资深网球项目记者张奔斗执笔，在张记者的笔下，一位位世界名将仿佛从球场上的狂暴猛兽突然变成了一个个温情柔软的人儿。在优美文字的裹挟下，每一篇文章无不浸润着记者的深厚情感。

文字优美是这篇文章的一大特色。文章采用《北京人在纽约》和《双城记》的两句经典台词开场：如果你爱上李娜，她便是你的"天堂"；如果你恨李娜，她也可以是你的"地狱"。这让文章增加了很多文学色彩。她可以是最"好"的李娜，但也可以是最"坏"的李娜。寥寥几笔就揭示李娜这位让人既爱又恨的复杂对象身上的矛盾因素，让读者为之一振，产生强烈的阅读欲望。"有时候，你不得不相信命运的安排——在巴黎，李娜连续击败了四位世界前十后终获桂冠；而在墨尔本，她全程不必面对一位世界前二十位的球星。"绝对感性的语言，让竞技体育的锋芒在此刻消失殆尽，取而代之的全是关怀与柔软。"如果你相信缺憾带来美感，就让李娜终究未能成为世界第一，成为她几乎完美的 2014 赛季中一个小小的缺憾。"如此感性的文字下，比赛的失利好像都变得不再悲伤。"李娜一层层地剥去了这么多年来出于自保或是被人强加的面具，她泪如雨下，让我们看到，一个球场上那般强硬的李娜，在放下球拍之后，也可以是如此柔软……"真挚的情感让文字富有穿透力，而优美的语言则可以让情感自然流淌，像与老友叙旧，又像与知己谈心。

与一般的体育赛事类新闻报道不同，人物通讯类因可以报道某位或多位运动员而具有确定的人物指向性，所以更容易打动读者。再加之记者长期对其进行跟踪采访，也容易与运动员建立良好的互动关系，更能采写出深度的内容。如果再能用优美的文字让真实的情感自然流淌，那就着实不失为一篇佳作了。

［案例七］ 她振振有词

她始终站着谈，看上去此刻她比本来的中等身材高了一些，按说她该有五十上下，可她给人以四十来岁的感觉。眼镜戴得很牢固，说话干脆利落，一派女强人气概，连她那位衣着朴素的女秘书也显得气质很好。张彩珍是国家体委一正四副当中唯一的女性，在李梦华同志领导下主管意识形态。向来以体育界一支豪笔著称。一个女性在中国官至副部级，其人生道路之坎坷艰辛当不难想见，或可写成一部波澜壮阔的长篇小说。不过我现在关心的是奥运会。

这时她正要出门去主持一个在体育战线狠抓科研工作的会议，见秘书说我来了，临时改主意表示愿意和我谈一会儿。

我们握手，我调侃一句："我给你们添乱了！"她精神饱满地站在地毯上挥挥手算做"别提啦"的意思，透着几分男子的豪爽。

"这次奥运会各界议论很多，"我开始冷静提问，"总的认为不理想，反响是比较强烈的，不知张主任对此怎么看？"我在沙发上摸出记录本。

她打着手势："……总的来看确实金牌少，更重要的是输了气势，输了斗志，当然大家不满意啦。"她移动着脚步，"这次金牌被东欧冲了不少，不冲的话，还是可以拿到18块左右。从金牌数量来看韩国是超过了我们，其实韩国的团体总分还是没有我们高嘛，是吧！现在下面的埋怨声很多，我看无非三个层次，一是怨运动员教练员；二是怨我们，说改革没搞好；三是怨这个国家没有领导好，不正常嘛。"

我说："我觉得我们的体育体制存在不少问题。"

她摆摆手："我不赞成一说就是体制问题。不要一输了什么都否定。梦华同志也讲，是有体制上的原因，但是有些环节确有问题嘛。不能千条万条，体制唯一一条，都归到体制这上头。她不禁一笑，"当然这是笑话啦。我是说除了远虑，还有近忧呀，现在看来不该用李宁，但是大家都考虑到印象分呀，是不是？再比如说我们的临场指挥有没有问题？好比说射击，外面的报纸都报了，说我们的运动员临到决赛啦，到处扛着枪找不到教练，可是枪证还在教练员身上，当时我就搞不清这是怎么回事，直到后来射击队汇报时我才知道，预赛时张秋萍打得不错，和其他五位外国选手并列首位，可是咱们的教练呢，当然他也是好意，他出场看成绩去啦，看完成绩，里面决赛开始，他想进也进不来了，枪证还在他身上！运动员就要入场打决赛，没有枪证你就不能打嘛，幸亏入场时人家只查了身份证，这样进来，那能打好吗？——你看看，这怨谁？说明我们的人对大型比赛的复杂性估计不足，这不能说是体制的问题吧？再比如说科研，水平不可能一下子提高嘛。"

我只是想听取她的意见，并不是想正面展开讨论。故我接着问："李铁映同志提出的体育工作要抓好两个战略（即全民健身战略和奥运战略，过去几年间唯后者一个战略），不知你们有什么新方案？"

她略作思忖："这个嘛，还没有什么新方案，主要是两个战略要协调好。我们要改的东西确实很多，比如人才渠道不畅通，场地设施太少，科研上不去，等等。群众体育呢，确实搞得不够好，但是跳水游泳怎么上去啦？科研很重要嘛！群众体育我们也很着急，长期以来我们把全运会放到省里去搞，就是想通过全运会推动当地的体育建设，推动群众体育。本来七届全运会要在四川搞，但是中央纠正了我们，说我们搞得有点过了，地方上吃不消，不要到下边去搞。其实我们是想推动基层的体育工作，六届全运会在广东，我们还是给了他两千万。方励之的爱人在香港《争鸣》上讲，说我们搞的是畸形体育，说体育经费太多了，同教育经费比是六比一，我查了一下，不准，教育经费怎么是一呢？"（她是今年新增补的国家教委委员）

我最后提了一个问题："冒昧地问一句，有一些体育爱好者这样认为，中国体育要搞上去，只有两改，一要改革，二要改组。请问您怎样看？"

她犹豫着说："改革当然要搞，当前我们讲两个战略的协调。至于改组嘛……"显然她选择了下措辞，"这个我们就不知道了，上边没有谈过。"她很勉强地笑了。

我忽然觉得有一丝悔意，在一位渴望成功的女性面前，这个问题怕是提得有些残酷。她承担得已经太多。

双方都有该结束的意思，我站起身来带有几分歉意："我做了记录。"她又笑笑，说："可以吧，没啥关系。你的《强国梦》我还是不能同意其中的一些观点，比如你把金牌数按人口来平均，上届奥运会我们十五块，你说我们六千七百多万人才轮到一块，按这样平均，美国也跑到第六位啦，按你的算法，我们要达到美国的水平，那奥运会设置的金牌就不够嘛，是吧。"她的思路能拐到这个弯儿上，好脑子。

由于尚不熟悉，我没有吱声，她不知道，那算法并非我的发明，恰恰是从美国人出版的社会学杂志上拿来的。什么都可以按人口推算，为什么不能用于金牌？无非是这种算法得出的结论一下就把我们的座次退后了几十位。这一回，两亿多人才合一块金牌，你不算，人家也知道，中国人正是从这个意义上承认了失败和落后，从而渴望着体育界改革的，不然大伙还认识不了呢。

临出门，我偶然发现，她办公室的书柜顶上插着一根孔雀的羽毛。于是我想到女性都是爱美的，即使是做官，在官场上。

从她的一席谈话中，我很难发现正视现实立志改革的新思路。也许，人一旦作为一个既得利益者，就不会破而后立。在如此僵死的体育体制面前，她并不感到窒息。她可以举出更多的实例，更充分的理由，去说明这次奥运失败绝非一种必然。

（赵瑜　《兵败汉城》节选）

[赏析]

报告文学体的深度报道

深度报道作为新闻报道的一种，其形式没有一个固定的范式，只要能从深层反映新闻事实的真相，通讯、特写、评论、专稿、调查报告等都可以写成深度报道。与我们通常把深度报道定位为新闻报道不同，《她振振有词》节选自赵瑜的体育三部曲的《兵败汉城》，这本是一个系列的以体育为题材的报告文学。

报告文学毫无疑问是文学体裁的一种，是与小说、散文、诗歌平行的一种文学体裁。但它与其他文学创作的一个重要区别在于其遵循着真实性原则。赵瑜的体育三部曲既遵循了报告文学的真实性原则，又注重叙事的故事性、语言的口语化和生动性。而叙事结构的多变、作家主体作为"内叙述人"对文体的切入，使得作品在保持文学灵动的同时，能够深入地捕捉现象、探索问题、发掘本质。在赵瑜看来，"报告文学的前途，是往宽里走，往深里挖"。正是在这一点上，它契合了深度报道的精神实质。

在20世纪80年代的中国，调查式报告文学兴盛一时，其中尤以反映社会问题为主流。赵瑜是一位"体验型"作家，他的报告文学题材大都与其过去生活的经历和地域密切相关。体育恰好是赵瑜所熟悉的生活领域，他是在体委大院里长大的，自己就是运动员出身，搞过许多项目：自行车、游泳、篮球等，其中从事自行车和篮球两个项目的时间最长。如他自己所言："体育我很熟悉。"他的体育三部曲建立在深入的调查采访基础之上，通过对大量真实人和事的调查和报告，非常生动具体又深刻地表现了中国体育活动中存在的体制弊病和畸形现象。从这个意义上讲，它又类似于调查性报告，其所使用的方法恰好是深度报道常用的方法。

一、关注社会现实，题材重大

1984年第23届洛杉矶奥运会，中国获得15枚金牌，这令整个国家沉浸于空前的喜悦当中。一个熟悉体育、爱好体育的作家却未能陶醉其中，他以理性的眼光审视已然到来的"盛事"。通过中国与西方发达国家体育发展现状的对比，发现当代中国在体育观念和体制认识上存在着重大"误区"，进而造成诸多超体育或是非体育的观念，即在浓厚政治功利性的文化心理与民族情结的支配下，将体育视为表达民族意志和国家强盛的符号，并由此建构出官办的、封闭的、以竞技体育为主要特征，以夺取金牌为主要目的的"一条龙"体育发展模式。

写作《强国梦》的时间是1987年，1988年春终于艰难地发表出来。当时，举国上下弥漫着炽烈而盲目的奥运会热，高喊着"向汉城进军"的口号，赵瑜却猛地给泼了一瓢冷水，推出《强国梦——中国体育的误区》，一石激起千层浪，引起了社会的强烈反响。称道者、不满者各执一词，毁誉不一。不久，在第24届奥运会上，中国体育代表团汉城失利，仅获5块金牌，在很大程度上验证了《强国梦》中的预见。《兵败汉城》应约写于1988年汉城奥运会后，作品通过对中国体育军团在汉城奥运会上惨败局面，进一步对"金牌至上""名次第一"等功利追求行为做出了批评和指正，指出了失败的必然性以及失败的更深层原因。

评论界曾这样评价赵瑜："参与和推进了中国社会问题报告文学的发展。"他的体育三部曲正是因为对社会现实的关注和对重大社会问题的揭示、对当代中国体育现状的反思与批判而引起巨大反响和争议，并在全国范围内引发了体育改革问题的大讨论。

二、勇敢地触碰敏感话题

作者以勇敢的精神选取了一个艰深而又敏感的话题。虽然20世纪80年代以来整个社会大环境都在酝酿着改革，但中国的体育界似乎慢了一个节拍，尽管如此，这个话题仍然是棘手的。当然，正是由于话题具有高度的敏感性，是社会上紧绷的那根弦，所以话题本身就能引起读者的兴趣，激发起读者的阅读欲望。

赵瑜之前，大多数以中国体育为描述对象的报告文学几无反思与批判，基本都是"金牌文学"的建构模式。人们对中国体育在国际比赛中取得突破性成绩大加赞扬，而他却在欢呼与陶醉声中，反其道而行之，以大量材料与事实，揭示出光荣与梦想背后的危机与丑恶。这多少有些"大逆不道"意味的文字，遭致争议甚至引发批判的狂澜，也就不足为奇了。不过，尘埃落定之后，再来审视赵瑜的"三部曲"，我们则不能不感叹作者的"先见"，他对中国体育以及由体育上升至对体制和文化传统所作的深入反省与批判令人起敬。《远离科学的人们》选自《强国梦》第一部"盛事"，讲述的是有关体育科研薄弱的话题。《她振振有词》选自《兵败汉城》，是谈体委领导不能、不愿正视汉城奥运会中国失利的必然性问题。这些问题都是当时人们不敢言说、避讳谈及的敏感话题，作者是需要有勇敢的批判精神的。

三、巧用直接引语

大量使用直接引语是作品的一大亮点。透过作品，人们似乎可以"看到、听到"甚至感受到发言者内心的挣扎与无奈。在"原声"回放的帮助下，作品呈现出一个有声有色的现场画面。这正是恪守真实客观报道原则的新闻记者努力追求的传播效果。

新闻是选择的艺术。任何新闻作品都不可避免地带有记者的主观印迹，这篇作品所流露的记者态度十分明显，但是它并没有损害新闻报道的客观性原则，而且还具有强劲的说服力，这些都得益于记者对直接引语的巧妙运用。记者在报道中似乎只是一个旁观者，甚至只是一部留声机，想说的话完全由采访对象说出。全篇只有一个人物出场，但其身份却具有代表性，对于增强报道的客观性和说服力起到了非常重要的作用。

从叙事学的角度来说，作品展现调查的过程往往有两种表达方式：一种是第一人称的叙事情境，记者是叙事中的一个人物，他直接把本人的调查经历写入其中；另一种是中立叙事情境，记者不在文中抛头露面，他作为一个"中立的全知者"在报道中出现，通过对引语和背景描写的中立安排把调查过程描写出来。《她振振有词》使用了第一人称的叙事情景，记录了作者和体委领导张彩珍的对话，如"我开始冷静提问""我说""她略作思忖""她犹豫着说"，文章以一问一答的方式完成了写作。

直接引语的作用在这篇作品中发挥得淋漓尽致，帮助人们倾听主角的声音，增加了报道的人情味。来自官方人士的引语，从字里行间间接地表达了政府的立场和态度，同时直接引语巧妙地帮助记者表达观点、态度，是"用事实说话"的方法之一。

四、关注人和人性

深度报道归根到底还是体现在新闻事件与人和社会的关系上，因此事件本身的深刻意义最终还是要由人来赋予。文章选取了这一典型人物国家体委的女性领导。让人物亮相是这篇报道的一个特色，通过记者和采访对象的对话，在文字的空间里虚构了一个浓缩的现场，用三言两语轻松地完成了对人物经历、精神、性格的全面展示，很是难得。人是主角，是读者关注的焦点，问题恰好是通过人，人的语言、人的动作生动地表达出来了。

《她振振有词》对人物的表现生动：她始终站着谈，看上去此刻她比本来的中等身材高了一些；她精神饱满地站在地毯上挥挥手算做"别提啦"的意思，透着几分男子的豪爽；她该有五十上下，可她给人以四十来岁的感觉，眼镜戴得很牢固，说话干脆利落，一派女强人气概，连她那位衣着朴素的女秘书也显得气质很好；她摆摆手……；临出门，我偶然发现，她办公室的书柜顶上插着一根孔雀的羽毛。于是我想到女性都是爱美的，即使是做官，在官场上。作者眼中有人，抓住了一些细节，通过大量的非语言符号表达了对人性的关注。

［案例八］ 中国体育，从冠军到搓澡工

"全国冠军给我搓澡？"

"你是全国举重冠军？全国冠军给我搓澡？"长春一间浴池里，女浴客吃惊地说。搓澡工邹春兰没有回答，她疲惫地坐在角落里，表情尴尬。

十几年前邹春兰曾是闪耀体坛的全国举重冠军，打破过全国纪录、世界纪录。但长年的运动训练，使她荒废学业，只有小学三年级文化水平的她连份最基本的工作都难找。如今，她只能在浴池里为别人搓澡，还要承受着身体上的不适和心理上的落寞。

使她得到金牌的体育培训方法和体制，是成就了她还是耽误了她？

从全国冠军到搓澡工

十多年的举重训练，带给邹春兰的除了耀眼的金牌外，还有文化知识匮乏和身体上的问题。这些都在退役后，严重地影响着她的生活。"这些奖牌曾让我自豪，但现在留给我的只有痛苦的回忆。"邹说。

全国冠军黯然退役

1987年6月，16岁的邹春兰被选拔到吉林省第一体工大队。从那年开始，她不停地在全国举重大赛中夺冠。1988年秋天，她除了夺得3枚全国大赛的金牌，还打破了世界纪录……

1993年，邹春兰在比赛中开始走下坡路。当年的七运会，她只得了该组比赛的第七名。回来后，邹春兰退役了。

由于重竞技运动管理中心没有安排工作，2000年，重竞技运动管理中心补偿给邹春兰药费5000元，一次性伤病补偿7.5万元，29岁的邹春兰黯然离开了举重队。

164

求职艰难无奈搓澡

在举重队食堂工作过一段时间以后，29 岁的邹春兰黯然离开了举重队。当时她非常茫然，不知道自己将走向何方。她也曾找过多份工作，但都没被录用。无奈之下，一年前邹春兰跟丈夫一起来到长春市大众浴池打工，靠给顾客搓背赚取微薄的收入。搓一个澡，她的报酬是 1.25 元，一个月辛辛苦苦下来，挣的钱不到 500 元。

邹春兰住的是浴池免费提供的一间面积不足 5 平方米的房间，除了床，一张茶几占据了房间的最大面积，上面放了一台小电视，旁边有一袋鸡蛋。"长时间吃米饭白菜，实在受不了，就炒两个鸡蛋解解馋。"

"我连拼音都不会"

"我现在只有不到小学 3 年级的文化，拼音都不会。"邹春兰说。由于常年从事体育训练，邹春兰把学业彻底荒废了。除了没有文化，她还缺乏一技之长……离开举重运动后的邹春兰举步维艰。

在邹春兰身上，很多地方都带有明显的男性特征，小腿上的腿毛很重，声音厚重、沙哑，皮肤像男性一样粗糙，等等。她估计这是在当运动员时服用一种"大力补丸"的药而留下的后遗症。为了保持女性特征，邹春兰需要不断服用雌性激素类药物，这让她花费了不少钱，但是收效甚微。

冠军退役，光环后的阴霾

他们曾经是竞技场上耀眼的明星，他们为辉煌付出了青春和无尽的汗水。然而，如此的付出也带来了难以弥补的缺陷。于是，在光环褪去后，他们大多回到平淡的人生，甚至步入阴霾，无奈地过着连一般人都不如的生活。

除了邹春兰，这种"冠军"并不少见。

亚洲大力士当门卫染非典死亡

我国著名举重运动员才力于 2003 年 5 月 31 日 23 时 36 分死于重症肺炎，年仅 33 岁。他的一生，获过 40 多个全国冠军和 20 多个亚洲冠军。

1997 年退役后，才力生活一直困难。身无一技之长，才力迟迟找不到合适的工作岗位，只好借钱包了一台出租车。由于事先没有算明白账，只能雇司机开车，一天只有三四十元钱收入。最后才力辗转回到辽宁省体院，在保卫科工作，干一些看大门一类的杂活。才力当年大运动量训练时就留下了满身伤痛。他长期患有"睡眠呼吸暂停综合征"，身体肥胖，血压高。2003 年，他染上非典，诱发了心血管系统并发症，永远告别了世界。

当矿工的"马家军"

陈玉梅是马家军的成员之一，个人的最好成绩是 1992 年在汉城获得第三届世青赛 800 米亚军，如今她 30 岁，当起了矿工，在铁矿里负责计数。1992 年底退役后，陈玉梅来到齐大山田径队（鞍钢队）。1995 年她和鞍钢田径队的教练又发生矛盾，于是又不干了，然后被分配到鞍山齐大山铁矿北采矿场工作。

矿山的海拔大概有 400 多米，经常刮着强劲的风，一到冬天就滴水成冰。大风起处，粉尘像铁幕一样遮盖住整个矿山，长年在这里工作的人很容易得一种叫"矽肺"的职业病，寿命一般也要比别人短十年八年。几年下来，30 岁的陈玉梅看起来已经像 40 多岁的人了。

国脚退役后赌球坐牢

唐全顺，前足球国脚、甲级联赛最佳射手，但因开设"盘口"接受他人赌球，2003 年 7 月被法院以赌博罪一审判处拘役 4 个月。

唐全顺 11 岁开始踢球，正规文化学习也就到此为止。此后，唐全顺在足球上的路越走越顺，从区少体校到市少体校，再到上海二队、上海队、国家队。1983 年全国五运会，唐全顺拿到全国冠军；1988 年，他凭借 15 个进球成为当年全国足球甲级联赛最佳射手；1989 年，他短暂入选过高丰文执教的国家队；1990 年，以他为主力的上海队又获得"足协杯"冠军。

1997 年，他离开足球圈，没有任何技能，于是拿出积蓄开了一家小饭馆，但很快就倒闭了。后来又做旅游、拉广告……但"总的来说不如意，文化上跟人家有差距，业务也没有人家熟。"无奈之下，自 1997 年起，唐全顺就开始参与赌球。2003 年 5 月，他在上海一家酒店里开设赌球"盘口"，共收受 10 余位赌徒十多万元的赌资，当月被捕。

体育，练的是体质还是人命？

建国之初，由于中国竞技体育和群众体育的基础都非常薄弱，决定了一开始就只能走"举国体制"这条路。"举国体制"对于新中国体育事业的腾飞来说，起到了非常关键的作用。但世易时移，我国的综合实力突飞猛进，人们已经不再像从前那样赋予体育更多的政治含义，提高全民素质和"体育回归自然"的呼声反倒成了主旋律。

举国体育体制可以休矣

中国体育体制长期以来注重的是重大比赛的金牌数，所谓奥运战略就是金牌战略，不惜用国家有限的资源去营造一座座冠军的象牙塔，又一味剑走偏锋，突击一些毫无群众基础的冷门项目。更有种理论，体育也要从娃娃抓起，许多小孩从小就走上了一条培养专业运动员之路，而他们当中大多数并没有对所练项目的兴趣，而且大多是半途而废。废了的不止是时间和青春，更有废了身体的，专业运动员其实也就是专业伤病员。

竞技体育应该走职业化的道路，国家宏观管理足矣。真正的职业化，那些有群众基础的运动项目就能得到发展。国家更应该管的是群众性的体育活动，这更需要从娃娃抓起，不过其目的不是为了金牌，而是为了提高全民的体质。

（2006 年 3 月 24 日网易新闻中心）

[赏析]

负面深度报道的社会效应

2006 年，一段从全国冠军到搓澡工的经历，一则有关邹春兰的人生故事，吸引了人们的眼球。邹春兰，成了那一年的体坛焦点人物。文章一出，公众哗然，矛头直指中国体育体制和中国运动员培养机制。这正是负面深度报道的社会效应。具体地说，即通过报道一位体育明星的极端事件，将竞技运动积累多年的缺少人文关怀的问题摆到了桌面上。

在现行体制下，体育管理部门、运动队、教练员、运动员，都背负着沉重的运动成绩压力。在这样的氛围中，从集体到运动员自己，都只关注训练情况和比赛表现，而普遍忽视运动员（包括优秀运动队的队员和在各级体校从事业余训练的运动员）的文化和品德教育，运动员无法像同龄人一样接受正常的文化知识教育。更为严峻的是，临近奥运会、全运会等国内外大赛时，运动员甚至完全放弃文化学习，全力投入训练。这样做的后果是，一些运动员退役时虽然年近 30 甚至更大，却连初中文化水平都达不到。

文化素质偏低，给运动员退役后的学习和生活带来更大的压力。无论是继续学习，还是谋求职业，他们都将面临难以想象、难以克服的困难。邹春兰克服不了，才力、陈玉梅、艾冬梅、唐全顺等，也都克服不了。于是，正如报道中所感慨的那样："他们曾经是竞技场上耀眼的明星，他们为辉煌付出了青春和无尽的汗水。然而，如此的付出也带来了难以弥补的缺

167

陷。于是，在光环褪去后，他们大多回到平淡的人生，甚至步入阴霾，无奈地过着连一般人都不如的生活。"

很显然，忽视运动员的文化学习和全面发展，不符合构建和谐社会的时代要求，也违背了奥林匹克宗旨。以人为本，重视人的全面发展，是现代社会文明进步的重要标志。有关方面理应高度重视运动员的文化学习。据了解，此报道问世不久，有关方面出台了《关于进一步加强运动员保障工作的通知》。这自然也是负面报道的深度效应，但并非治本之策。我们有理由期盼，邹春兰退役后人生经历被曝光，会成为中国体育体制和中国运动员培养机制改善的触发点。随着体育职业化改革和市场化推进，我们的运动员队伍中将不断涌现出像刘翔、姚明、邓亚萍、"眼镜侠"胡凯等那样的退役后仍能够适应社会生活，在新的领域不断开拓进取，在人生征程中继续创造辉煌的睿智型选手。

［案例九］ 每人心中都有一个 Tristan：郭川船长，记得归来

郭川，一个用一连串惊人壮举改变了国际航海界对中国航海界认识的硬汉，生死未卜。妻子肖莉和郭川团队正在尽最大努力进行海上搜救，只要有一线生机，他们都不想放弃。尽管，希望随着时间的推移一点点消散。可每个为了营救郭川参加募捐的国人都宁愿相信，船长郭川在黎明升起时，还会回来。

认识刘玲玲后，郭川当面撕掉与之前的经纪公司的合同

每个成功的男人背后必然有伟大的女人。作为改变中国航海在世界航海地位的第一人，郭川背后有两个强大的女人。一个是妻子肖莉，一个是他的团队总经理刘玲玲。

2013 年的三亚，沃尔沃帆船赛的晚宴上，郭川第一次与刘玲玲见面。郭川曾回忆道，刘玲玲给自己的第一印象是个胖老太太，所以，他一个劲儿管人家叫大姐。可没想到，就是这个女人，在跟郭川聊了一个多小时后，他笃定，这个对帆船一窍不通的女强人就是自己要找的经纪人。于是，他撕掉了一份已经收到的中国香港某经纪公司递给他的合同，与刘玲玲开始了合作。

刘玲玲也没有让他失望，这个自 1991 年开始就没有离开过国际体育传播与经营的舞台的有故事的女人马上帮郭川运作了震动世界航海界的单人不间断环球航行。

而单人驾舟从美国旧金山起航，争取用创纪录的速度横穿太平洋抵达中国

上海的项目，就是那时两人一起筹划的更轰动的极限航行。

"不知道他收到邮件没有。"抱着这个疑问的刘玲玲现在也不知道答案。在10月25日的下午，她给郭川发了一封邮件，内容是BBC的记者想采访他，希望得到郭川的回复。

从25日失联到现在，刘玲玲每天都在拼命地打电话写邮件。她在联系有可能进行搜救的组织，她在等待着那封邮件提示中，一条消息提醒跳了出来，这是来自郭川的回复。

2011年离死亡最近时，郭川瞬间想过"这次没救了"

一些人能够清楚地听见自己内心的声音，并且追寻它而活。有人成了疯子，也有人成为了传奇。

——《燃情岁月》

上大学时一度迷恋电影《燃情岁月》（又译《秋日传奇》）里的Tristan，一头飘扬的金发，狂野桀骜的外表，躁动不安的灵魂。印第安老人说：一些人能够清楚地听见自己内心的声音，并且追寻它而活。

郭川1989年北航研究生毕业，从长城工业总公司宇航部的工程师到长城国际经济技术合作公司副总，郭川的事业可谓顺风顺水。

1998年，郭川获得北京大学光华管理学院MBA学位。他却在年底提出了辞职。郭川的辞职历程长达两年。公司领导多次劝说挽留，为他重新规划，换部门，他甚至放弃了即将分配到手的房子。

2003年初夏的黄昏，晚霞满天。广东茂名十里长滩，一架超轻型动力三角翼在空中盘旋。距此两千公里的青岛，郭川接到了弟弟的电话，"太美了，我正在云中漫步，碧海蓝天属于我一个人。"离开办公室，他是一匹脱缰的野马，在无边原野上自由奔跑。

2007年，郭川跟着九天之翼俱乐部创始人杜鹏在澳大利亚墨尔本附近飞滑翔机。杜鹏等人已拿到单飞证，郭川却是首次尝试。基地教练认为很多人技术不达标，不敢放他们单飞，而郭川却在5天以后独自飞上了天空。时隔多年，郭川飞滑翔机的故事仍然在极限圈子广为流传。

2006年郭川选择职业航海道路前，他是国内包括《国家地理》在内的书本户外、旅游杂志的重要摄影师。当郝广奇、耿直等人开玩笑地说他"玩物丧志"时，郭川也在认真地思索，从天空到地面，他的落脚点到底在哪里？

直到现在，郭川还会被屡屡追问当年是否有过放弃探险的念头。殊不知，郭川也曾因爱情差点终止自己的极限旅程，回归凡人的婚姻家庭。遗憾的是那段感情无疾而终，郭川说"理智战胜冲动"，郝广奇与老友开玩笑：感谢那位女孩，否则中国航海史上将缺少郭川的名字。

"人生中选择'自由'的那个决定，如果权衡太多，很可能成了永远在做决定却终不见结果，时间成了在犹豫中消磨的一种不间断的郁闷情绪。而一旦选择自己想要的生活，朝着目标前进，就会全神贯注地投入所有的激情，激发自己的潜能，无论能不能到达终点，或是否能到达自己理想中的终点，都没必要计较，要知道即便不是通天大道，你也在梦想的追逐中领略到了不一样的风景。人生如此短暂，我当然要选择自己想要的生活。"

2007年9月，郭川前往法国接受专业航海训练前留下了这段话。尽管那时，他尚未预见大海会成为他的最终归宿。

法国拉罗谢尔港——全世界帆船选手心中的麦加圣地，2007年秋天，42岁的郭川独自上路，自费租船、聘请教练，在拉罗谢尔学习6.5米极限帆船的操作。郭川用"孤寂中的恬静"、"艰难中的浪漫"一语带过他的法国之行。

郭川庆幸自己当年的抉择。那一刻如果选择放弃，他的后半生都将因悔恨纠结。完成沃尔沃环球帆船赛，郭川破茧重生。四年后单人不间断环球航行归来，被问及是否感觉孤独寂寞，郭川微笑摇头，"经历了沃尔沃，这138天不算什么。"

郭川离死亡最近的一刻在大西洋，2011年深秋，6.5米极限帆船比赛出发第5天，狂风大作，风力达30节（每小时50公里），帆船突然90度侧翻，郭川随之落水。人船分离是航行中最危险的事故。郭川的一只手刚刚抓着一侧船舷，"这次没救了"的念头瞬间闪过脑海。强大的意志力和韧劲让郭川在10分钟后翻回了船上，快速降帆解除了危机。

多年后，船长想和妻子牵手走在海边追忆似水年华

不间断环球航行出发前，郭川并未写下遗嘱，只是为还贷把银行U盾给了妻子肖莉。他从来没有做过一去不复返的准备。精心筹划3年，科学严谨的态度，无数次仪器调试，各种备份方案，郭川谨记极限运动的名言——心中有数再出发。郭川唯一的事故发生在金秋十月，背着滑翔伞贴着树梢摆荡，欣赏美景流连忘返的郭川落到了树上，为锯断树枝，他折腾了两个小时才走出荒山野岭。

46岁前的郭川没有家庭的羁绊，了无牵挂。而今天，出海，为了归来。"我知道，他的心一直在岸上。"相识20年，肖莉在两年前成为郭川的拉罗谢尔。在正确的时间，遇到合适的人，婚姻也需要机遇的成全。

肖莉1996年通过朋友认识了郭川，那时的郭川令她仰视："他开着桑塔纳轿车，会开飞机、玩潜水，又是国企高管，可牛了！"如今，她成了郭川的妻子，用纤弱的肩膀扛起了整个家庭的重担。这其中的日思夜想，又岂是常人所能体会。

直到 2009 年，肖莉才知道，曾经那个"太牛了"的郭川迷上航海了。她再见到郭川时，他患了抑郁症。她眼前的郭川，头发花白，精神萎靡，连续吃了三碗面，却一句话都不说。肖莉看了视频后，才知道郭川参加了 2009 年沃尔沃环球帆船赛，"绿蛟龙号"船体断裂，中途退赛。

在郭川最低谷时，肖莉用爱情温暖了他的心。让郭川不再是浪子，他每次出行都知道，家里有一盏灯在等他归来。

郭川 48 岁生日那天，按约定，他打开电脑视频，看到了肖莉和儿子可爱的面容。那包方便面是他的最爱。"喔，还有个鸡蛋！"再一抬头，他把面扫荡精光。肖莉为他准备了一个生日蛋糕：一家四口人站在蓝色地球上，后面是青岛号帆船。这个蛋糕，郭川只能在屏幕上看到，解不了馋。

为了能够关注小儿子的成长，郭川让妻子每周都用电子邮件发来照片，打印出来后贴在舱壁上，他希望能够通过这样的方式陪伴儿子的成长。后来，船舱内贴了一墙照片。

曾经有记者问肖莉，他的丈夫是否在进行一次自私的冒险？肖莉回答："我担心他，但喜悦多过忧虑，如果没有我和孩子，郭川一定无法义无反顾的开船起航。"郭川常常想象着许多年后，两人手牵着手走在海边，一起追忆似水年华。

也许每个人的心中都有一个 Tristan，只是我们都屈服于各式各样的羁绊，终究不能像郭川那样 follow his heart，随心而动。

Captain，要记得：出海，为了归来。

（2016 年 10 月 31 日《体坛周报》）

[赏析]

人文主义情怀让体育人物更富立体感

郭川，作为一名职业竞技帆船赛手，在国际知名帆船赛事中获得诸多"第一"，如"第一位完成沃尔沃环球帆船赛的亚洲人""第一位单人帆船跨越英吉利海峡的中国人""第一个成就单人不间断环球航行伟业的中国人"，等等，他被称为"中国职业帆船第一人"。可就是这样一个完成了惊人壮举的航海硬汉，却在 2016 年 10 月 25 日 15 时，于夏威夷附近海域失联，至今未能找到。那么，"当时失联的情况如何？""搜救的最新进展结果怎样？""郭川为什么会从事职业竞技帆船这项运动？""他现在到底在哪里?"等问题便成了郭川失联后体育媒体报道的重点方向。然而，对体育人物的深度报道，不能仅仅局限于对与其相关的突发性体育事件的简单描述，更不能只是冷冰冰的成绩数据的堆砌，而是要着眼于人性、情感、精神上的关怀，把人的生存、人的行为、人的发展作为采访报道的重要价值取向，深度挖掘人物的内心世界，这就要求体育新闻的传播具有人文主义情怀。这种人文情怀可以通过讲故事、抓细节两种形式进行传播。

一、以体育故事展现人物命运

"每个成功的男人背后必然有伟大的女人"，对于郭川来说，伟大的女人除了自己的妻子之外，还有他的经纪人刘玲玲。《体坛周报》的这篇文章从郭川的经纪人入手，回顾了两人见面时的机缘巧合、筹划轰动的极限航行等活动的合作过程，并且描述了刘玲玲在郭川失联后多方联系搜救组织时的焦急心情。不仅如此，该文章还将郭川与妻子肖莉相知、相识、相恋的过程放在了最后一段，首尾呼应，塑造了郭川这一硬汉充满柔情的一面。中间通过时间线的梳理穿插讲述了郭川的职业生涯，并以他上大学时一度迷恋的电影《燃情岁月》里的角色"Tristan"为题，将"船长"的形象贯穿文章始终，展现出郭川随心而动的精神，展现出他不屈服于命运羁绊的顽强品格。

二、抓人物细节引发受众共鸣

体育运动是一种高情感体验的活动，情感需求和情感认同是体育受众接触体育媒介的主要动机。帆船运动在中国并不是一项普及性很高的运动项目，如何通过新闻报道使得受众加深对此项运动的了解，加深对从事这项运动的体育人物的了解？这些问题就要从细节入手。体育新闻深度报道记者在建构体育叙事文本时，应尽可能多地向观众呈现与情感、意义、价值等相关的细节。本文中，这种细节描写非常成功，如人物的行为和语言细节："人船分离是航行中最危险的事故。郭川的一只手抓着一侧船舷，'这次没救了'的念头瞬间闪过脑海……"；展现人物感情的环境或场景细节："……那包方便面是他的最爱。'喔，还有个鸡蛋！'再一抬头，他把面扫荡精光。肖莉为他准备了一个生日蛋糕：一家四口人站在蓝色地球上，后面是青岛号帆船。这个蛋糕，郭川只能在屏幕上看到，解不了馋。"作者通过大量的"细节"，使读者感受到这个改变了国际航海界对中国航海界印象的硬汉人物丰富的情感世界，感受到郭川作为独立存在的人所焕发出来的精神光芒。

[案例十]　为和平而战——访"最美难民运动员"尤丝拉·马尔迪尼

"我们，为和平而战。"她在新闻发布会上落落大方地说。

与 2016 年里约奥运会初登新闻发布厅时的羞涩与腼腆相比，如今的马尔迪尼已经坦然接受而且习惯了聚光灯下的一切。

"那时我才 18 岁，我确实很不习惯那种大场合，感觉压力好大。现在我已经好很多了，懂得如何承担起我身上的责任。我想让自己变得更有用，能帮助更多人。"她说。

圆梦里约

马尔迪尼的父亲是一名游泳教练。4 岁起，马尔迪尼就开始学习游泳。每天 3 小时在冰冷池水里的训练曾让她一度产生畏惧，但当她决定放弃后，又发现自己已然离不开。

"那时我发现，游泳能让处于青少年时期的我远离很多不健康的东西，同时教我如何更好更有耐心地去面对一切，而且我很喜欢游泳时的感觉，直到我离开后才真正发觉我失去了什么。"马尔迪尼说。因此在一年后，她又重返泳池，"失而复得"的欣喜让她更加投入地训练。

然而这一切，都在 2015 年大马士革那遮云蔽日的炮火里烟消云散。在那场浩劫里，有时甚至会有炮弹落在她冒险前去的泳池里，她还失去了两位一起训练的队友。像许多绝望的叙利亚人一样，17 岁的她与姐姐背井离乡，从土耳其搭乘橡皮艇逃往欧洲。然而在黑暗中，那艘挤上 20 多人的橡皮艇意外破损，险些倾覆。生死关头，她和姐姐还有两个同伴跳下冰冷的海水，拉拽着这艘小船熬过了漫长的 3 个半小时，终于抵达希腊，后又辗转到了德国。

在柏林的难民营，马尔迪尼告诉翻译："我是一名游泳选手，我还想继续参加训练。"在里约奥运会上，她和其他 9 位难民一起，组成了奥运会史上的首个难民代表团，身披五环旗帜，走进了全世界的聚光灯下。

再战东京

里约奥运会后这 3 年，马尔迪尼始终坚持着训练。上赛季，她从柏林搬到汉堡，每周在奥林匹克中心有 10 次水下训练和 3 次陆上训练，每天上、下午各两小时。

本届世锦赛上,马尔迪尼以国际泳联独立运动员身份参加了女子 100 米自由泳和 100 米蝶泳两个项目,分别排名预赛第 73 位和第 47 位。

对于参赛结果,马尔迪尼表示,没有游出自己的最好成绩有点遗憾,但她希望能够尝试克服困扰自己长达 3 年的左肩伤,这样能更自如地参赛。

"我下一个目标是获得东京奥运会参赛资格,再次代表难民队登上奥运赛场。"她说。

奔着这个目标,马尔迪尼在这赛季给自己的训练加量了。然而大运动量导致她的肩伤加重。医生告诫她,需要静养 3 个月,然而马尔迪尼说,这一治疗方案是任何一位运动员都无法接受的。

"当时我又愤怒又忧伤。我当然知道我应该休息。但教练告诉我,这赛季不要游太多,否则下赛季你的肩膀可能就毁了。"她说。

因此在世锦赛前,她并没有太多系统训练,只是针对肩部进行积极治疗,"效果还不错"。

比赛时,她依然不敢看国际新闻。因为每当看到画面里仍饱受战火折磨的同胞们,她都日夜难安、心潮难宁。只有当比赛结束了,她才敢看一看那些来自祖国的身影。

未来可期

马尔迪尼说,自己想成为一个更有用的人,能够运用自身的影响力,更多地帮助别人。

"我想向世界证明,叙利亚难民也有不少人接受过良好的教育,也有着优秀的文化和文明。"

虽然接下来的一年,她必须专注训练,以获得奥运会资格。但等到东京奥运会结束后,她说自己会像以前一样,造访难民营、将身边难民的故事传播给世界,将战火的伤痕展示给世界,希望能以此换回更多的和平。

"我现在有我的角色,也有让更多人听到属于难民心声的责任。尽管现在我的力量还很薄弱,但我想过,以后也许可以设立一个难民基金会或者难民学校……"

至于她自己的未来,马尔迪尼希望能读大学,表演专业、体育专业和新闻专业是她最感兴趣的 3 个方向。

她的领队、前教练斯潘南克莱伯说,马尔迪尼是联合国难民事务高级专员公署(UNHCR)的一位优秀大使,已多次跟随 UNHCR 造访各地难民营,将所见所闻传递给全世界。

"东京奥运会后,没人知道会发生什么。但有一点可以肯定:她将一如既往地承担起肩上的责任，为了她的过去，也为了难民的将来。"斯潘南克莱伯说。

（新华社韩国光州 2019 年 7 月 27 日电）

[赏析]

以"真情"感受"最美"

2016 年 8 月，由 10 名中东和非洲难民组成的一支奥运难民代表团亮相里约奥运会。这是奥运赛场 120 年历史上出现的首支难民代表队。新华社的这篇深度报道以难民代表团中年轻的游泳运动员尤丝拉·马尔迪尼为主要人物，通过对她的访谈，全方位、立体式地向受众展示了这一特殊体育团队的精神面貌，在家乡遭受战火侵袭的背景下，运动员自强不息的品质。记者以《为和平而战》为题，但并未把叙事视角局限于尤丝拉·马尔迪尼满目疮痍的家乡环境、叙利亚的政治旋涡与惨烈战争等，从而引发公众的同情，达到宣传"和平"的目的；而是将重点聚焦在马尔迪尼的奥运之旅，回归奥林匹克运动的本质，通过真情实感向读者呈现出"最美难民运动员"的人物形象。

一、人文性的采访手段

2011 年，"阿拉伯之春"波及到叙利亚，叙利亚战争与利比亚战争几乎同时而起，但最后并没有以卡扎菲政权倒台结束，叙利亚政府与叙利亚反对派组织、IS 之间的冲突持续至今。连年的战火给国内民众带来了严重的身心创伤。这种特殊的国家现状给尤丝拉·马尔迪尼带来充满故事性的背景色彩。这些背景都是记者可以挖掘的良好题材。同时，从这样的家国背景下走出的运动员也比一般的体育人物更复杂、更敏感。所以，本篇体育新闻深度报道的记者在采访时充分展现出了人文关怀，在采访中，对于可能遭受过躯体和精神上创伤的"难民运动员"，必须细致了解其内心世界，充分给予其尊重，时刻关注他们的情绪、感受，不能为了所谓的"独家新闻"而不择手段，追逐"眼球效益"。从报道的内容，我们可以看出，记者对于马尔迪尼的难民背景并没有做大篇幅的表述，而是将这个背景与她的运动生涯相结合，成功塑造了一个充满责任感、自强不息的"最美运动员"的形象。

二、逻辑性的叙事文本

无论运动员身上有何种身份标签，体育比赛才是贯穿其职业生涯的核心要素。本篇深度报道以"我们，为和平而战"开头，首先向受众引入一个具有特殊身份的运动员形象。随后，以"圆梦里约""再战东京""未来可期"为小标题，回顾马尔迪尼最初奥运之旅的历程，评述 2016 年至今这三年的训练准备，期待她东京奥运会的精彩表现，以及"读大学""选专业""设立一个难民基金会或者难民学校"等等期许，层层推进，逻辑合理。与此同时，作者对马尔迪尼在赛场之外"造访难民营""将身边难民的故事传播给世界""运用自身的影响力，更多地帮助别人"的深入报道，希望借此改变人们对于难民的刻板印象，从而升华文章主题，让马尔迪尼"最美运动员"的形象更加鲜活立体。

[案例十一] "归化"来了！国足冲击世界杯有了新帮手？

在中国足协公布的最新一期国家队集训名单中，"李可"赫然在列。如果不出意外，在 6 月 7 日对阵菲律宾队的热身赛中，首发出场的李可，将给中国足球带来历史性的一刻：他将成为代表中国国家队在正式比赛中出场的首位"归化球员"。

这是李可意料之中的事情。在自己的社交媒体上，李可表示"如愿以偿"，换句话说，能为中国国家队效力，是李可去年决定放弃英国国籍加入中国国籍的重要原因。

李可的实力，确实能够保证他在国足当中有一席之地。从第 2 轮联赛中国足协扫清政策障碍，正式出台《中国足球协会入籍球员管理暂行规定》，允许归化球员出场之后，李可除第 4 轮联赛因位置原因未能登场，已经首发打满其余 9 轮联赛，收获两个进球。

中国足球是否会因为归化球员开启一个新的时代不得而知，但事实是归化球员已经真正成为国家队的一员，他们将身披国家队球衣，高唱国歌，在球场上为国争光。

国足需要什么样的"归化球员"？

最近一个阶段，"归化球员"的讨论热度，在某种程度上已经超过"里皮回归"和今年 9 月就要进行的卡塔尔世界杯亚洲区预选赛"40 强赛"——里皮、40 强赛，对中国足球来说都不是新鲜事，只有"归化球员"，才是这一届国足向卡塔尔世界杯发起冲击的"升级版本"。

中国足球自然还没有达到必须依赖归化球员的程度，但是国家队要想在 40 强赛和 12 强赛中有所作为（获得 2022 年卡塔尔世界杯决赛圈资格），从目前情况看，没有归化球员的帮助将很难如愿。

所以现阶段进入国家队的归化球员李可，所需要承担的使命并不复杂：尽全力帮助国家队打好 40 强赛，以及接下来的 12 强赛。

关于"中国足球是否需要归化球员"的讨论，早在 2014 年包括国家体育总局以及公安部在内的相关部门就已经达成共识：中国足球"可以有"归化球员，国家队也"可以有"归化球员。

2015 年年初，国务院和中央全面深化改革领导小组先后审议通过的《中国足球改革发展总体方案》，是中国足球改革发展的纲领性文件——随后中国足球行政层面提出的诸多改革发展措施，均可由这一份业内人士简称为《50 条》的文件中找到理论依据。

《50 条》中关于"国家队"的表述，"技艺精湛、作风顽强、能打硬仗、为国争光"为核心内容，而"提高运动素质能力，加强思想政治教育，增强国家队球员的使命感、责任感和荣誉感"的补充批示，也显示出中国球迷对国家队的期待，其实并非仅仅"打进世界杯"那么简单——球队的好成绩和优秀作风，以及对青少年足球热情的激发，缺一不可。

只有满足以上条件的"归化球员"，才是中国足球、中国国家队所需要的"归化球员"——国际足联关于"归化球员"的限定只是条件范围，中国足球仍然有根据自身需要选择合适人选的权利。

"血缘关系"决定归化与否？

就像中国足球的职业化改革自然而然成为中国体育的职业化改革试验田一样，中国足球的"归化"也将在某种程度上开启中国体育的"归化"之门——按照计划，2020 年东京奥运会，2022 年北京冬奥会，中国奥运军团都会出现"归化运动员"的面孔。

中国体育界的"归化"早有先例，只是并不普遍。

2008 年便代表中国马术队征战北京奥运会的华天，是中国奥运史上第一位马术三项运动员。这位出生在英国伦敦的华裔后代，2006 年时选择放弃英国国籍加入中国国籍，已经代表中国队参加过北京、伦敦、里约热内卢三届夏季奥运会，上周他与队友合作，历史上首次获得奥运会团体比赛资格，这意味着明年他将出现在日本东京代表中国队完成自己的第四届奥运之旅。

如果说华天的"归化"，类似于海外华侨华人的"回归"，如今李可的"归化"，也像是这种"回归"的延续——李可出生在伦敦，外公、外婆为中国人，母亲为英国人(华裔)。据引进李可的北京中赫国安俱乐部介绍，李可家人并未干涉李可的选择，而李可本人最终选择加入中国国籍，也是基于对自身实力的清醒认知。

对于外来球员而言，"入籍"程序相对复杂。此前由公安部移民管理部门负责的"入籍"事宜，因 2018 年国务院批示组建国家移民管理局(仍由公安部负责管理)，升级为由国家移民管理局移民事务服务中心负责实施及审批——按照正常程序操作，"入籍"需要将近一年时间才能完成，李可之所以能顺利成为首位在中超亮相的归化球员，甚至首位国足归化球员，一靠其自身实力，二靠北京国安俱乐部提前布局以及专业化的运作方式。

相比自身拥有中国血缘关系的李可，埃尔克森和高拉特这两位巴西锋线杀手，想要加入中国国籍、并代表中国国家队出战 2022 年卡塔尔世界杯亚洲区预选赛还要经历一些波折——尽管在国际足联关于"归化球员"的参赛资格认定方面，埃尔克森和高拉特可以符合"从未代表原国籍足协参加过正式国际比赛""本人 18 岁后连续在该会员协会所在国家/地区境内居住五年以上"两项规定，从而"取得代表新会员协会参赛的资格"，但"没有任何中国血缘关系的外籍球员是否归化"的疑问并没有得到相关部门明确答复。

据了解，今年 9 月开始的 40 强赛，只有李可或者侯永永能够代表国家队出战，而明年 6 月之后的 12 强赛，埃尔克森或者高拉特能否以"归化球员"身份代表国足出战，则要根据比赛进程才能确定。

比"归化"更重要的是"青训"

在亚洲足坛，尽管"归化球员"已是常规操作，但真正对于"归化球员"持完全开放态度的亚足联会员协会却不多见，菲律宾是其中之一，而卡塔尔足协的"归化"则并非像外界宣传的一样仅以"雇佣兵"形式存在。

今年 1 月在阿联酋举行的亚洲杯赛，国足小组赛第二个对手菲律宾队，23 人名单中 21 人为归化球员，0∶3 输给国足的小组赛，菲律宾首发 11 人均为归化球员，其中包括曾在中超河南建业队效力的西班牙人哈维尔——但菲律宾队小组赛 3 战皆负没有出线，这也从侧面验证了急功近利的"雇佣军团"效果不佳。

此外获得本届亚洲杯赛冠军的卡塔尔队，虽然也有多名"归化球员"为其效力，包括锋线杀手阿里和防守悍将艾尔·拉维，但能够让卡塔尔队站在亚洲之巅的最大助推力，无疑来自卡塔尔"阿斯拜尔精英学院"出产的优秀本土年轻球员帮助球队补平短板——最好的证明是 2014 年 U19 亚青赛，韦世豪、张修维领衔的国青队与卡塔尔 U19 国青队在 1/4 决赛中相遇，结果没有归化球员助阵的卡塔尔本土国青精英 4∶2 取胜中国国青，那届亚青赛卡塔尔国青最终夺冠，初步显示出 10 年耕耘后的青训成果，而那届亚青赛冠军成员当中，多达 8 人在 5 年后进入国家队并收获亚洲杯冠军。

曾多次折磨国足防线的高大中锋塞巴斯蒂安原籍乌拉圭，2006 年入籍卡塔尔，成为卡塔尔进攻核心——这是卡塔尔第一批归化球员，尝到甜头的卡塔尔开始尝试归化高水平球员，但与此同时，卡塔尔更是花费巨大精力、物力与财力打造"阿斯拜尔精英学院"，"阿斯拜尔精英学院"15 年的坚守，让大批有志于足球事业的卡塔尔青少年立足本土便得到了较好的足球教育，而卡塔尔成为亚洲强队，实则是对其青训体系的最好褒奖。

日本足球也是平衡"归化"与"青训"最好的例子。

日本国家队历史上出现过"归化球员"，比如中国球迷熟悉的拉莫斯、洛佩斯、三都主、田中斗笠王，但日本归化球员均非该国足协刻意寻找"能帮助日本国家队提高成绩的入籍球员"，拉莫斯、洛佩斯、田中斗笠王均为日本人后裔，与日本文化并无隔阂，既有为日本队效力的愿望，日本足协自然乐意，而在日本足球体系当中，"归化球员"只作为补充存在，真正占据主导地位的还是拥有几乎不逊于归化球员技战术能力的大量日本本土球员——2016 年 12 月 18 日，全部以本土球员出战的鹿岛鹿角队，在当年世俱杯决赛中 90 分钟内与皇家马德里战成 2∶2 平，虽然加时赛 C 罗进球导致鹿岛鹿角队 2∶4 告负，但这一战让全世界球迷看到日本足球的扎实功底；2018 年俄罗斯世界杯 1/8 决赛，没有归化球员的日本队在 2∶0 领先的情况下被比利时队 3∶2 逆转，再次令全世界球迷感受到日本足球的本土力量。

"个别归化为辅，本土精英为主"，是日本足球可以为中国足球提供的最好借鉴，其因果关系不容颠倒——以归化球员为主，在短期内迅速提升国家队成绩的做法，或许会让中国足球在很长一段时间内付出更大代价。

中国足球的未来不在"归化"在"规划"

李可的"归化"，以及下一个"归化"的"李可"，自然是现阶段中国足球、中国国家队所需要的有力补充——这由国足无人可用的窘迫现状所决定，但"归化"治标难治本，国足重新成为亚洲强队、世界杯决赛圈常客，需要的是"规划"以及"执行"。

仍以亚洲青训体系最为完善的日本为例，正是得益于长期规划和不掺杂私心的科学执行，目前该国可以派出多支球队应对各级别、各年龄段国际赛事。

正在法国进行的土伦杯，日本 U22 国奥首战卫冕冠军英格兰队，最终 2∶1 逆转取胜；同时在波兰举行的 U20 世青赛，与意大利队、墨西哥队和厄瓜多尔队同组的日本国青队 1 胜 2 平积 5 分随意大利队出线，他们淘汰赛对手为韩国国青队；而两周后即将在巴西举行的美洲杯赛，日本队作为受邀队参赛，主教练森保一给出的名单当中，还有 17 岁的"天才少年"久保健英，20 岁的法政大学学生上田绮世，21 岁的新锐前锋前天大然。

三线出击的日本适龄国字号球队，还能做到每支球队新老搭配，中国球迷对此只能感慨技不如人——为保证国家队赢下 6 月 7 日主场与菲律宾队的热身赛，张玉宁、杨立瑜、朱辰杰 3 名适龄球员无法跟随希丁克征战土伦杯，只能先"驰援"国足以便世界杯亚洲区预选赛第二阶段分组抽签时获得种子身份，两相对比，人才厚度自有分晓。

将希望寄托于"归化"只是短期捷径，这样的做法即便适度适量，也难以支撑长期发展——以去年平昌冬奥会为例，冰球水平落后的韩国队为达参赛目标，迅速"归化"了 7 名原籍美国、加拿大的冰球运动员加入韩国国籍，并成为韩国冰球国家队队员参加平昌冬奥会，即便如此，这支"归化球员为主、本土球员为辅"的冰球队还是在淘汰赛资格赛中不敌芬兰出局，而在冬奥会结束之后，便有几名归化球员"不知去向"。"为了比赛而归化"的弊端，正在于缺乏持续性与延展性，无法对项目自身在本土的发展起到积极作用。

中国足球、中国体育当以此为鉴，哪怕已经和东京奥运会、北京冬奥会相提并论的卡塔尔世界杯预选赛迫在眉睫，"饮鸩止渴"的做法亦不可取。如果把中国足球的希望和未来寄托在"归化"身上，那是不愿在中国足球领域深耕细作的糟糕态度。

（2019 年 6 月 4 日《中国青年报》）

[赏析]

从丰富的新闻背景中"走向思辨"

"归化球员"，是指在出生国籍以外自愿、主动取得其他国家国籍的球员，本质上是技术移民。随着中国足球改革发展的纲领性文件《中国足球改革发展总体方案》的出台，中国足球的改革开始走向深化，国足"归化球员"开始成为足球领域媒体关注的焦点。2019 年 2 月，侯永永成为中国首位归化球员。5 月 30 日，李可入选中国男足国家队集训名单，成为中国足球史上首位入籍国脚。8 月，艾克森完成变更国籍、入选中国男足国家队的相关手续，成为中国足球史上首位无血统归化球员。10 月 10 日，在广州举行的 2022 年卡塔尔世界杯预选赛亚洲区 40 强赛中，中国男足公布对阵关岛的 23 人名单，两位归化球员李可、艾克森入选，并帮助中国队取得本场比赛的胜利。可以说，中国足球在这次比赛中"尝到了甜头"。那么接下来会不会有更多的"归化球员"进入国家队？"归化球员"对中国足球本土球员的提高有何作用？"中国球迷对更多的'归化球员'进入国家队的接受程度如何？"等问题成为众多媒体报道的焦点。《中国青年报》的这篇体育新闻深度报道从翔实的新闻背景资料入手，对这些问题进行了全面解答，并对中国足球"归化球员"的发展热潮提出了冷静的思考。

文章的标题首先就提出了疑问："'归化'来了！国足冲击世界杯有了新帮手？"众所周知，中国足球自从 2002 年日韩世界杯后，再也没有闯入世界杯决赛圈，如今"归化球员"的加入，是否能够切实提升中国国家队的实力，再次冲击世界杯，这是广大球迷关心的话题。在这里，文章作者既没有罗列几位归化球员的基本信息，也没有分析他们的技术特点和主要成绩，而是以"国足需要什么样的'归化球员'？"和"'血缘关系'决定归化与否？"两个问题为重点，摆出大量的新闻背景知识进行深度观点表达，如国家体育总局、公安部门的规定，国际足联关于"归化球员"的限定条件等，以此来探究中国足球"归化球员"合理合法性的问题，并引导读者深刻认识"归化球员"的本质。

仅仅提供体育新闻背景知识是不够的，体育新闻深度报道的记者还需要用理性的文字，有逻辑地将这些背景知识融入新闻主体，冷静地展望未来，引发读者思考。从本篇报道中，我们可以看出，作者将完善足球"青训"体系的重要意义置于招募"归化球员"之上，通过对同处亚洲的卡塔尔、日本足球的"青训体系"建设的梳理与分析，认为在"归化"与"青训"中需寻求最佳平衡，做到"个别归化为辅，本土精英为主"，二者因果关系不容颠倒等结论，层层推进，为中国足球的未来发展建言献策。最后，文章回到"归化球员"的主题，用充满思辨性的话语，提出"中国足球的未来不在'归化'在'规划'"的建议，对于中国足球的未来发展，既不能"为了比赛而归化"，也不应把中国足球的希望和未来寄托在"归化"身上，应当做到"精耕细作"，注意持续性与延展性。

［案例十二］ 电竞少年的"黄金时代"

这是一双灵巧的手，它能在 1 秒钟内敲击 5 次鼠标，也能在电光石火间把箭头移动到屏幕上任何一处想要的位置。

凭借这双手，李祥在游戏中杀敌无数，不可阻挡。他因此进入了梦寐以求的顶级职业电竞战队，22 岁那年，他赢得了 2012 年 WCG（世界电子竞技大赛）中国区的一项冠军。当他用这双手把自己签名的 T 恤抛向台下时，上千名观众张开双臂，高喊他的名字，为他欢呼。

那是他唯一一次觉得自己是个明星，长期枯燥孤独的职业生涯已经让他感到"心累"，这次冠军成了他退役前为自己写下的最后注脚。那时他还没意识到，在接下来的 4 年里，电子竞技会以近乎裂变的速度，扩散到每一间大学宿舍、每一家网吧。不管是繁华的都市，还是偏远的农村，有网线的地方就能找到电竞的影子。一年前，一款热门竞技游戏的全球平均每天在线人数已经突破2700 万，相当于整个澳大利亚的总人口。

与李祥那个时期的默默无闻不同，如今的电竞比赛直播已经成为常态，动辄就有上百万观众同时在线观看。2015 年，游戏《英雄联盟》全球总决赛的观众人数甚至超过了同年的 NBA 总决赛。

职业选手的精彩操作视频和他们的花边新闻一起，经常出现在电脑的新闻弹窗里。每到比赛，在最先进的场馆里，现场主持人总会高喊选手的名字，炫目的灯光扫向台下疯狂的粉丝，他们一手举着选手名字的荧光牌，一手比画出"我爱你"的手势。

可这些都已经与李祥无关。一个月前，已经退役两年的李祥到北京找工作。在无数次碰壁中，他都会被人力资源经理一句"除了打游戏还会干什么"的反问噎得哑口无言。最后，在简历中"获得的荣誉"那一栏，他选择了空白。

"我没有赶上好时代"

除了灵巧，李祥的手还有些粗糙。他的手背因长时间暴露在干燥的空气中而长出了褶皱，即使已经退役两年，手腕上因长期训练磨出的老茧仍然清晰可见。

"我没有赶上好时代。"在北京天通苑附近的一家饭馆里，李祥呷了一口啤酒，苦笑着说。交谈中，他的两只手时不时互相做一些手指拉伸的动作，这是他长期训练留下的习惯。

李祥是在 2010 年上大二时进入职业战队的，那时国内的电竞市场很小，职业战队商业化程度也不高。打比赛时，李祥和队友经常穿着短裤拖鞋就匆匆上场，没有直播，观众也少得可怜。

最开始，除了吃住和一台可以随时免费使用的电脑，这个职业甚至不能给他一分钱的工资。他的大部分收入都来自比赛奖金，可就连那次达到自己职业生涯巅峰的 WCG 中国区冠军，也只给他带来 3 万元的回报。

就在李祥进入职业战队的同一年，一款叫做《英雄联盟》的新游戏悄然上线。见惯了太多游戏在欢呼声中出现，又在沉默中消亡，李祥并没有把这款"操作太简单"的游戏放在眼里。他没有想到，短短 6 年时间，这款游戏就彻底改变了中国电子竞技行业的格局，自己也错过了一班"功成名就"的快车。

他忽视的，是资本的力量。

早在《英雄联盟》还没成为"史上玩家最多的游戏"时，蠢蠢欲动的资本和热钱就看中了这块庞大的市场。

那几年，李祥发现圈子里一下多出了不少房地产或者矿业背景的电竞俱乐部。他们买来最顶尖的选手，在最豪华的基地里训练。

在李祥的战队所在地上海，一处环境优雅的产业园里，两栋现代主义风格的建筑并排靠在一起。这是两家成立3年的LPL（英雄联盟职业联赛）俱乐部，一家由江苏某大型矿产集团赞助，另一家的大股东则是广东某著名地产企业。

建筑由大块的玻璃幕墙构成，巨大的战队LOGO立在上方。建筑内部空间宽敞，光线明亮，会客室、训练室、会议室、队员宿舍一应俱全。

"硬件上已经达到了国际领先水平。"在其中一家俱乐部的会议室里，俱乐部经理刘晓坐在印有队标的定制椅子上说。他指了指头上，那是一块加入队标元素的异形吊顶，"价值上百万元。"

这家俱乐部也被国家体育总局统计到了数据里，2015年，中国电竞行业相关产值已经超过500亿元。国家体育中心信息中心主任丁东曾估算，这个产值在2017年将达到千亿美元，成为一个更大的市场。

资本也很快流进了电竞的衍生行业。

李祥记得，自己打比赛时，经常遇到布置简单、用几块塑料广告牌就围起来的比赛场地。没有大屏幕，没有灯光，更没有让人震撼的音效。

现在，与足球、篮球等传统体育项目类似，《英雄联盟》也建立了多个级别的职业联赛。各大赛事运营商应势而生，联赛的场地越来越专业，越来越豪华。与李祥的时代不同，现在的选手经常踩在用整块屏幕制成的地板上，脚下轮番播映着自己和队友的介绍。

游戏解说、直播平台也搭上了这班快车。前《英雄联盟》职业选手杨义退役后，成了一名LPL比赛解说，闲暇时他自己也会在某直播平台解说高水平游戏。他告诉记者，这些工作能给他每年带来上百万元的收入，"如果再接一些地方比赛的解说，收入会更高。"

一些更疯狂创富的神话也在游戏直播圈真实发生。几乎和李祥的职业生涯同时开始，一位初中没有毕业，在北京动物园摆地摊的年轻人闯入了这个圈子。3年后，这个年轻人在微博晒出了自己的直播平台签约金，网友再三确认后发现，那是一个8位的数字。

最让李祥后悔的，是选手们的地位已经发生了变化。他发现，在《英雄联盟》的职业联赛中，队员们从上到下穿的都是统一的队服。他也听说，有粉丝深夜堵在俱乐部门口，向训练结束的队员索要签名。

相比一路拼杀才换来的3万元奖金，昔日同一家俱乐部一名经常和他以"丝"相称的队友，从别的游戏转战《英雄联盟》，如今已经成为频频出现在电竞新闻里的明星，年收入也已达到了百万以上。

在上个月的一场颁奖典礼上，这位前队友从加长林肯车里走下来，穿着合身的西服、打着领结，走过被粉丝包围的红毯，在签名墙上写下了自己的名字。那一刻，还在为工作发愁的李祥几乎不敢确认，他们曾经在一个屋子里奋斗过。

从"坏学生"到明星

这些红毯上的明星进入职业战队前，更多时候会被人归纳为"网瘾少年""宅男""坏学生"或者"失败者"。

几乎每一个走进职业赛场的电竞选手都有一段孤独、压抑，又充满激情的过往。在刘晓担任经理的那家俱乐部里，上学时"偷跑出去通宵上网"的经历已经成为队员的标配。

故事总发生在夜深人静的晚上，他们在恐惧和兴奋中推开门，然后走在黑黑的街道上。直到走进烟雾缭绕的网吧，打开电脑，登录游戏界面，他们的世界才一下亮起来，整个人才找到本属于那个年龄的激情。

刘晓接触过很多热爱电竞的年轻人，但他们中却有很多人都分不清"打游戏"和职业的区别。"不是所有的'网瘾少年'都能成为电竞明星，更多人都死在'成神'的路上。"

比起他们，李祥似乎是"幸运"的。大学给了他充分的自由，他曾经为了玩游戏，一连两个星期都没有回宿舍。为数不多的几次回去，也是通宵后在宿舍睡觉。因为和室友作息颠倒，他们沟通交流的次数屈指可数。

在刘晓的俱乐部里，队员大多是正在读高中，甚至是正在读初中的孩子。与家长的交谈中，刘晓发现，因为无法阻止自己的孩子玩游戏，大人对孩子的期待也会逐渐从"把学习赶上"，变成"不要学坏就行"。

李祥也曾被家长、被老师放弃。迷上竞技游戏后，他的成绩单上多出了几个挂科的"F"。有段时间，他几乎成了班里的空气，辅导员也不再提醒他缺课越来越多。在大二那年，他终于向父母摊牌，休学进入了职业电竞。

只不过，不是每一个少年都能像李祥这样毫无阻力地进入职业电竞圈。每次"招新"时，刘晓经常被家长怀疑俱乐部是不是传销组织。

"一些很好的苗子因为家长就荒废了。"刘晓摊摊手说。为了阻止孩子"去外地打游戏"，一些家长把孩子锁起来，有的甚至以自杀相逼。

"是俱乐部给了他们一条生路。"刘晓用手敲了敲桌子，瞪大眼睛说。"要不是来到这里，他们早就被社会淘汰，变成了渣子。"他相信，那些还游荡在外面的"网瘾少年"，很容易一辈子碌碌无为，或者跟着黑网吧里的不良青年们，染上一身恶习。

在刘晓看来，这些队员无疑是幸运的。他们从一些不知名的小城镇来到上海，还经常飞到欧洲、美国去打比赛，"见足了世面"。他们从一群"没有希望的孩子"摇身一变，成为了这个时代时髦职业里的佼佼者。

他们也曾独来独往、被人忽视，一个转身后，他们就走上了耀眼的舞台，成为千百人尖叫着追捧的明星。在同龄人还在为中考、高考发愁的时候，他们就挣到了父辈大半辈子才积攒下来的财富。

他们从落后到几乎无法再追赶上同龄人的位置，一下把他们远远甩在了身后，得到了超越年龄的名利和成功。

比得到名利和成功更难的是，他们身上正在发生的变化。

在没有进入职业队之前，这些孩子被父母指责不务正业、被亲戚拿来作为反面教材。刘晓还记得俱乐部的孩子刚入队时，有的沉默不语，有的乖张暴戾。但只要打开电脑，哪怕只是一场普通的训练赛，他也能从每个人的眼中看出对胜利的渴望。

在一些关键的比赛中，赢下的一方会满含泪水紧紧拥抱在一起。这样充满荣耀与释放的瞬间，是曾经作为"坏学生"的他们从未经历过的。

李祥也曾敏感、自卑，只有在游戏中打败对手，受到粉丝的追捧，他才找到了自信。赢得那座 WCG 冠军后，在满场的欢呼声中，李祥感到了前所未有的释然。

他觉得自己打败了另一个自己，一切冷眼和否定都显得不再重要。他说那一刻，自己看透了人生。

"他们不过是一群还在青春期的孩子"

进入俱乐部，这些曾经的"玩家"变成了"职业队员"。

与身份同时转变的，还有生活方式。对电竞队员来说，他们的每一天几乎都是从中午开始的。

在刘晓所在的俱乐部，队员中午 12 点到 1 点起床，吃过饭后，就开始一整天的训练。俱乐部组织的训练在晚上 9 点结束，但几乎所有的队员都要自己加练。

"他们一般在凌晨 2 点到 4 点间休息。"刘晓告诉记者。

那间 40 平方米左右的训练室，是队员待得最多的地方。每天 12 小时左右，除了吃饭时间，他们都会坐在电脑前，几乎动也不动地盯着屏幕。因为长期握着鼠标，他们大多手腕都有伤病，一些队员的肩膀和颈椎也有问题，疼痛、麻木的感觉随时都可能袭来。

去年的一场 LPL 比赛结束后，一名韩国外援捂着自己的腰对着教练说了句"me boom"。在接下来的整个赛季，这名外援都因为腰伤无法上场。

伤病也困扰着李祥。在他还是职业队员时，每天凌晨训练结束后，李祥就会和队友一起去吃宵夜。

"体力消耗大，加上半夜特别容易饿，宵夜经常吃很多。"因为长期不规律的饮食，李祥患上了慢性胃病，"我现在是医院的常客。"

还有些伤痛和疲惫是看不到的。

在训练室里，不管队员喜不喜欢，一整天的训练内容可能是同一种战术、同一个角色，甚至同一种基本功。这种日复一日机械式的训练会逐渐消磨选手对游戏的热爱与激情。

"刚进职业队时，每天都很开心。"李祥十分怀念那段每天都能和高手对决，又可以名正言顺、一心一意打游戏的日子。"那个时候怎么玩都感觉不到累。"

可每天重复的练习，再加上一直无法突破的成绩，让他开始觉得"打游戏很无聊"。再到后来，李祥干脆在训练时上网看电视节目，或者玩别的游戏。

在刘晓所在的俱乐部，这些行为都是不被允许的。即便如此，队员也经常会出现训练迟到，甚至缺席的情况。

每天都和队员生活在一起的刘晓清楚，赛场上，从入场到致谢，这些电竞队员都表现得轻车熟路，看上去有一种超乎他们年龄的老练。但在俱乐部日常的生活中，"他们不过是一群还在青春期的孩子"。

"他们有所有的青春期特征，而且在俱乐部会表现得更突出。"刘晓说。

有些队员经常莫名地生气，无法控制自己骂人。有些队员前一天还因为赢了一场比赛膨胀到飘在空中，第二天就为一次失误自卑到了低谷。

去年，一位 LPL 明星选手在直播平台直播游戏时，因为被对方嘲笑自己是替补，竟跑上楼砸坏了正在训练的队友的电脑。

"他们毕竟还只是孩子，还不能完全理解'职业'的概念。"这让刘晓感到头疼，这些队员虽然只有十七八岁，但都已经是些大大小小的明星，"管不得"。

只不过，和其他竞技项目一样，电子竞技也崇拜优胜劣汰的规则。更何况，电竞从来都没缺少过优秀的年轻选手。

"现在俱乐部更看好 16 岁以下的新人，他们的潜力更大。"杨义告诉记者，因为国内玩家基数庞大，俱乐部根本不用发愁找不到优秀的新人。

电子竞技对选手反应速度的要求极高，因此 16~20 岁通常是一个职业队员的黄金年龄。现役的 LPL 队员中，大多数也都在这个年龄区间。一位 19 岁的明星队员，在 LPL 中就已经成为名副其实的"老将"。

电竞选手的职业生涯也很短，只要过了黄金期，就会出现手速、反应下滑的问题。在 LPL，不少队员在十几岁时，刚刚拿到一项荣誉就选择急流勇退，收获无数的留恋和祝福。

而更多的人，则默默地离开这个舞台，无人问津。

"我最惨的就是打了职业后，就没有了然后。"

李祥离开时也说不清自己得到的，是荣耀，还是落寞。

电竞给他带来了一个全国冠军，但也给他带来了退役后的窘迫。

"我最惨的就是打了职业后，就没有了然后。"在嘈杂的小饭馆里，李祥的声音显得有些微弱。

因为休学加入了职业电竞战队，回校后又经常断断续续出去参加比赛，李祥的大学生涯并不完整。离开学校时，他只拿到了毕业证。

他的专业是软件工程，可现在他连最基本的代码都搞不懂。那些他曾经没空在意，甚至记不清名字的大学同学，现在有些已经成了白领，有些自己开了公司。

而他曾经的队友，因为退役后找不到工作，不少都做了代练，帮别人打游戏升级赚钱。在李祥眼里，这样的工作"跟失业差不多"。虽然代练也有可观的收入，但要一天到晚对着电脑打游戏，这样的生活他不敢再想。

对他来说，6 年职业生涯的最大回报，是退役时银行卡的十几万元积蓄。

"这些钱买不来一门安身立命的手艺。"李祥喝下一杯啤酒，尴尬地笑了笑说，"一百万都不够。"

不仅仅是李祥，就连他羡慕的那些"赶上了好时代"的《英雄联盟》职业选手，也正面临着同样的困惑。

在职业《英雄联盟》圈颇有威望的杨义，会时常收到一些退役选手的信息，拜托他帮忙介绍工作。

"普通的工作他们都不愿意做。"杨义说，"这些小有名气的选手，知道这个圈子有多热闹、多有钱，自己曾被多少人追捧。"

杨义告诉记者，其实这些队员在退役前都挣到了一些钱，但"因为年纪小，不能控制自己的消费，慢慢地就把钱花完了。"更让杨义担忧的是，"他们的消费习惯已经形成了，很难再改回去。"

有些时候杨义也会觉得，这个资本流入和制造明星同样快速的圈子，"多少有些浮躁"。

一些曾经站在金字塔尖的职业选手，退役后赶上了另一个风口，他们在游戏直播平台里继续做明星。不一样的是，这个新职业能给他们带来千万元级别的年收入。

一个前职业选手曾在某直播平台直播中，对着几十万观众说，自己戴着几万元一块的手表，在这个圈子里都不好意思出门。话音未落，直播画面就被一层层"威武""牛×"的弹幕瞬间盖住。

"很多现役的队员都相信，即使游戏打得不好，做直播、开网店也可以挣到比打职业更多的钱。"杨义说，这种普遍的心态已经或多或少影响到了整个职业联赛的成绩。

去年，一个 LPL 韩国外援曾公开抱怨自己的中国队友，"对训练根本没什么欲望，对比赛也没有很强的求胜心。"

更有甚者，在这个圈子里，选手出去打牌、甚至赌博已经不是什么新鲜事。退役后，李祥曾经参加过圈里的牌局，他还记得当时的阵势：桌子前坐着几个电竞明星，每个人都紧紧盯着攥在手中的扑克，"看起来比打比赛还紧张"。那天晚上，这些队员一起贡献出了 6 位数的筹码。

"他们缺少明辨是非的能力，很容易受身边妖魔鬼怪的影响。"刘晓告诉记者，这些孩子本来对"钱"没什么概念，可外面总有人教他们学会这一切。

事实上，几乎每家俱乐部都对队员的行为划出了界线，但每每遇到这种"个人行为"，他们往往又会视而不见。

"俱乐部不会在意你平时做什么，唯一在乎的是你的成绩怎么样。"在电竞圈多年，杨义已经习惯了这种功利。"成绩不好你就离开，后面有大批人跟上。成绩好时，俱乐部就睁一只眼闭一只眼。"

可资本的离开往往和它流入的速度一样快。这几年，李祥主打的游戏项目几乎已经在网吧绝迹，很多俱乐部和联赛也都纷纷解散。他不知道，现在如日中天的《英雄联盟》，还能辉煌多久，职业选手又应该何去何从。

可不论这个圈子如何变化，杨义确信有件事一直没变。新人们进入俱乐部时，都带着他们满满的梦想。

为他争取来这份工作的，不是他曾经获得的冠军，而是他那张大学毕业证书

这些整日被人追捧的队员，也会遭到旷日持久的谩骂声。

在去年 10 月份结束的《英雄联盟》全球总决赛中，中国的三支参赛队伍全部止步八强。而常常被粉丝拿来对比的韩国战队，则连续第二年包揽了冠亚军。

国内的选手感叹最多的是韩国选手的"专业素养"。

即使是国内 LPL 的韩国外援，也无数次被比赛解说夸赞训练刻苦、比赛认真。在媒体的报道中，一名中国队员这样谈起他的韩国队友：每天都从前一天下午 1 点训练到第二天早上 7 点，只给自己四五个小时的休息时间，很多时候都在练习国内选手不屑练习的基本功。

在杨义看来，这些"专业素养"来自韩国电竞成熟的体系。

"从小方面说，人家俱乐部管理非常科学，后勤、赛训都有一套准则。从大的说，人家有行业联盟，有行业共识，和篮球、足球联赛没什么区别。"

和国内不同，就连队员退役后的职业生涯，韩国的俱乐部也会"管一管"。他们大多都设置有企业文化部门，负责队员的职业规划。不管是重新回校学习，还是继续从事电竞行业，俱乐部都会提供意见和帮助。

而在更大的体系中，电子竞技是韩国"文化立国"战略中的重要一环。韩国的电竞联盟是隶属韩国旅游观光部下的政府部门，会长是国会议员，他的责任就是在国会为电子竞技争取地位。就连韩国前总统李明博，也曾经在 WCG 的现场与冠军得主进行过一场表演赛。在韩国的每一座城市，几乎都设有电竞场馆。

"在韩国打电竞就像在巴西踢足球一样。"李祥也曾去韩国打过比赛，他发现，韩国的电竞队员和传统体育运动员没什么区别，电竞明星和电影明星一样受欢迎。

国内也在做一些尝试，2003 年电子竞技成为国家体育总局批复的第 99 个运动项目（现已更名为第 78 项体育运动）。就在今年，"电子竞技运动与管理"也被列入了教育部的高职招生专业名单。

在一些电竞庆典上，也开始出现家长的身影。他们被孩子带着，来感受这个颠覆了他们概念的全新职业。

南昌一位 12 岁的少年在父母的支持下，退学专职开直播玩《英雄联盟》，轻松就达到了游戏里的"大师"段位。如今这个少年也已经成为某主流直播平台里的当红主播，收入早就超过了他的父母。

"12 岁的小孩钢琴过 10 级会被称为天才儿童，为什么打到游戏大师就不是天才呢？"在一次采访中，他的父母反问记者。

刘晓也发现，不同于之前的百般阻挠，俱乐部门前开始出现主动带着孩子来"面试"的家长。他还记得，一位家长从新疆带着孩子过来，在俱乐部门外等了两天。

李祥最终在北京找到了一份网站的工作。只不过，为他争取来这份工作的，不是他曾经获得的冠军，而是他那张大学毕业证书。

他希望，有一天，他能在简历上自豪地写上，自己曾是电子竞技的中国冠军。

（应采访对象要求，文中部分名字为化名）

（2016 年 11 月 30 日《中国青年报》）

[赏析]

"纵向深度"报道展现行业生存现状

近年来，电子竞技行业发展迅猛，电竞的比赛直播、赛事解说、视频集锦、综艺节目、选手代言等成为这一行业资本最主要的注入领域。与此同时，"电子竞技是否属于体育运动""电竞是否可以进入奥运会"等话题也一直是学界和业界争论的焦点。不过，这也无法阻挡电竞行业向中国各个城市、乡村的扩散，各地方出台的扶持政策也为电子竞技行业的发展提供了动力。2018 年 12 月 1 日，《四川省电子竞技运动员注册管理办法(修订版)》出台，正式对该省的电竞运动员实行注册制。2019 年 3 月 13 日，国家统计局第 4 次常务会议通过《体育产业统计分类(2019)》，其中电子竞技被正式归为体育竞赛项目。那么，对于记者来说，如何向公众全面地展示电竞行业的整体现状，加深公众对这一行业的了解，改变"电子竞技"就是"打游戏"的刻板印象？要达成以上目标，就需要用深度报道的形式全景式地展现电竞行业的整体面貌，《中国青年报》的《电竞少年的"黄金时代"》正是这样一篇优秀的报道范例。

一、深刻细节描写表现人物生存现状

对于电子竞技选手的生存现状，作者在文章中并没有用简单的逻辑叙述方式来表现，而是加强了对"李祥"这位退役电竞选手的细节描写，譬如："这是一双灵巧的手。它能在 1 秒钟内敲击 5 次鼠标，也能在电光石火间把箭头移动到屏幕上任何一处想要的位置。凭借这双手，李祥在游戏中杀敌无数，不可阻挡。""在无数次碰壁中，他都会被人力资源经理一句'除了打游戏还会干什么'的反问噎得哑口无言。"等等，前后对比，让受众感受到当年的电竞少年的"黄金时代"已然过去，退役之后的落寞怅然与对现实的无奈慨叹跃然纸上。这种人物生存现状的展现，把重点放在当事人身上，并且通过人物所处的环境氛围加以渲染和凸显。例如，对电竞选手比赛训练场所的细节描写："那间 40 平方米左右的训练室，是队员待得最多的地方。每天 12 小时左右，除了吃饭时间，他们都会坐在电脑前，几乎动也不动地盯着屏幕。因为长期握着鼠标，他们大多手腕都有伤病，一些队员的肩膀和颈椎也有问题，疼痛、麻木的感觉随时都可能袭来。"这使读者充分体会到文中电竞俱乐部管理者刘晓所表达的"他们毕竟还只是孩子，还不能完全理解'职业'的概念"的深刻内涵。

二、结合社会现实剖析电竞行业发展

随着中国电竞在亚运会、S8 总决赛的陆续夺魁，"电竞热"再次出现在公众的视野中。2019 年 4 月 1 日，人力资源和社会保障部公布了 13 个新职业，其中包含电子竞技员、电子竞技运营师两个与电竞相关的职位。电竞成为近年来发展最迅猛的产业之一。但是，热潮背后，残酷的社会现实也迫使参与电子竞技的职业选手和从业者必须保持冷静的思维。从宏观角度来看，即将在杭州举办的 2022 年亚运会，其组委会近日公布比赛项目，其中并没有电竞项目。国际奥委会主席也不止一次谈及电竞所体现的违背体育精神的暴力性。而从微观现实来看，由于大多数职业选手的年龄偏小、文化程度偏低、职业生涯较短，"黄金时代"过后必须要面对重新走入社会就业的尴尬局面，而用人单位对电竞从业者的片面认知、职业选手本身的技能缺失，都使得他们在就业市场感到迷茫和无措。作者在这篇深度报道的结尾也向读者们展现了现实的景象："为他争取来这份工作的，不是他曾经获得的冠军，而是他那张大学毕业证书。"所以，这不仅是人们对电竞行业的传统观念需要改变的问题，更涉及行业内部的运营管理者、政府的相关机构对退役电竞选手的就业指导、职业生涯规划等。而这些都关系到电子竞技行业生态的良性发展。

[案例十三] 69 岁，截肢，登顶世界最高峰：夏伯渝走下珠峰，再做些什么？

走下珠峰的夏伯渝，需要更换假肢了。

5 月 30 日是他去北京通州区的假肢研发公司换假肢的日子。双腿的肿胀尚未消退，但为了不给旁人添麻烦，他坚持戴着已不合适的假肢走路。当换上新的假肢后，他几度站起，身体倾斜，险些摔倒。

一位截肢者，哪怕登顶珠峰再辉煌，日子也要一如既往地过，也仍然需要与假肢尽可能地和平共处。

5 月 14 日上午 10 时 40 分，原国家登山队成员夏伯渝成功从珠穆朗玛峰南坡登顶，成为中国双腿截肢者登顶珠峰的第一人。

这一刻，距离他首攀珠峰，已过去 43 年。1975 年，夏伯渝作为国家登山队一员攀登珠峰，在遭遇暴风雪下撤途中，他将睡袋借给藏族队友，自己双腿冻伤截肢。

此后，一位穿戴假肢的人，开始了和这座世界最高峰的不懈角力——他坚持训练直至残肢受损，不得不进行第二次截肢手术；他 5 次向珠峰进发，前 4 次均受自然条件所限被迫下撤。

媒体蜂拥而至，期待一位征服者的英雄形象。

"其实我一路感受最多的是恐惧。"夏伯渝只是微笑说，"多亏我这次赶上了好天气。"

夏尔巴人

一位截肢者，当真是靠自己登顶珠峰的？

自 1953 年 5 月新西兰探险家埃德蒙·希拉里与其向导——夏尔巴人丹增·诺尔盖携手从珠峰南坡登顶，人类登顶珠峰的历史至今已有 65 周年。几乎所有成功登顶团队的背后，都有夏尔巴人向导。

夏伯渝一行 4 人，除了他与摄像师，另两位即为夏尔巴人向导。他们属于珠峰南坡在今年登山季迎来的第一批攀登者，距离今年搭建登山绳索的夏尔巴人先头部队，只相差了 6 个小时。

"云里面是一座座的小山头，我们一路爬，一路看着太阳从身边一侧渐渐起来了。"夏伯渝对沿途"风景"的描绘实在平淡。

即将登顶，最后的 10 多米，一起攀爬的其他团队登山者都在为他让路。他记得，其他人缓慢离开登山的唯一绳索，辟出一条窄窄的通道。这短短的 10 多米，一路上都传来了滞缓的掌声。

终于登顶，却仅有不到 10 分钟。拄着登山杖的夏伯渝，被峰顶的人们包围，众人争相和他合影。一瞬间，天变了颜色，白云笼上了一层阴翳，暴风雪要来了，所有人都得迅速下撤。

"太遗憾了，我和珠峰的一张单人照都没有。"夏伯渝在心底设计了好几个和珠峰合影的姿势，一个也没来得及拍。甚至，没能来得及把背包里的国旗拿出来展开，插上珠峰顶。

但有一件事，是他登顶之后最先做的，也是他记忆最深的——经珠峰大本营的电话连线，给远在北京的妻子打电话。"我终于登上了珠峰的顶峰，实现了 41 年的梦想！"他在对讲机里喊得响亮，事后才发觉，一激动把数字说错了，"应该是 43 年，不是 41 年"。

海拔 5360 米处的珠峰大本营听到了夏伯渝一行人登顶成功的消息，开始持续敲击锅碗瓢盆以示庆祝——这是夏尔巴人对每一个登上珠峰者的生命的礼赞。

回忆这些时，夏伯渝正坐在北京市海淀区家中的轮椅上，冻伤后缠着纱布的两侧脸颊还在流脓，缠着绷带的手指有好几处冻伤发黑的地方。他把两次截肢之后的半截小腿，轻轻往茶几上一靠，假肢就倚在墙角。

一路之痛

"我看到他在脱下假肢检查时那一刻的复杂表情。是上，还是下？裹胁着恐惧……"全程跟拍的摄像师卢华杰，亲眼见证了夏伯渝攀登途中的迟疑时刻。

他的镜头常常对准老夏的双腿。离开珠峰大本营后不久，夏伯渝的假肢就歪了，和肌肉摩擦处起了血泡。而为了防止血栓复发，他一直在服用溶解血栓的药。也就是说，血泡一旦破裂，他很可能会因失血而发生不测。

对于双腿截肢者而言，其实下山更比登山艰险。

夏伯渝准备了两段白胶布，随时准备用捆绑残肢的办法，强迫残肢进入假肢套内。但由于小腿残肢当时已严重充血肿胀，他无法在下山路上将其固定进假肢内。"残肢和假肢的连接方式，变成一个上下移动的活塞。"一路之痛，难以想象。

他的假肢常常深陷冰裂缝里，只能靠向导把裂缝挖得大一点，好让假肢得以缓慢拔出。

"一旦假肢彻底从脚上脱落，我就会冻死在那里。没有人可以帮得上忙。"从珠峰顶到海拔 7790 米的 C2 营地之间的距离，就连直升飞机也不能停靠，徒步是唯一路径。

其他登山者走 1 小时的路，他动辄就需三四个小时。徒步下撤到 C2 的最后一段路，夏尔巴人向导提示夏伯渝——只剩 10 分钟的路程。可夏伯渝走了整整 3 小时……

长达 1 个多月的攀登，夏伯渝唯一受到优待的，就是一个设在海拔 8400 米的数平方米的简易帐篷，这是独属于他的 C5 营地。

在珠峰南坡，从大本营至顶峰的 3000 多米海拔高度沿途，常设有 4 个供登山者休憩恢复体力的帐篷，由低到高分别称为 C1–C4 营地。而 C5 营地，是夏伯渝在和探险公司讨论路线规划时，第一次主动提出的。

这源于他的预判：从 C4 营地到峰顶，需要至少十几个小时，而戴着假肢登山的他在一天内很难办到。事实证明，这个倡议成为他在最后几小时内全力冲击顶峰的要素之一。

长达 43 年的"交情"，让他与珠峰成了一对逐渐摸清彼此脾气的老熟人。

没有"如果"

在大本营敲击锅碗瓢盆的人群中，有夏伯渝的儿子夏登平。这是他第一次亲历父亲攀爬珠峰。

1984 年，夏伯渝的儿子出生。夏伯渝坚持要在孩子名字里用上"登"字。

　　夏伯渝的妻子特地为孩子撰文画了一本十几页的连环画《登山的人》，讲述夏伯渝的登山故事。只不过，她用了一种克制收敛的方式。在夏登平的印象里，母亲要传递的是——"登山是一项危险的运动"。夏登平如今在一家知名互联网公司当软件开发工程师，体能很好的他并未从事运动行业。

　　或许是基因使然。1974年，体力、耐力超群的夏伯渝被国家登山队的"免费体检"吸引，机缘巧合之下他从青海省的专业足球运动员培训班被选入登山队。

　　"我们要创造世界上登上珠峰最多的国家的纪录"，夏伯渝至今记得登山队的这句口号。

　　1960年5月，中国登山运动员王富洲、贡布、屈银华三人首次从北坡登上珠穆朗玛峰，创造了人类历史上从北坡登上世界第一高峰的壮举。夏伯渝这群年轻人一入登山队就立下目标：将"中国人登上珠峰"的影响扩大。

　　1975年，中国登山队决定选派100多名运动员第二次向珠峰发起挑战，夏伯渝也在其中。他记得当时作为第2突击队的队员，还承担了运输科学考察仪器、摄像的任务。

　　作为先锋部队，夏伯渝一行9人遭遇暴风雪。一位藏族队员因为体力不支，弄丢睡袋，体力保存尚好的夏伯渝决定在晚上睡觉时让出睡袋。没想到，次日的一天攀登之后，夏伯渝的双脚被彻底冻伤，截肢成为他唯一选择。

　　夏伯渝记得，截肢后他在病房里看电视时见到了队友登顶的消息，心情复杂。

　　1975年的登顶之后，队友们纷纷回到家乡，渐渐失去了联系，也很少听说有人再次登顶的消息。但对于夏伯渝而言，一切才刚刚开始。

　　"如果当时和他们一起到达顶峰，我就不会再爬了。"夏伯渝极其直率地道出两种假设，"如果提前知道会截肢，我不会做出这样的决定。"

　　但人生从来没有"如果"。

"简单"梦想

　　在公众面前，夏伯渝很少提起自己接受第二次截肢手术的往事。

　　1975年第一次截肢手术时，他没有选择最安全彻底的截肢部位。"我是运动员，肯定希望能保留的肢体部分越多越好。"当时的截肢部位，被确定在脚面和部分脚趾处。

　　然而，由于他之后仍长时间坚持高强度赛事训练，双脚受损日益严重，直至1994年，不得不再次接受截肢手术，截肢位置大约在小腿的1/2处。而两次手术中间，又经历了无数次磨骨手术……

20 世纪 90 年代由于意外而单腿截肢的宋晨涛，是夏伯渝在国家残疾人田径运动队时的队友。二人相识时，夏伯渝已 45 岁，是残疾人运动员里的老大哥。

夏伯渝在首次截肢后进了国家体育总局登山运动管理中心，从事文职。几乎同期，他进入国家残疾人体育训练队，篮球、乒乓球、铁人三项、攀岩……几乎把所有体育项目摸了个遍。

宋晨涛记得，当时一群截肢的田径运动员回到宿舍纷纷卸下假肢、松弛双腿，开始谈梦想。夏伯渝直言："我的梦想很简单——从哪儿跌倒，就从哪儿爬起来。"

面对仍心心念念要登顶珠峰的老大哥，面对当时可怜的假肢制作条件，众人只能以沉默应对。

那时候，几乎所有人都在和自己不舒适的假肢作斗争，棉签、碘酒、纱布、创口贴是训练结束后的必备物。"每一天卸下假肢后，看到的都是血和汗的混合物。"宋晨涛回忆。

"我的第二次手术是为了更好地继续运动而做的……"夏伯渝说到这里，停住了。

2006 年，新西兰登山家马克·英格利斯成为世界上首位登顶珠峰的双腿截肢人士。夏伯渝得知后赶紧发去邮件，迫切发问："假肢无法为身体提供感官知觉，该用什么办法体会攀登时的各种危险？如果登到山顶，假肢忽然失灵了怎么办？"

这位新西兰的登山者给夏伯渝回了邮件，答案却是无解。

五次攀登

"一切都结束了。"卢华杰听到夏伯渝疲倦地说了这句话。

对于夏伯渝而言，2012 年以来的第 5 次攀登或许是他有生以来的最后一次。4 月初到达珠峰大本营时，夏伯渝曾对一同前来的朋友柯庆峰说："爬了那么多次珠峰，我第一次感觉到了身体发冷。"

柯庆峰是正在拍摄中的以夏伯渝为主人公的纪录片制片人。身为企业经营者的柯庆峰从未接触过纪录片领域，认识夏伯渝七八年后觉得这"或许是一辈子唯一想拍的人"。

2008 年，奥运火炬传递到珠峰大本营，需要寻找志愿者。夏伯渝报名了。面对阔别已久的那一座山，他说自己"回来了"。他甚至在那一刻产生错觉——顶峰，从大本营望去，仿佛近在咫尺。

2011 年首届世界残疾人攀岩锦标赛，年逾六旬的夏伯渝参赛，成为年龄最大的选手并获得速度和难度的两块金牌。

2012 年，他有一种强烈的预感——无论是目前自己穿戴假肢的技术，还是攀登珠峰的时机，均已成熟。2014 年，再度攀登，因为雪崩不得不中途下撤；2015 年的攀登季，出发到珠峰大本营后却遭遇尼泊尔的大地震。"我差一点在大地震里遇难，当时就在帐篷里，一大块冰山塌陷，几乎所有帐篷都倒了，唯独我的帐篷没有倒……"

2016 年是他距离顶峰最近的一次，仅 94 米，但他决定下撤。"暴风雪太大，如果是我一个人，或许就上去了。但还有 5 位给我带路的夏尔巴小伙子，我还是放弃了。"

那是他一生中最艰难的一次下撤。回到北京后，夏伯渝的双腿，由于极寒天气下的极限运动而患严重血栓，被医生下了禁令：永远不准再进行极限运动。

他在最初那几个月反复告诉儿子："我再也不想爬了，太累了……"

那一年，出于登山爱好而原本愿意全额资助夏伯渝登顶的企业家，也缩小了资助额度。夏伯渝只得拿出 20 多万元的积蓄。

精力、财力，正在一点点被这座山耗尽。

但出院后的夏伯渝，最终改变了主意。"上次不能登顶是天气的原因，不是我自己的问题。"他反复告诉自己。

今年的这次出发，得到了柯庆峰从财力到人力上的全力支持。临行前几个月，夏伯渝每天清晨 4 点起床锻炼，每天保证至少 5 个小时的运动量。

3 月 31 日出发当日，他向家里人交代一番：自己买了什么保险，什么时候该交水电费，一些不常用的物品摆放在哪儿……

"我心里就那么一座山。"他的话，与英国登山家乔治·马洛里留下的一句名言颇为相似——"因为，山在那里。"

假肢生活

在纪录片拍摄计划里，攀登珠峰只是一小部分。更多的，是这位残疾人运动员的日常生活。

5 月 30 日，夏伯渝更换假肢的主要目的是制作合适的接受腔，这是假肢连接人体残肢的受力部位，也是假肢舒适度的关键。中国的假肢行业起步较晚，舒适度概念是近十几年才兴起的。

因为测量需要，夏伯渝的残肢毫无遮挡地展露出来，他却毫无顾虑地继续谈笑风生。这一看似平凡的举动，谁也不知他在心里究竟走过多漫长的历程。

夏伯渝难忘，1975年他重拾攀登珠峰的信心，很大程度是源于一位外国假肢专家在他病床前的预测：你戴上假肢后，不仅可以正常生活，还可以像以前那样从事运动。

实际上，这些话对于当年的中国康复工程技术，是超前的。"以前连多走几步路都疼痛难忍，需要拄拐杖。"宋晨涛说。

一次夏伯渝与只有三四岁的夏登平出门，没能带着儿子挤上车。"都是我的腿拖累了咱们。"车门合上那一刻，年幼的夏登平记住了父亲脸上从未有过的失落。那天，夏伯渝回家后第一件事就是把假肢卸掉了，在小腿上套一双拖鞋，跪着走。

自2005年这家假肢研发企业创业后，夏伯渝就成为常客。宋晨涛在这家公司担任副总经理。他刚来到假肢研发公司时，第一位想到的人就是夏伯渝。他常打电话请夏伯渝来尝试公司研发的新材料，夏伯渝就会骑3个多小时自行车到通州区。一场测试会下来，宋晨涛总会坚持"送被测试者一对假肢来代替薪酬"。

钛合金、硅胶套、碳纤维材料……两位老友平和地把这些假肢制作材料当成"每天吃什么"一样的日常话题来聊。

宋晨涛犹记，20世纪90年代到上海比赛，曾在大街上穿短裤。那条裸露的假肢，引发注目，间接造成两辆汽车追尾。

"我可以把假肢当成自己的腿，其他人却不能。"从那以后，即使再热的天，宋晨涛也坚持在公共场合穿长裤。

改变，并非一蹴而就。

"随着假肢功能性和舒适性的增强，截肢患者能承担的社会角色越来越多。夏老师是一个特殊又普通的例子。"假肢研发公司营销总监吴先生告诉记者。

夏伯渝越来越习惯于把假肢当成身体的一部分，而不再是妨碍生活的一个对立面。当身体残缺之后，普通人究竟该如何自处，如何才算是真正拥有了自我接纳的能力？或许这才是"中国双腿截肢者登顶珠峰第一人"的热点背后，真正值得探讨的。

经过近半小时的人体测量、模型制作，夏伯渝的新假肢数据测量结束了。几天后，他就能拿到"新脚"，恢复脚底生风的日子。

"再过几个月，我应该要开始自己的公路旅行了……"夏伯渝平静讲述着在登顶心中那一座山后的未完待续。

（2018年6月7日《上观新闻APP》）

☞[赏析]

讲好体育故事　反思社会现实

　　最早进入中国的现代登山运动要追溯到 20 世纪 50 年代。1956 年，中华全国总工会登山队成立，并于当年 4 月 25 日登顶秦岭主峰太白山。1960 年 5 月 25 日，中国登山队队员王富洲、屈银华、贡布成功从北坡登顶世界最高峰——珠穆朗玛峰，开创了人类首次从北坡登顶珠峰的历史。2008 年 5 月 8 日，北京奥运会圣火登顶珠峰，实现了奥运火炬在世界最高峰的传递。奥林匹克"更快、更高、更强"的目标和"和平、友谊、进步"的宗旨在中国登山运动中得到充分体现。本篇体育新闻深度报道的主人公夏伯渝是中国登山运动历史上一个特殊的存在。自 1975 年在登顶珠峰的过程中遭遇意外，夏伯渝从中国登山队转入了国家残疾人体育队，这其中发生的种种传奇故事，背后隐藏的深刻原因，都让读者心存疑惑。对此，上观新闻 APP 上刊载的这篇《69 岁，截肢，登顶世界最高峰：夏伯渝走下珠峰，再做些什么？》全面地向读者展示了这些问题的答案。

　　上观新闻 APP 是解放日报社推出的新闻阅读客户端，也是上海报业集团推出的第一个互联网平台上的新闻阅读客户端。它依托解放日报的新闻报道团队，以"深度如你所期"为媒介定位，立足上海，放眼世界。在当代中国媒体融合的背景下，以新媒体平台为传播载体，迎合受众接收信息和阅读的习惯，充分发挥其传统媒体深度采编的功能，成为互联网传播环境下具有全国影响力的新媒体发布平台。这些优势，从其对夏伯渝的这篇深度报道中便可见一斑。

　　一、铺设悬念满足读者深度信息需求

　　在体育新闻深度报道文本中，着重刻画事件发生的"原因（why）"和"进展（how）"是吸引观众的重要叙事策略。记者在对夏伯渝的职业生涯报道中，利用设置悬念的方式，层层推进，挖掘新闻背后的新闻，满足受众的深层次信息需求。例如，看到文章标题，受众便会产生最基本的疑问："69 岁截肢者是怎么登上珠峰的？""他是自己走上去，还是别人帮忙背上去的？"随之而来的问题便是："他究竟是谁？""他为什么被截肢？""为什么截肢之后还要继续登山？"以及"他现在的生活如何？"等等。作者以六个小标题回答了这些疑问："夏尔巴人""一路之痛""没有'如果'""'简单'梦想""五次攀登""假肢生活"为主线，通过生动的细节捕捉、灵动的写作手法纷纷做了解释，符合读者基本的阅读思路，从而满足了不同受众的不同需求。

二、揭示体育人物命运反思社会问题

体育新闻深度报道与一般体育新闻报道的区别就在于对"深度"的内涵阐释。面对纷繁复杂的现实世界，记者要将与体育有关的各种现象、事件、观点及社会思潮置于宏观的时代与社会背景中去考察，分析其意义，才能将读者的思维引向更深刻的社会和文化层面。在这篇文章的最后，记者以"假肢生活"为主题，通过描写夏伯渝更换假肢、在公共场合的尴尬境遇等方面，得出"改变，并非一蹴而就"的结论，这既是表达夏伯渝攀登珠峰、更换新假肢后要适应身体的改变，也是对残疾人在身体残缺后如何自处，如何接纳自己、适应社会的改变的文章主题的升华，将残疾运动员坚毅的体育精神引向对社会如何正确认知接纳残疾人、残疾运动员退役后如何面临现实生活等问题进行深刻社会反思。

［案例十四］　苏炳添，"中国速度"的一路狂奔

2018 年 5 月 12 日晚的钻石联赛上海站，男子 100 米决赛是整场的"压轴大戏"。当比赛结束后大屏幕上原本排在第一位的苏炳添被英国选手普雷斯科特挤到第二位时，体育场内数万名观众不约而同地发出了一声叹息。

10 秒 05，苏炳添在上海又摘下了一枚银牌，遗憾的是，他距离冠军只差了 0.01 秒。

"就算不考虑其他因素，这个成绩对我来说已经算是非常好了。"面对着媒体的长枪短炮，苏炳添显得平静又释然，在下雨加逆风的情况下跑出这个成绩所给予他的信心，显然远超过银牌的荣誉。

作为中国短跑的领军人物，苏炳添一直没有停下自己的脚步。而在他的身后，一群年轻的中国小将们，正在拼命追赶。

冲线后，苏炳添以为夺冠了

"我刚跑完的时候，工作人员准备把话筒递过来，说我是冠军。结果，以后又有工作人员过来说，我不是冠军。"

赛后走进混合采访区，苏炳添笑着描述了自己在跑道上经历的一个小插曲，一下把他身边的记者都逗笑了。

在苏炳添冲过终点的那个瞬间，上海体育场几乎到达了沸点。看台上的观众和现场的中外记者几乎都认为，苏炳添在上海卫冕成功。

其实，在比赛的前半程，苏炳添一路领先。他的前 60 米太优秀了，以至于领先了身边的其他选手接近一个身位，然而，最后的 30 米冲刺阶段，第九道的

英国选手普雷斯科特突然冲出了第二集团，几乎和苏炳添同撞线。

"冲刺的时候真的没有留意到旁边那名选手，所以我过早'压线'了。要是我知道旁边有一个人冲上来的话，我最后 30 米会再放松一点，不去改变原本的战术。"

苏炳添自己也觉得有些可惜，但不管是金牌还是银牌，10 秒 05 的成绩对他来说都是一个极具价值的肯定，"对我来说已经非常好了，因为这是我这么多年来世外赛开季的最好成绩了。"

的确，去年的钻石联赛上海站，苏炳添一路领先，而最终夺冠的成绩是 10 秒 09。

而今年在上海，苏炳添能在雨中跑出一个他口中"比预期更好"的成绩，很重要的一部分原因或许是他的外教兰迪·亨廷顿一路陪在他的身边。

当比赛结束后，记者都盯着大屏幕关注最终结果的变化时，这位 68 岁的美国老头却很镇定地看着赛场上的苏炳添。

"这场比赛，苏炳添做得不错，这是最重要的。不过，他在最后阶段并没有按照我们预定的计划执行。"亨廷顿也注意到了苏炳添在冲刺时的战术选择，他告诉澎湃新闻记者，这将是他在赛后和苏炳添重点分析的地方。

"这就是比赛的一部分，苏炳添必须在每一场比赛中学习，失败了，发现问题，解决它，然后争取下一次成功。不过，苏炳添非常清楚这一点，在下一场比赛，我相信他会跑得更快。"

说完这番话，亨廷顿显得信心十足，然后又补充了一句，"而且会快很多。"

带伤出战，每一场"都是突破"

这些年来，苏炳添在人们口中几乎就等同于"中国速度"。

但他在赛场上风驰电掣之间，很多人似乎忽略了，他已经是一位即将迈入而立之年的"老运动员"了。

"毕竟，我自己已经 29 岁了。"当现场有记者问起苏炳添未来的目标时，他笑了。

"对于我来说，这个(10 秒 05)成绩真的非常棒了，不管下一场，或者今后能跑出一个什么样的成绩，都已经是一个突破。从 2013 年到 2018 年，5 个赛季，我每一年都能跑进 10 秒 10，对于中国运动员来说，就是一个奇迹了。对我自己而言，现在只要坚持下去，就是胜利了。"

确实，在这场比赛里，除了传奇名将贾斯汀·加特林比苏炳添年长了 7 岁，其他选手都比苏炳添年轻。而获得冠军的普雷斯科特更是只有 22 岁。

而作为一名老将，要站上这条 100 米跑道和世界最顶尖的飞人们较量，苏炳添需要付出的代价是很多人难以想象的。

在比赛前一天，苏炳添没有出现在官方新闻发布会的现场，取而代之的是在跑道上进行了 2 个小时的训练。摆起跑器，拿出皮尺测量距离，再调整起跑器，然后一跃而出……

他就这样一遍又一遍地重复着相同的训练，然后和身旁的亨廷顿教练以及另一名国家队外教雷诺讨论着技术上的细节。

在完成了几次全力跑之后，苏炳添坐在跑道上，皱着眉头脱掉了跑鞋。"由于前一段时间训练量比较大，所以脚有一点点磨伤，其实之前有一个星期已经没法穿钉鞋了。"

如果不是赛前训练时他的跑鞋出现了问题，他也不会在媒体追问时透露自己的小伤情，"后来医生诊断是软组织有一些损伤，这段时间每天晚上涂药膏、泡热水，已经有一些控制，但是现在还有点疼。"

年龄的增长和训练的高负荷，给苏炳添的身体带来了更大的压力，但他在训练中却从来都是一丝不苟。

在比赛前的那堂训练课里，当苏炳添换了一双钉鞋并且用泡沫轴放松了肌肉之后，他主动和亨廷顿教练示意，"我们再练习一轮吧。"

"作为运动员，每个人都要付出很多，不止是我。"苏炳添并没有觉得他的付出与众不同，这些年他把大部分时间都留在了跑道上，唯一感到有些愧疚的则是对自己的家人。

"家人给了我很多支持，特别是我的妻子，她比任何人都了解我的付出。"其实再过两个多月，苏炳添和妻子就将迎来家里的新成员。而这场比赛恰好在母亲节的前一天，他也借此感谢了他的老婆。

"我希望他们母子平安，而我也要进入人生的另一个阶段了。"

他不是一个人在战斗

对于苏炳添而言，今年他在这场钻石联赛上海站赛后的表现似乎比以往更加放松。

这不仅仅是因为他的成绩更好了，或许更是因为他的身边多了并肩作战的谢震业。在第八道上，谢震业紧跟着苏炳添冲过了终点，10 秒 17 的成绩也让人眼前一亮。

"第一场比赛就能跑出 10 秒 10 的成绩，其实是可以接受的。"谢震业在赛后依旧保持着自己略带腼腆的性格，但是相比于几年前，他如今就算站在苏炳添身边，都能自然而然地吸引到更多人的关注。

"其实今天的成绩相比于我的预期还是慢了一点，不过作为新赛季的首场比赛，我对自己之后的训练也有了方向。"

谢震业自己透露，从去年冬训开始，他就专注在前半程的技术改进上，而通过上海的这场比赛，他也检验了之前的训练成果，"前程的改进还是蛮大的，但是我发现中途跑起来之后，节奏没有连接上，这个也是我今后需要强化的部分。"

去年在上海站，谢震业选择参加的还是 200 米的比赛，当时有记者问他"为什么没有选择和苏炳添竞争"，他只是说，"我希望锻炼一些其他项目的能力"。

如今，在天津全运会上战胜了苏炳添之后，谢震业也把更多的精力和专注度放在了 100 米之上。"每一个运动员从赛季开始都是慢慢发挥状态的，苏炳添也是这样，所以我相信我可以跑得更好。"

的确，在苏炳添和谢震业闪耀 100 米赛道的同时，一群年轻人正在这样的光芒之下快速成长。

在 100 米决赛前的那场带有表演性质的 4×100 米接力赛上，由徐海洋、梁劲生、张瑞轩、许周政组成的国家队和其他省份的接力团队一起完成了比赛，最终，许周政第一个冲过终点，将计时器的时间定格在 38 秒 86。

这个成绩并不算抢眼，但是却是这群年轻人宝贵的经验。在四个人中，除了徐海洋是 1992 年出生，其他三名成员都在 22 岁以内。而在不久前刚刚在全国 60 米比赛中跑出 6 秒 48 的许周政，更是媒体口中的"希望之星"。

"这是我们第一次在大赛里磨合，感觉很不一样。"在今年之前，许周政都是在钻石联赛上海站的观众，而这次，他成了主角。如果许周政能够保持着现在的状态并且继续进步，他极有可能占稳张培萌退役后中国接力队第四棒的位置。

"我还有很多比赛的机会，我会一步一步去追赶张培萌的成绩，然后争取在亚运会上展现出自己的实力。"

这条 100 米赛道，苏炳添一路狂奔，谢震业正在不断接近，而身后，中国的年轻运动员也在全力追赶着……"中国速度"全力向前。

（2018 年 5 月 13 日《澎湃新闻 APP》）

[赏析]

从"中国短跑"看"中国速度"

田径运动，尤其是短跑项目一直不是中国人的强项，继"飞人"刘翔退役之后，很多人猜测中国田径会不会进入一个新的低谷，可苏炳添的出现，让国人在田径项目上又重新燃起了热情与希望。2015 年 5 月，苏炳添在国际田联钻石联赛美国尤金站中以 9 秒 99 的成绩获得男子 100 米第三名，成为真正意义上第一位突破 10 秒关口的亚洲本土选手。2017 年 5 月，苏炳添在国际田联钻石联赛上海站男子百米赛以 10 秒 09 夺冠，成为第一个在钻石联赛百米大战中夺冠的中国人。这些优异的成绩使得苏炳添成为体育媒体关注的焦点。而在 2018 年 5 月的钻石联赛上海站的比赛中，他又获得了一枚银牌。随后，澎湃新闻以《苏炳添，"中国速度"的一路狂奔》为题，对这一刚刚结束的赛事进行了深度报道。

作为传统媒体成功转型的典范，澎湃新闻汇集了原先《东方早报》的全班人马，将自身定位为"专注时政与思想的互联网平台"，十分重视新闻的深度报道，这一点从苏炳添赛后的这篇体育新闻深度报道中可以得到显现。对于赛事总结型的体育新闻深度报道来说，不能简单地把视角局限在比赛结果的通报上，而要把新闻看作一个不断发展的过程，从宏观的视角进行深度的总结分析。对此，这篇报道有以下两个方面值得借鉴。

一、翔实的数据呈现

苏炳添作为 100 米短跑运动员，他的个人成绩是受众关注的核心体育信息。文章开头便提供了有关比赛的翔实数据，如"10 秒 05，苏炳添在上海又摘下了一枚银牌，遗憾的是，他距离冠军只差了 0.01 秒。"展示出苏炳添与金牌失之交臂的遗憾。除此之外，比赛失利的原因，记者也通过数据表达的方式进行了具体的解释："他的前 60 米太优秀了，以至于领先了身边的其他选手接近一个身位，然而，最后的 30 米冲刺阶段，第九道的英国选手普雷斯科特突然冲出了第二集团，几乎和苏炳添同撞线。"通过比赛中具体的数据解析，给受众强烈的代入感，一目了然。

二、平衡的报道意识

对于赛事总结型体育新闻深度报道的采写来说，记者除了要具备较高的体育及新闻专业素质、丰富的阅历之外，还需要站在赛事之外冷静地对赛事整体过程进行观察，即要有平衡的报道意识。这场比赛的重要性何在？比赛胜负结果对运动员或所属团队影响如何？运动员个人表现能否与其他场次相提并论？这些问题都需要记者站在更宏观的视角去回答，跳出赛事本身，不能孤立地报道一场比赛。在本篇报道中，记者通过对苏炳添和其外教兰迪·亨廷顿，以及谢震业、许周政等队友的采访对话、细节描写，充分表达出"每一场'都是突破'""他不是一个人在战斗"的文章主旨。中国只有一个苏炳添，但是"中国速度"的全力向前，需要不止一个苏炳添在"一路狂奔"。

［案例十五］ 孙杨，身陷重围不是偶然

孙杨在韩国光州引起的巨大争议，不仅席卷世界泳坛，而且让很多不明真相的中国人也跟着将信将疑。那么，孙杨到底有没有吃药呢？

如果非要用一句话来说清楚这件事，那就是：查出来就是吃了，没查出来就是没吃。

现在孙杨没有查出服用了禁药，那就是没吃。你不能在没有证据的情况下，怀疑一个运动员服用了禁药，就像不能在没有证据的情况下，说一个人"可能"杀了人，"应该是他"杀了人。

"查出来就是吃了，没查出来就是没吃"，这是必须坚守的准则，也符合竞技体育的特点，在反兴奋剂漫长的斗争历史中，这也是唯一准确的表述，符合反兴奋剂斗争的本质。

这不是对运动员的不尊重，恰恰相反，是对运动员和规则的最大尊重。任何运动员，只要按照规则接受药检并且通过，他就是清白的。

听上去简单的表述，其实背后有非常复杂的反兴奋剂历史，以及更加复杂的反兴奋剂现状。在霍顿等人怀疑、指责孙杨这一事件上，我认为有几点必须搞清楚。

第一，孙杨和所有药检通过的运动员一样，是清白和平等的。

第二，中国体育史上的兴奋剂事件，和孙杨没有关系。

第三，孙杨平时的言行与场外事件，与体育没有关系。

第四，中国体育的兴奋剂事件始终是个体行为，政府不仅不鼓励，而且担心国家形象受到损害。

第五，美国、澳大利亚因田径和游泳运动发达，从来是兴奋剂事件的高发地。

第六，反兴奋剂斗争从来都是"道高一尺，魔高一丈"。

在孙杨事件上，国际泳联允许孙杨参赛本身，证明他在上一次正规药检和下一次正规药检期间是清白的。

任何运动员在被证明尿样或血样中含有违禁成分之前，他都是清白的。而一次药检被证明有违禁药物后，不管什么原因、自陈何种理由，他都不是清白的。在禁赛期结束后，下一次药检违规之前，他又是清白的。

这就是体育的规则，相当于社会生活中的法律。

一个事件发生后，最怕就是舆论东拉西扯，不能触及实质。明明问的是霍顿为什么针对孙杨，却说中国有过兴奋剂的黑暗历史。

如果非要东拉西扯，那我可以拉扯出很多，有的是我亲身经历。

中国体育史上，的确发生过比较大规模的兴奋剂事件，如1994年广岛亚运会的游泳，马家军的女子中长跑。但这些事件同样发生在东欧，也发生在美国和澳大利亚等其他国家。国际体育史的兴奋剂历史很长，和一个国家的政治体制没有必然关联，但常常被用来和意识形态挂钩。

专业运动员使用兴奋剂的行为经历过多个阶段，一开始毫无管束，20世纪80年代和20世纪90年代泛滥，后来受到遏制。现代奥运有超过百年的历史，50年前才开始兴奋剂检查，最近20年才逐渐开始血检。

我见识过兴奋剂泛滥期。1994年广岛亚运会前后，兴奋剂不仅在田径和游泳项目上泛滥，其他项目如自行车和举重项目同样很普遍。在广岛，有一位自行车运动员就跟我抱怨说，谁谁谁一到集训组队，教练就带她上山"熬药"去了，她还跟我举了不少其他例子。亚运会后，果然有7名中国游泳运动员被查出服用了兴奋剂。

1995年我去瑞典哥德堡采访田径世锦赛，当时红极一时的"马家军"没有一人参赛，仅黄志红一人夺了铅球银牌，跟此前两年"马家军"带来的风光反差鲜明。其实我知道其中的原因：世锦赛前我旁听国家体委的备战会议，有一位官员就提出来说，"马家军"用EPO，他们的药哪儿来的我都知道，不能让他们去，去了给国家丢脸。

这件事说明，中国的政府主管部门并没有指使、纵容运动员使用兴奋剂，反而担心兴奋剂事件让国家形象蒙羞。但当时的检测手段有限，EPO在国际上都不一定查得出来。

到2007年，中国终于成立了独立的"反兴奋剂中心"，当时距离北京奥运会只有一年，也说明中国想自查自纠，办一届自己的运动员干干净净、清清白白的奥运会。

然而，无论中外，兴奋剂检测手段从来都是"道高一尺，魔高一丈"，检测永远赶不上新药。2008年办的奥运会，直到2017年，国际奥委会才公布中国有三名夺金的女子举重运动员药检没有通过。这些运动员，显然在北京奥运会前都通过了反兴奋剂中心的自我检查。

"道高一尺，魔高一丈"从来是反兴奋剂斗争的主要特征，因为总是先有新药，才有禁药的名单，这中间的时差，就是检测手段更新需要的时间。"马家军"一直到2000年才被正式查出违规，当时距离悉尼奥运会只有一个月。

中国反兴奋剂中心涵盖了各种项目，大家都应该记得前两年山东男篮队员陶汉林被查出"服用"瘦肉精而禁赛的事，那就是在飞行药检中查出的，山东队由此严禁队员在赛季期间私自外出吃饭，必须在队员食堂统一就餐。

兴奋剂在欧美体育发达的国家普遍存在，从 1988 年汉城奥运会的本·约翰逊，到 2013 年的环法赛冠军、抗癌斗士阿姆斯特朗，不知道多少名将被查出服用兴奋剂，剥夺金牌。

维基有一份完整的名单，都是过去 40 多年来因被查出违禁成分而遭到长短不等禁赛的各国田径运动员，总数多达 1100 人以上，其中俄罗斯运动员 107 人，美国 93 人，尼日利亚 25 人，中国 24 人，牙买加 21 人，加拿大 19 人，巴西 18 人，澳大利亚也有 9 人。

算上所有项目，美国因兴奋剂被禁赛过的各项目运动员共 155 人，其中 17 人来自游泳；中国被禁赛过的有 49 人，其中游泳选手 30 人；澳大利亚共有 31 人，其中 4 人是游泳选手。中国被禁的游泳选手，主要来自 20 多年前的禁药"泛滥期"。

在光州被曝查出兴奋剂的澳大利亚女选手沙伊娜·杰克，并不包含在上述名单内。

美国因为科技手段发达，是兴奋剂的重要来源地之一。

2002 年美国的 BALCO 公司丑闻，涉及悉尼奥运会三金得主马里昂·琼斯等多位美国田径名将和棒球、橄榄球运动员，这也是迄今为止曝出的最大规模研制、开发兴奋剂的丑闻。

兴奋剂经过了几十年的开发，种类繁多，主要有促进肌肉生长的激素、抑制睡眠的激素和增加携氧量的促红细胞生成素等。

促进肌肉生长的禁药最初是类固醇，也是中国民间俗称的"大力丸"。由于很容易被检测出，促进肌肉生长的药物变成 HGH（生长激素），尿检查不出来，直到 20 世纪初才能通过检测区分天然 HGH 和人工 HGH。

莫达菲尼也是一种重要的兴奋剂，它原来广泛被用于军事领域，士兵被注射后可以长时间保持清醒和兴奋，抑制睡眠，美军在伊拉克战争期间就已经使用。

对讲究耐力的项目如游泳和中长跑来说，EPO（促红细胞生成素）是广泛被使用的兴奋剂。红细胞携氧能力（$VO_2\ max$）的高低，决定着一个人的耐力，普通人的数值是 40~50 毫升/（千克·分钟），环法赛王阿姆斯特朗是 84 毫升/（千克·分钟），世界纪录是 97.5 毫克/（千克·分钟）。使用 EPO 以后，可以大大促进红细胞生成。你可以把红细胞比作一个在码头扛大包的人，原本一次可以扛一麻袋 75 千克，现在让他扛两麻袋 150 千克也不在话下，但不知道什么时候他就突然倒下了，这就是对运动员造成的危险。

上述这些种类的药物，不断变化着模样，像是能易容的高手，很久以后才能检测出来。等有了新的检测手段，列入禁药名单，新的药物已经研制出来。

在如此险恶的兴奋剂环境中，如果用怀疑一切的态度对待运动员，那么没有运动员会幸免，无辜的选手也遭牵连。所以，唯一的准则就是"无罪推定"，在检测结果呈阳性之前，每一个人都是清白的。

每两次呈阴性的正规药检之间，就是运动员的清白期，仿佛就是运动员重新获得的"生命力"。

你不能因为孙杨在2014年曾被中国泳协禁赛过3个月，就怀疑他在复出后至今的清白；同样，我们也不能因为沙伊娜·杰克被查出兴奋剂，就怀疑同为澳大利亚人的霍顿。

事实上，几乎每一位伟大的游泳选手都逃不过禁药质疑。我在下面列出的四位，他们都是20年来最了不起的选手，其中包括孙杨。

年龄最大的索普是澳大利亚游泳明星，最早在世锦赛夺金时才16岁，悉尼奥运会红透半边天，第二年世锦赛更是独斩6金。但是他在2004年奥运会后就走下了神坛，巅峰期跨度只有7年，2006年退役时才24岁。

在2007年，法国体育报纸《队报》指他因两项药物检测没有过关，主动告别泳坛。但在没有任何证据的情况下，我宁愿相信索普是无辜的，过早离开只是因为国际泳联不让穿"鲨鱼皮"的缘故。

史上最伟大的游泳名将菲尔普斯是蝶泳之王，还是混合泳和接力的全能高手，横跨4届奥运会，奥运金牌23枚，世锦赛金牌26枚。他没有一次被查出过兴奋剂，但在2008年奥运会期间，仍有媒体质问他为什么如此出色，不靠吃药根本不可能。我们当然不能因为美国游泳运动员有过17人禁赛的历史，而怀疑菲尔普斯的伟大和清白。

与菲尔普斯几乎同时代的美国全能高手洛克蒂（Ryan Lochte），因为违规接受注射（他自称是维生素）而被禁赛14个月。违规就是违规，就像孙杨那次被停赛三个月一样。

孙杨同样是史上最伟大的游泳选手之一，也因为跟众多高手同时代，他的金牌总数没有那么多。但他作为史上第一位拿到过200自、400自和1500自奥运金牌的游泳选手，后人超越难度很大。

这样的成就，自然让他成为竞争对手羡慕、嫉妒甚至攻击的对象。要攻击孙杨很容易，因为他曾被中国泳协禁赛过三个月，砸碎过违规药检的血样，在他之前中国有过广岛亚运的兴奋剂历史。

在泳池里，他和霍顿是对头。上届世锦赛孙杨赢了霍顿，里约奥运会霍顿赢了孙杨，这次孙杨又赢了霍顿，下一次决战的舞台就是东京奥运会。原本应该是泳池里值得传颂的佳话和对抗传奇，就像"大鸟"和"魔术师"，却被霍顿以反兴奋剂的名义带跑偏了。

如果你不了解运动场上、游泳池中的兴奋剂历史和现状，就难以避免被霍顿这样的运动员牵着鼻子走。而孙杨偏偏在中国体育媒体圈中，也是一个很有争议的英雄，有关他恶待恩师、无证驾驶、拍拖空姐、抛弃赞助商的报道比比皆是，他母亲更是在圈中以恶妇般的反派形象存在。

所以孙杨在领奖台上直面霍顿、斯科特时，普通网民倒是纷纷点赞支持，媒体反而没有那么多仗义执言。甚至有的将澳大利亚、英国媒体的报道汉化和翻炒，四处传播，充当传声筒。

但这一切八卦无论真假，跟孙杨有没有服药没有关系，他有没有服药只有一个标准：正规的药检有没有呈阳性。

正如澳大利亚反兴奋剂中心前主任理查德·英格斯所说：

"我也不喜欢孙杨。但他药检违规已经停赛过了，国际泳联也证明他拒绝提供样本没有问题。在证明有罪之前，他就是清白的。你拒绝和他站在领奖台上，理应严惩。"

（微信公众号：苏群 2019 年 7 月 29 日）

[赏析]

用理性解读"争议性体育事件"

在体育新闻领域，受众除了被基本的体育赛事、体育人物吸引之外，往往会对具有话题性、争议性的体育事件加以关注和讨论，这就对记者在报道此类事件时提出了更深层次的要求，其所撰写的报道内容或体育评论应当具有理性和思辨性的特点，并且要做到全面、准确而富有逻辑。这里我们选取了著名体育评论员苏群的《孙杨，身陷重围不是偶然》评论文章为例，向大家展示优秀的体育新闻深度报道理性思辨的具体内涵。

2019 年 7 月在韩国光州举行的第 18 届游泳世锦赛中国运动员孙杨遭遇了种种"争议事件"，澳大利亚运动员霍顿与英国运动员斯科特拒绝上台与孙杨合影领奖、巴西运动员卢卡拒绝与孙杨握手，这些现象被媒体报道之后引起了国内外舆论的强烈反响，国内网友群情激愤，媒体也纷纷撰文谴责国外运动员的无礼。一时间，我们在网络上看到大量为孙杨鸣不平的新闻报道：《孙杨主动握手遭拒！游泳世锦赛第三次被无礼对待》《孙杨夺冠，霍顿拒绝合影遭队友唾弃：你输不起的样子，真丢脸!》《污蔑孙杨最终却打自己的脸，丑闻曝光后却装聋作哑》……但纵观这些文章，多以"霍顿输不起""国外运动员的嫉妒"等为主要观点，甚至上升到"扬我国威""民族崛起""外国运动员对中国的歧视"的高度，撩拨网民的极端民族主义情绪，缺乏对事件本身的客观理性的分析。而《孙杨，身陷重围不是偶然》这篇评论文章，则从受争议的人物孙杨本身入手，冷静地剖析事件整体的来龙去脉。

一、丰富的新闻背景知识

为了解析国外媒体和运动员对孙杨服用兴奋剂的质疑，作者列举了大量的新闻背景知识。从中国体育史上曾经发生的大规模的兴奋剂事件，到2007年中国成立了独立的"反兴奋剂中心"等，以此来说明体育领域复杂的反兴奋剂历史，以及更加复杂的反兴奋剂现状。除了介绍中国的反兴奋剂历史以外，作者还对欧美体育发达国家的反兴奋剂历史与现状进行了梳理，并列出与孙杨同样伟大的游泳选手曾经也遭受过"禁药质疑"。中西对比，最后论证"任何运动员，只要按照规则接受药检并且通过，他就是清白的"的观点。

二、专业的行业术语解读

2014年，由于心肌缺血，孙杨曾使用"万爽力"（盐酸曲美他嗪）改善自身病症，而此种药物中含有违禁物质曲美他嗪，随后孙杨受到了3个月禁赛的处罚。作为曾经有过误服兴奋剂经历的孙杨来说，会受到对手的质疑。可是，兴奋剂究竟有哪几种类型？里面的成分究竟是什么？会给运动员的成绩提高或身体体质带来哪些正负作用？不同体育运动项目是否都有运动员服用兴奋剂的情况？这种种问题，作者通过对科技发达的美国兴奋剂研制公司和反兴奋剂组织之间对抗过程的描绘，直观地将兴奋剂类型分为促进肌肉生长的激素、抑制睡眠的激素和增加携氧量的促红细胞生成素三类，并对每一种类型中涉及的行业术语、专业名词进行了详细的解释，譬如："对讲究耐力的项目如游泳和中长跑来说，EPO（促红细胞生成素）是广泛被使用的兴奋剂。红细胞携氧能力（$VO_2 max$）的高低，决定着一个人的耐力，普通人的数值是40~50毫升/（千克·分钟），环法赛王阿姆斯特朗是84毫升/（千克·分钟），世界纪录是97.5毫克/（千克·分钟）。使用EPO以后，可以大大促进红细胞生成。"

三、理性的逻辑分析视角

体育比赛是一种高情感的体育运动，但对于体育新闻的报道必须要坚持冷静、理性，所谓理性思辨的具体内涵，主要是讲究逻辑分析和挖掘新闻背景，严格区别煽情化、情绪化的表达方式。作者在文章中首先开宗明义，一句话总结自己对于"孙杨争议事件"的基本看法："查出来就是吃了，没查出来就是没吃。"然后从六个方面去解释了自己提出的观点："第一，孙杨和所有药检通过的运动员一样，是清白和平等的。第二，中国体育史上的兴奋剂事件，和孙杨没有关系。第三，孙杨平时的言行与场外事件，与体育没有关系。第四，中国体育的兴奋剂事件始终是个体行为，政府不仅不鼓励，而且担心国家形象受到损害。第五，美国、澳大利亚因田径和游泳运动发达，从来是兴奋剂事件的高发地。第六，反兴奋剂斗争从来都是'道高一尺，魔高一丈'。"并通过新闻背景知识的回溯、体育专业知识的解读去分析论证，逻辑清晰，客观理性。而对于有关孙杨"恶待恩师""无证驾驶""拍拖空姐""抛弃赞助商"等个人争议和八卦消息，作者认为这一切都"跟孙杨有没有服药没有关系，他有没有服药只有一个标准：正规的药检有没有呈阳性。"真正做到了客观公正、理性思辨。

后 记

　　屈指算来,《体育新闻深度报道》出版已有十多个年头了。十多年来,在传媒技术和中国体育事业的双重驱动下,中国体育新闻报道发生了翻天覆地的变化,以深度见长的平面媒体生存遭遇了空前困境,信息的碎片化、阅读的视频化、媒介的社交化彻底改变了受众的阅读习惯和新闻报道的形式,这给体育新闻深度报道的教学实践带来了巨大的挑战,我们也一直在第一版《体育新闻深度报道》的框架内不断加强教学内容改革和创新,思考不断变革中的体育新闻深度报道的目标和方向,探索体育新闻深度报道教学改革的路径和方法。

　　《体育新闻深度报道》在体育新闻传播人才培养中具有独特作用,它以多视角关注体育新闻传播中的信息,讲述体育新闻中的人物故事,反映了体育行业与外界的关联,评述着变革时代体育的深刻变化……它不但有助于培养学生的专业写作能力,还以其特有的人文精神内涵丰富并促进学生的理性思考,它是提升体育新闻传播人才质量的重要手段。因此,《体育新闻深度报道》一直是南京体育学院新闻专业(体育新闻方向)的核心基础课程。

　　感谢参与《体育新闻深度报道》第一版编写的专家和学者,还记得那是十二年前,在漫天飞雪中,全国体育院校从事体育新闻深度报道教学的精英齐聚金陵,商讨我国第一部体育新闻深度报道教材的出版。尽管我们在这次《体育新闻深度报道》再版过程中,对教材内容、教材形式、教材体例等方面做了比较大的调整,但是如果没有第一次参与者的辛勤付出和基础性工作,这次再版定不会如此顺利。在此,还特别要感谢王惠生教授,在他的带领和努力下,以南京体育学院新闻专业教师为主要编写组成员完成了全国第一部体育新闻深度报道教材的编写工作。十多年来,王惠生教授不但亲自讲授《体育新闻深度报道》课程,还努力提携后辈,强化南京体育学院体育新闻深度报道教学团队建设,这次《体育新闻深度报道》再版也是在他的主张和建议下，在他各方努力协调下才得以实现。如果没有他不计回报的付出，《体育新闻深度报道》再版就无从谈起。

感谢受此书启迪的学生们，是他们课堂上一个个看似不经意的提问，课余时间看似不成熟的意见，让我们体会到了体育新闻深度报道教学中存在的问题，让我们有了体育新闻深度报道教学实践改革的方向和动力，让我们体会到教学相长的意义。感谢本教材收集的十五篇经典的体育新闻深度报道教学案例的作者们，他们奉献的体育新闻深度报道文本，以优美的文字、洞察问题的深度让人感受到体育新闻深度报道之美，为本书增添了亮色。

感谢参与本次《体育新闻深度报道》再版修订的南京体育学院新闻教学团队。尽管有些同志还很年轻，才刚刚踏入深度报道的教学实践中，但他们一丝不苟的态度和勇于挑战的精神让人感动。感谢南京体育学院李江副校长、教务处陈海波处长和体育教育与人文学院沈鹤军院长等领导，是他们的关心与帮助，增强了我们再版《体育新闻深度报道》的信心。最后还要感谢中南大学出版社刘辉主任团队，是他们一次次的辛苦付出，才能使本教材二度付梓出版。

在《体育新闻深度报道》再版之际，向每一位对《体育新闻深度报道》给予褒奖和批评的朋友们致敬！是为后记。

南京体育学院体育教育与人文学院

李金宝　教授

2020 年 3 月写于南京

图书在版编目(CIP)数据

体育新闻深度报道 / 王惠生,李金宝主编. —长沙:
中南大学出版社,2020.8(2022.1 重印)
　　ISBN 978-7-5487-0504-8

　　Ⅰ.①体… Ⅱ.①王… ②李… Ⅲ.①体育—新闻报道
—新闻写作—体育院校—教材 Ⅳ.①G212.2

中国版本图书馆 CIP 数据核字(2020)第 106133 号

体育新闻深度报道
TIYU XINWEN SHENDU BAODAO

主编　王惠生　李金宝

□责任编辑	刘　辉	
□责任印制	唐　曦	
□出版发行	中南大学出版社	
	社址:长沙市麓山南路	邮编:410083
	发行科电话:0731-88876770	传真:0731-88710482
□印　　装	长沙雅鑫印务有限公司	

□开　　本	710 mm×1000 mm 1/16	□印张 14	□字数 263 千字
□版　　次	2020 年 8 月第 1 版	□印次 2022 年 1 月第 2 次印刷
□书　　号	ISBN 978-7-5487-0504-8		
□定　　价	48.00 元		